Die schönsten
STÄDTE
DER WELT
EINE REISE UM DEN GLOBUS

Die schönsten
STÄDTE
DER WELT
EINE REISE UM DEN GLOBUS

PaRragon

Bath • New York • Cologne • Melbourne • Delhi
Hong Kong • Shenzhen • Singapore • Amsterdam

This edition published by Parragon Books Ltd

Parragon Books Ltd
Chartist House
15–17 Trim Street
Bath BA1 1HA, UK
www.parragon.com

© Original Edition EDITORIAL SOL90 S.L.
Nach einer Idee von Joan Ricart
Koordination Lektorat: Marta de la Serna
Layout: Paola Fornasaro, Clara Miralles
Infografiken: Sol90Images

Copyright © für die deutsche Ausgabe
Parragon Books Ltd
Chartist House
15–17 Trim Street
Bath, BA1 1HA UK
www.parragon.com

Realisation der deutschen Ausgabe:
trans texas publishing services GmbH, Köln
Übersetzung: Heinrich Degen, München
Lektorat: Nicole Bilstein-Brok, Malmö

ISBN 978-1-4748-1177-4
Printed in China

INHALT

6	**Einleitung**			
8	**San Francisco** Golden Gate Bridge	**134**	**Berlin** Reichstagsgebäude	
16	**New York** Empire State Building	**142**	**Prag** Veitsdom	
26	**Toronto** CN Tower	**150**	**Athen** Akropolis	
34	**Mexiko-Stadt** Catedral Metropolitana	**158**	**Moskau** Basilius-Kathedrale	
42	**Buenos Aires** Teatro Colón	**166**	**Istanbul** Hagia Sophia	
50	**Rio de Janeiro** Christusstatue	**174**	**Jerusalem** Grabeskirche	
58	**London** Tower Bridge	**182**	**Dubai** Burj Al Arab	
68	**Barcelona** La Sagrada Família	**190**	**Sydney** Sydney Opera House	
76	**Paris** Notre-Dame	**198**	**Auckland** Sky Tower	
86	**Rom** Petersdom	**206**	**Kairo** Cheops-Pyramide	
94	**Venedig** Markusdom	**214**	**Johannesburg** Soccer City Stadium	
102	**Wien** Stephansdom	**222**	**Mumbai** Victoria Terminus	
110	**Stockholm** Königliches Schloss	**230**	**Peking** Verbotene Stadt	
118	**Amsterdam** Beginenhof	**240**	**Seoul** Bulguksa-Tempel	
126	**Brüssel** Grand-Place	**248**	**Tokio** Senso-ji-Tempel	

Einleitung

Über Tausende von Jahren waren Städte ein Spiegelbild des Glaubens, der Macht, der Bedürfnisse und Wünsche der Menschen, die sie erbauten. Paläste und Gefängnisse, Kirchen und Moscheen, Wolkenkratzer und Brücken sind die Spuren, die eine manchmal glorreiche, oft auch schmerzhafte Geschichte in diesen Städten hinterlassen hat. Städte sind aber auch ein Spiegelbild der Frauen und Männer, die dort leben und den jeweiligen Stadtcharakter prägen. Der Geist einer Stadt wohnt in den jahrhundertealten Gemäuern, die uns mit ihrer Schönheit überraschen, und er manifestiert sich im Alltagsleben auf den Straßen, dem geschäftigen Treiben der Märkte und der entspannten Atmosphäre der Cafés. Von allen Städten der Welt beeindrucken aber nur einige wenige den Besucher nachhaltig. Diese Städte begeistern durch eine reiches Architekturerbe oder eine spektakuläre Umgebung. Doch vor allem ihre Vitalität macht sie einzigartig. Diese Städte verstehen es, zu wachsen, sich zu verändern und sich stets neu zu erfinden, ohne dabei ihre Identität zu verlieren.

SAN FRANCISCO

Der Geist Kaliforniens

San Francisco, im Norden Kaliforniens am Pazifik gelegen, ist eine der ältesten Städte der Vereinigten Staaten von Amerika.

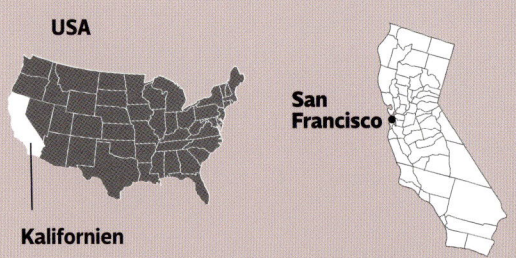

USA

Kalifornien

San Francisco

ST MARY'S CATHEDRAL

ROYAL PRESIDIO

PALACE OF THE LEGION OF HONOR

Lincoln Park

Dieser Park im Nordosten der Halbinsel von San Francisco ist Präsident Lincoln gewidmet, der 1862 die Sklaverei abgeschafft hat. Dort steht auch der Palace of the Legion of Honor, heute ein Kunstmuseum. Der Park markiert das Ende des 1913 eröffneten Lincoln Highway, der ersten durchgängigen Ost-West-Straßenverbindung der USA.

FAKTEN UND ZAHLEN ÜBER SAN FRANCISCO

VERWERFUNGSLINIE
San Francisco wurde auf der San Andreas Fault erbaut, einer Verwerfungszone, die das schwere Erdbeben von 1906 verursachte und auch für andere Beben verantwortlich ist.

Breite 37° 46' 45" N
Länge 122° 25' 9" W
Höhe 16 m über dem Meeresspiegel
Fläche 121 km²

Einwohner 805 000
Bevölkerungsdichte 6652 Einw./km²
Gründung 1776
Gründer Spanische Armee und Franziskaner-Mission

Militärkolonie und Missionsstation
San Francisco geht auf die Kolonisierung von Alta California durch die Spanier in der zweiten Hälfte des 18. Jahrhunderts zurück. Zunächst richtete sich das Militär an einer strategisch günstigen Stelle am Rande der Halbinsel ein, einige Monate später baute man in Kooperation mit dem Yelamu-Indianerstamm die Missionsstation San Francisco de Asís, auch als Mission Dolores bekannt.

Karten-ausschnitt
SAN FRANCISCO
N̂

2

3

4

ASIAN ART MUSEUM

Alcatraz Island

Diese Insel, auch als „The Rock" bekannt, liegt in der San Francisco Bay. Sie ist durch das als ausbruchsicher geltende Hochsicherheitsgefängnis berühmt, das dort von 1934 bis 1963 bestand und in dem Al Capone inhaftiert war. Auf der Insel steht auch der älteste Leuchtturm der Westküste. Seit 1972 sind Leuchtturm und Park für Besucher geöffnet.

1

Golden Gate Bridge
Die zwischen 1933 und 1937 über eine 1,3 km breite Meerenge erbaute Hängebrücke verbindet die Halbinsel mit der Nordküste Kaliforniens. Die Brücke erhielt ihren Namen als Anspielung auf das Goldene Horn in Istanbul.

2

Chinatown
San Francisco hat die älteste und eine der größten Chinatowns in Nordamerika. Sie entstand ab Ende der 1840er-Jahre mit der ersten großen Einwanderungswelle aus Asien. Heute ist sie eine Touristenattraktion.

3

Union Square
Dieser Platz und das umgebende Viertel, angefüllt mit Boutiquen, Hotels und Theatern, gelten als eines der elegantesten Einkaufsviertel der Welt. Unter dem Platz wurde 1939 das erste unterirdische Parkhaus gebaut.

4

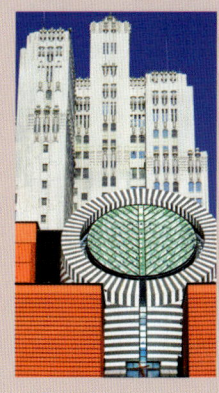

SFMOMA
Das San Francisco Museum of Modern Art wurde 1935 als erstes Museum exklusiv für Kunst des 20. Jahrhunderts geschaffen. 1995 zog das SFMOMA in den von Mario Botta gestalteten Neubau am aktuellen Standort um.

Ein Hauch von Freiheit

Zupackend und modern – San Francisco bewahrt sich seine nonkonformistische und liberale Art, die die Stadt schon immer charakterisiert hat.

„If you're going to San Francisco, be sure to wear some flowers in your hair", lautet der geniale Song von Scott McKenzie, die Hymne des Summer of Love 1967. Sie unterscheidet sich stark von den halluzinogenen Ausflügen lokaler Idole wie Grateful Dead, Jefferson Airplane und Santana, die im legendären Fillmore Auditorium spielten, dem Mekka psychedelischer Musik und der Gegenkultur der Sechziger. Dies sind die beiden Gesichter einer Bewegung, die sich im Stadtteil Haight–Ashbury formierte. Und sie sind Ausdruck der unorthodoxen Orientierung San Franciscos, der Hochburg des Linksliberalismus in den USA. Ein halbes Jahrhundert später hat sich Haight–Ashbury noch immer Züge dieser bohemienhaften Gegenkultur bewahrt, doch sie beziehen sich eher auf den Tourismus. Es gilt als neues El Dorado einer jungen Stadt, die in den zwei Jahrhunderten ihres Bestehens mehr erlebt hat als andere Städte in zwei Jahrtausenden.

Vom Dorf zur Stadt

Was die Einwohnerzahl betrifft, liegt San Francisco in Kalifornien auf Rang 4 und in den USA auf Rang 12. Die Stadt entwickelte sich um das 1776 von den Spaniern gegründete Presidio und die Mission San Francisco de Asís. 1821 fiel sie an Mexiko, nach dem Mexikanisch–Amerikanischen Krieg 1846 dann wieder an die USA. Zwei Jahre später brach der Goldrausch aus, der das Gesicht San Franciscos für immer veränderte. Die Goldfunde in der Umgebung der Stadt lockten Glücksritter aus der ganzen Welt an. Innerhalb eines Jahres wuchs die Bevölkerung von 1000 auf 25 000 Einwohner. Der Bau der Eisenbahn erschloss der Stadt 1869 den Handel mit der Ostküste und brachte Zehntausende asiatischer Einwanderer dazu, sich in Chinatown niederzulassen. Ende des 19. Jahrhunderts war San Francisco eine der dynamischsten Städte Amerikas. Das Viertel Nob Hill mit prächtigen

Hotels und Wohnsitzen wurde weltweit berühmt. Und der Medientycoon William Randolph Hearst war mit dem San Francisco Examiner und seinen anderen Tageszeitungen der mächtige Strippenzieher der amerikanischen Politik.

Noch nicht einmal das große Erdbeben von 1906 konnte diese glanzvolle Epoche beenden. Die Verschiebung entlang der San–Andreas–Verwerfung forderte über 3000 Tote, zerstörte 500 Häuserblocks und machte rund 300 000 Menschen obdachlos. Doch der Wiederaufbau verlief spektakulär schnell, und so konnte man knapp neun Jahre später, 1915, die Weltausstellung in San Francisco ausrichten. In den 1930er-Jahren war die Stadt eines der wenigen Finanzzentren, die die Great Depression überstanden. Diese wirtschaftliche Stabilität ermöglichte 1936 beziehungsweise 1937 die Eröffnung der beiden Brücken über die Bucht. In dieser Zeit entstand auch das berühmte Gefängnis auf der Insel Alcatraz.

Nach dem Zweiten Weltkrieg prägten Vertreter der Beat Generation das liberale Profil der Stadt, die sich von den Aktivitäten der Buchhandlung City Lights im Stadtteil North Beach angezogen fühlten. Lawrence Ferlinghetti, Dichter und Inhaber des Geschäfts, wurde 1956 wegen Obszönität angeklagt, nachdem er *Howl and Other Poems* von Allen Ginsberg publiziert hatte – ein Schlüsselwerk

📷
←**Alamo Square**
Die viktorianischen Bauten dieses Viertels bilden einen starken Kontrast zu den Wolkenkratzern und der Transamerica Pyramid.
↓**Die Seelöwen am Pier 39**
Dieser Kai ist eine der wichtigsten Touristenattraktionen. Er wurde durch die Seelöwen berühmt, die sich hier ausruhen.
↓↓**Haight-Ashbury**
Die psychedelische Ästhetik der 1960er-Jahre prägt den Charakter dieses legendären Viertels.

dieser Schriftstellergeneration, die traditionelle nordamerikanische Werte ablehnte. Die Kluft zwischen diesen beiden Weltsichten wuchs mit dem Aufkommen der Hippiebewegung in den 1960er-Jahren. Einige Jahre später führte der Aktivist Harvey Milk den Kampf um Rechte für Homosexuelle an. Mit ihm wurde erstmals ein Kandidat zum Stadtrat gewählt, der sich offen zu seiner Homosexualität bekannte. 1978 wurde er von einem politischen Konkurrenten ermordet. Harveys Kamerageschäft in der Castro Street ist seither ein Wallfahrtsort für Schwule.

1989 erschütterte ein weiteres Erdbeben die Stadt, was den Abriss zahlreicher ins Zentrum führender Hochstraßen notwendig machte. Im Zuge dieser Maßnahmen wurde die Ostküste San Franciscos mit den wichtigsten Touristenvierteln Fisherman's Wharf und Pier 39 grundlegend renoviert. In jener Zeit entstanden auch die Dotcom-Unternehmen, viele davon südlich der Bucht im Silicon Valley. Die Stadt erlebte einen grundlegenden demografischen Wandel, als ein Großteil der weißen Bevölkerung aus dem Stadtzentrum wegzog und dafür Zuwanderer aus Lateinamerika und Asien nachrückten. All das hat den Zauber einer jungen, nonkonformistischen Stadt nicht verändert, die es gelernt hat, mit dem Morgennebel und den steilen Straßen der rund 50 Hügel der Halbinsel zu leben.

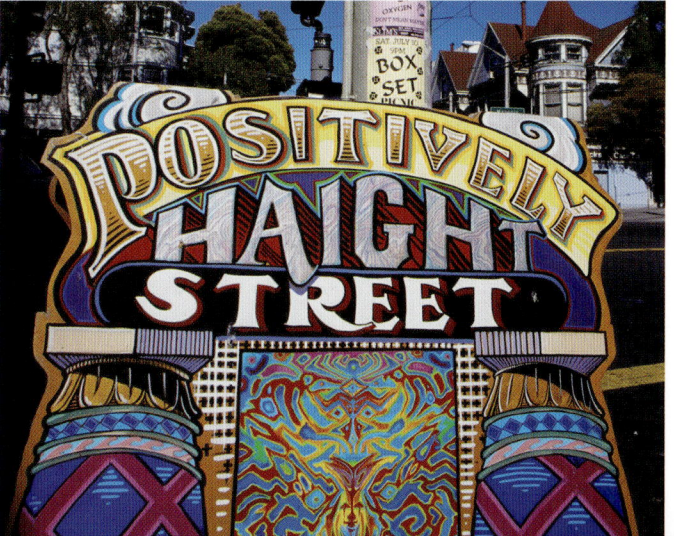

Golden Gate Bridge

Mit 2737 m Gesamtlänge, einer Stützweite von 1280 m und einer Durchfahrtshöhe von 67 m war die Golden Gate Bridge bei ihrer Fertigstellung 1937 eine Meisterleistung der Ingenieurskunst.

Brückentafel Die Brückentafel misst 27 m in der Breite und hat 6 Fahrspuren, über die täglich rund 100 000 Fahrzeuge fahren. Daneben gibt es zusätzliche Spuren für Fußgänger und Radfahrer.

Hauptkabel Die beiden Stahlkabel wiegen jeweils 11 000 t und sind aus 27 000 galvanisierten Drähten gefertigt. Sie tragen die Brückentafel und verteilen auf jeden Pylon ein Gewicht von 56 Millionen kg.

Verankerung an Land Rund ein Drittel der gesamten Brückenlänge ruht auf den im festen Grund verankerten Fundamenten.

Pylone Zwei Stahl-
türme ragen 227 m
hoch über den Mee-
resspiegel auf und
stützen die gesamte
Struktur.

Hilfskabel
Mit den Hauptkabeln
verbunden, ist an
ihnen die Fahrbahn
aufgehängt.

Betonfundamente
Die Pylonen sind über
Betonfundamente 26 m tief
im Meeresgrund verankert.

Abmessungen
Über 27 Jahre war die
Golden Gate Bridge die
größte Hängebrücke der
Welt. Diese Konstruktion
erlaubt den Bau leichter
und sehr großer Brücken.
Der Abstand von der
Pylonenspitze bis zur
Fahrbahn beträgt 152 m.

NEW YORK

Manhattan

Die zwischen Hudson River und East River gelegene Insel Manhattan ist die Keimzelle von New York. Hier stehen einige der berühmtesten Bauwerke der Stadt.

USA

New York

Manhattan

The Big Apple
Die hohe Bevölkerungsdichte ist ein Indikator für die Dynamik dieses zentralen Viertels mit Wolkenkratzern und einem von breiten Avenuen geprägten Straßengitter. Öffentliche Verkehrsmittel sind die beste Art, um sich hier fortzubewegen.

Central Park

Mitte des 19. Jahrhunderts erkannte die Stadtverwaltung, dass die rasante Urbanisierung Manhattans die Lebensqualität beeinträchtigte, da es dort keine Grünflächen gab. Im Zentrum der Insel wurde ein 4 km langer und 800 m breiter Landstreifen reserviert, in dem 1857 dann Seen und Grünflächen angelegt wurden.

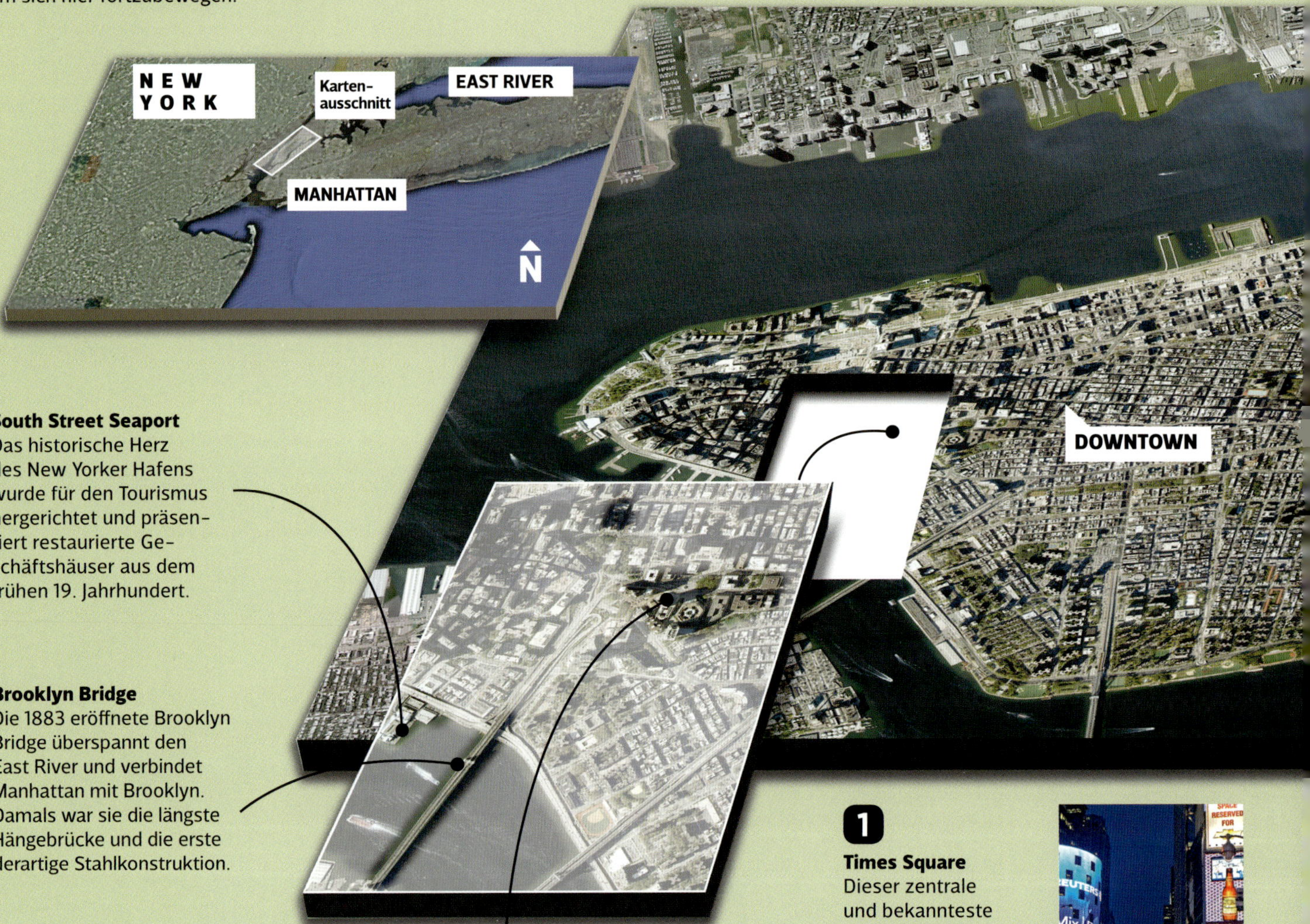

NEW YORK

Karten-ausschnitt

EAST RIVER

MANHATTAN

N̂

DOWNTOWN

South Street Seaport
Das historische Herz des New Yorker Hafens wurde für den Tourismus hergerichtet und präsentiert restaurierte Geschäftshäuser aus dem frühen 19. Jahrhundert.

Brooklyn Bridge
Die 1883 eröffnete Brooklyn Bridge überspannt den East River und verbindet Manhattan mit Brooklyn. Damals war sie die längste Hängebrücke und die erste derartige Stahlkonstruktion.

Das Civic Center

Der Bereich um die New York City Hall, das Civic Center, grenzt an den Financial District und beherbergt verschiedene Amtsgebäude wie das Police Department und das Manhattan Municipal Building, ein 1914 eröffnetes Hochhaus mit 40 Stockwerken im Beaux-Arts-Stil.

1
Times Square
Dieser zentrale und bekannteste Platz Manhattans liegt an der Ecke von Broadway und Seventh Avenue. Den Namen verdankt er dem dortigen Verlagsgebäude der Zeitung New York Times.

⊕ FAKTEN UND ZAHLEN ÜBER NEW YORK

DIE GRÖSSTE STADT DER VEREINIGTEN STAATEN VON AMERIKA
New York ist zwar die größte Stadt der USA, dabei aber noch nicht einmal

Hauptstadt des eigenen Bundesstaates (das ist seit 1797 Albany).

Breite 40° 43' 0" N
Länge 74° 0' 0" W
Höhe 10 m über dem Meeresspiegel

Fläche 1214 km²
Einwohner 8 215 000 (22 Millionen in der Metropolregion)
Bevölkerungsdichte 6767 Einw./km²
Gründung 1624

Aus Amsterdam wird New York
Die Insel Manhattan war schon lange vor der Ankunft der Europäer bereits von dem indigenen Volk der Algonkin besiedelt.

Niederländische Immigranten gründeten zu Beginn des 17. Jahrhunderts dort eine Kolonie, die sie Neu–Amsterdam nannten. 1664 eroberten die Engländer die

Siedlung und gaben ihr den heutigen Namen New York.

COLUMBUS CIRCLE

AMERICAN MUSEUM OF NATURAL HISTORY

THE MET

GUGGENHEIM

UPTOWN

MIDTOWN

…EST SIDE

CENTRAL PARK

EMPIRE STATE BUILDING

2

EAST SIDE

❷ Midtown

Grand Central Station
Der 1871 eröffnete Bahnhof ist, was die Zahl der Gleise und Bahnsteige betrifft, der größte der Welt. In der Haupthalle der Station hängt die berühmte Uhr mit den vier Zifferblättern.

Dieses Viertel belegt den zentralen Bereich Manhattans von der 31st Street bis zur 59th Street. Hier stehen die meisten bekannten Wolkenkratzer der Stadt wie das Empire State Building und das Chrysler Building. Außerdem findet man hier den Times Square, die St. Patrick's Cathedral, die Grand Central Station und das Rockefeller Center.

St. Patrick's Cathedral
Die im neugotischen Stil zwischen 1858 und 1879 erbaute St. Patrick's Cathedral ist die wichtigste katholische Kirche der Stadt.

MoMA
Das Museum of Modern Art beherbergt eine der bedeutendsten Kunstsammlungen der Welt mit Werken von Picasso, van Gogh und Matisse.

Hotel Plaza
Das berühmte Luxushotel in einem Neorenaissancebau von 1907 steht direkt gegenüber vom Central Park.

Stadt der Wolkenkratzer

Als Symbol des Kapitalismus entwickelte sich New York im 19. und 20. Jahrhundert rasant zum unangefochtenen Zentrum der westlichen Welt.

Harlem, Little Italy, Broadway, Wall Street und Fifth Avenue, Empire State Building oder Freiheitsstatue, Madison Square Garden oder die berühmten gelben Taxis – keine andere Stadt der Welt kann ähnlich prägnante, weltweit bekannte Wahrzeichen vorweisen. New York ist nicht die Hauptstadt der USA, ja nicht einmal Hauptstadt des gleichnamigen Bundesstaats. Doch niemand zweifelt daran, dass New York die Hauptstadt der westlichen Welt ist, mit Modellcharakter hinsichtlich aller Vorzüge – wie Dynamik, Vitalität, Initiative und Wohlstand – sowie aller Mängel – wie ungebremstem Konsum, Ungleichheit und anderer Exzesse –, die Liberalismus und Kapitalismus pervertieren.

Ihre Vormachtstellung verdankt diese Stadt nicht politischen oder militärischen Gegebenheiten, sondern ihrer ökonomischen Stärke. New York wurde 1624 von niederländischen Siedlern auf der Insel Manhattan gegründet und 40 Jahre später von den Briten erobert. Von 1785 bis 1790 war sie Hauptstadt der Vereinigten Staaten. Seither wächst die Stadt beständig. Dieses Wachstum resultiert aus der Wirtschaftsaktivität, die durch die natürliche Hafenlage an der Mündung des Hudson River und eine großzügige Einwanderungspolitik begünstigt wurde. Das spiegelt sich bis heute in der Masse der Workaholics, die wild gestikulierend, das Handy am Ohr durch die Straßen hasten und verzweifelt versuchen, sich für zehn Minuten aus dem Arbeitsstress auszuklinken, um in einem Park in Büronähe einen Bagel zu essen.

Big Apple, einst Heimat von Magnaten wie John Jacob Astor, Andrew Carnegie und John Rockefeller und heute Wirkungsstätte von Donald Trump und Michael Bloomberg, generiert ein Sozialprodukt, mit dem es als

📷

← In den Himmel
Manhattan wuchs in
den Himmel. So kam
New York zu seinen
vielen typischen
Wolkenkratzern.

↙ Central Park
Diese Grünfläche in
Manhattan ist ein
bei den New Yorkern
beliebter Ort zum
Entspannen und
Erholen.

↓ Ground Zero
Das Denkmal für die
Opfer von 9/11 steht
dort, wo sich vor den
Terroranschlägen
2001 das World Trade
Center erhob.

unabhängiger Staat einen Platz unter den 15 größten Wirtschaftsnationen beanspruchen könnte. Diese herausragende Position ist vor allem dem rasanten demografischen Wachstum zu verdanken. In den 50 Jahren zwischen 1800 und 1850 verzehnfachte sich die Einwohnerzahl von 70 000 auf 700 000, von 1850 bis 1950 dann auf fast 8 Millionen allein im Zentrum. Heute ist New York die bevölkerungsreichste Stadt der USA mit 22 Millionen Einwohnern in der Metropolregion, die die 5 Bezirke Manhattan, Brooklyn, Bronx, Queens und Staten Island sowie angrenzende Gebiete von Long Island und New Jersey umfasst.

Land der Träume

Seit der Gründung war New York eine Stadt der Einwanderer. Sie erlebte den Zustrom immer neuer Generationen von Menschen aus aller Welt auf der Suche nach dem amerikanischen Traum. 1811 beschloss die Stadtverwaltung die Urbanisierung Manhattans nach dem berühmten Gittermuster, mit 16 großen Avenuen in Nord-Süd-Richtung und 155 ebenfalls durchnummerierten Querstraßen in Ost-West-Richtung. Während des 19. Jahrhunderts siedelten sich Millionen Iren und Deutsche in diesen neuen Bezirken an. Ab 1890 landeten dann Italiener und Osteuropäer auf Ellis Island, der kleinen Insel, auf der die Immigranten die Einwanderungsformalitäten abwickeln mussten. In den ersten Jahrzehnten des 20. Jahrhunderts wurde New York zu einem wichtigen Ziel der sogenannten „Great Migration". Damals zogen Hunderttausende von Afroamerikanern aus den ehemaligen Sklavenstaaten im Süden der USA in die Industrieregionen im Osten und viele Puerto Ricaner nutzten ihren ab 1917 bestehenden Status als US-Bürger zum Umzug.

Die Migration machte New York zu einem Modell für Vielfalt und zu einer Gesellschaft mit einer unbändigen Dynamik, die mit dem Rest der USA materiell und ideologisch wenig gemeinsam hat. Aktuell haben 6 von 10 Einwohnern Wurzeln in Ländern Europas, 16 Prozent sind afroamerikanischer, 15 Prozent hispanischer und die übrigen vorwiegend asiatischer Abstammung.

→Freiheitsstatue
Seit der Einweihung 1886 ist sie das unangefochtene Wahrzeichen der Stadt New York.

1. Ellis Island
Auf dieser kleinen Insel trafen einst Immigranten aus aller Welt in New York ein. Heute erzählt dort das Museum zur Geschichte der Einwanderung von all jenen, die in den USA ein neues Leben und ihr Glück suchten.

2. New Yorker Taxis
Typische gelbe Taxis auf der Seventh Avenue: In der Stadt gibt es über 13 000 dieser Yellow Cabs.

3. Broadway
Diese Straße in Manhattan ist bekannt für ihre extravaganten Musicalaufführungen.

4. Fifth Avenue
Sie ist einer der exklusivsten Boulevards der Welt, mit Luxusappartments, Stadtvillen und teuren Geschäften.

Diese Entwicklung erforderte immer mehr Raum, doch Manhattans Kapazität war irgendwann erschöpft, und die Grundstückspreise stiegen – also baute man in die Höhe.

Groß geworden ...

In nur wenigen Jahrzehnten und ungeachtet der Weltwirtschaftskrise verwandelte sich Manhattan atemberaubend. Die Wolkenkratzer wurden zum Symbol der Stadt. Diese gewaltigen Bauwerke, deren künstlerische Ausgestaltung man an der jeweils gerade in Europa angesagten Ästhetik ausrichtete, waren technische Herausforderungen. Das Woolworth Building (1913) präsentiert sich im neugotischen Stil wie eine mittelalterliche Kathedrale. Das Chrysler Building (1930) mit seiner silbrigen Haube und der spektakulären Lobby wurde zu einem Sinnbild des Art déco. Ab 1931 trug das Empire State Building 40 Jahre lang den Titel des höchsten Gebäudes der Welt. Und es kam 1933 zu Filmruhm, als es King Kong als Klettergerüst diente. New Yorks auf Originalität, Professionalität und Popularisierung basierendes Kulturkonzept wurde in die ganze Welt exportiert. Es findet seinen Ausdruck in den Broadway-Musicals, den Filmen von Woody Allen, der Literatur von Truman Capote, Tom Wolfe und Paul Auster, der Musik von Gershwin, Charlie Parker, Pete Seeger und Lou Reed und den Werken von Andy Warhol und Roy Lichtenstein. Institutionen wie das Lincoln Center, die Carnegie Hall, das MoMA und das Metropolitan Museum spielen eine wichtige Rolle im Kulturleben der Stadt.

Empire State Building

Mit 381 m Höhe (443 m mit Antenne) und 102 Stockwerken konnte es ab dem Bau 1931 bis 1973 den Status als höchstes Gebäude der Welt behaupten.

Mast und Antenne
Die 62 m hohe Antenne war eigentlich zum Andocken von Luftschiffen gedacht. Heute dient sie als Fernsehantenne.

86. Etage: Aussichtsplattform
Die rundum verglaste Aussichtsplattform in 320 m Höhe bietet den Besuchern spektakuläre Ausblicke auf die Stadt.

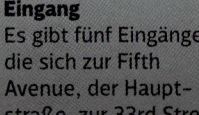

Run-up
Jedes Jahr gibt es einen Wettlauf über die 1860 Stufen zur Spitze des Gebäudes. Das Empire State Building verfügt über 73 Aufzüge; 8 sind Expressaufzüge, die in 45 Sekunden bis zum 80. Stock fahren.

Unterbau
Das Gebäude steht auf einem fast 1 ha großen Unterbau, der bis zur vierten Etage reicht. Von da verjüngt sich der Bau nach oben.

Eingang
Es gibt fünf Eingänge, die sich zur Fifth Avenue, der Hauptstraße, zur 33rd Street und zur 34th Street öffnen.

102. Etage: Obere Plattform
Die Sicht von der 2005 wiedereröffneten Plattform kann bis zu 120 km weit reichen.

Material
Die tragende Struktur besteht aus Stahl und Beton. Das Gebäude ist mit 20 000 m² Kalksteinplatten aus Indiana und 1000 m² Marmor verkleidet.

Innen
Die Lobbys und Korridore der Büroetagen sind mit verschiedenfarbigem Marmor ausgeschmückt. Die Hauptlobby hat den Art-déco-Stil der 1930er-Jahre bewahrt.

TORONTO

Die treibende Kraft Kanadas

Die Hauptstadt von Kanada ist Ottawa, doch Toronto ist die größte Stadt und das Wirtschafts- und Finanzzentrum des Landes.

Ontario

Toronto

Hohe Einwanderungsquote
Der hohe Lebensstandard und die niedrige Kriminalität sind zwei der Faktoren, die Toronto zu einer ausgesprochen kosmopolitischen Stadt machen. Fast die Hälfte der Einwohner ist außerhalb Kanadas geboren.

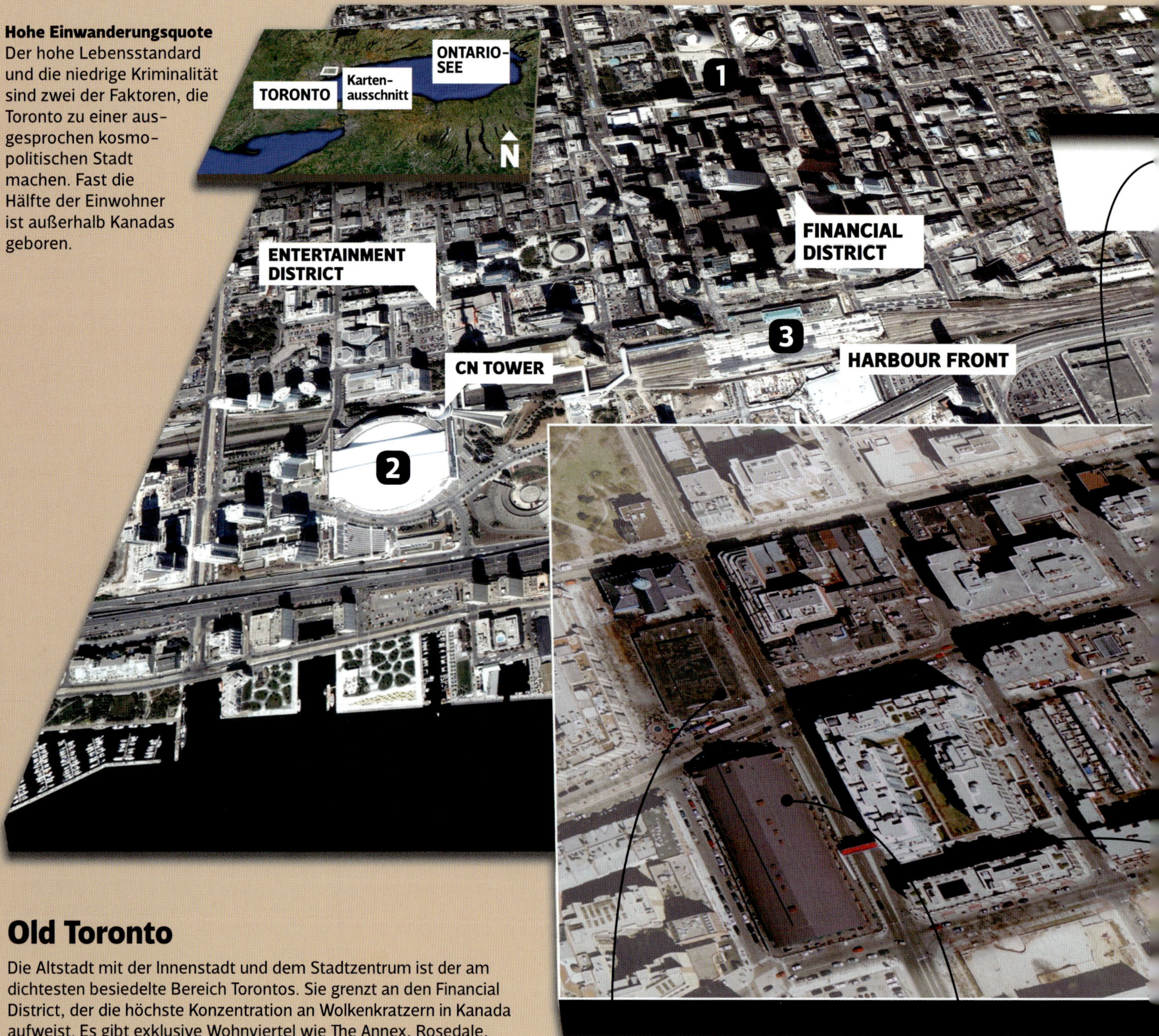

TORONTO Kartenausschnitt

ONTARIO-SEE

N

1

FINANCIAL DISTRICT

ENTERTAINMENT DISTRICT

3

HARBOUR FRONT

CN TOWER

2

Old Toronto

Die Altstadt mit der Innenstadt und dem Stadtzentrum ist der am dichtesten besiedelte Bereich Torontos. Sie grenzt an den Financial District, der die höchste Konzentration an Wolkenkratzern in Kanada aufweist. Es gibt exklusive Wohnviertel wie The Annex, Rosedale, Lytton Park und Yorkville, Vororte wie Little Italy, Chinatown, Little India, Portugal Village, in denen Arbeiterfamilien und Immigranten leben, und Viertel wie Kensington Market, Riverdale und Cabbagetown, die von Künstlern und Freiberuflern bevorzugt werden.

Nordmarkt Samstags findet hier der Farmer's Market, am Sonntag der Antiquitätenmarkt statt.

Südmarkt In diesem Gebäude aus dem Jahr 1845 gibt es Restaurants, ein Ausstellungszentrum und Feinkostläden.

FAKTEN UND ZAHLEN ÜBER TORONTO

HAUPTSTADT VON ONTARIO
Toronto ist die Hauptstadt der Provinz Ontario und die größte Stadt des Golden Horseshoe, der Region, die sich halbkreisförmig um den Ontariosee legt.

Breite 43° 40' 0" N
Länge 79° 25' 0" W
Höhe 76 m über dem Meeresspiegel
Fläche 630 km²

Einwohner
2 504 000
Bevölkerungsdichte
3975 Einw./km²
Gründung
6. März 1834
Erster Bürgermeister
William L. Mackenzie

Aus York wird Toronto
Die Siedlung York wurde 1793 an einer gut zu verteidigenden Stelle am nördlichen Ufer des Ontariosees gegründet. Am 6. März 1843 erfolgte die Umbenennung in Toronto („Treffpunkt" in der Ureinwohnersprache). Die Siedlung hatte sich bis dahin zu einem Militärstützpunkt mit Hafen entwickelt.

Sie zählte damals 9 000 Einwohner, die afroamerikanischen Sklaven nicht eingerechnet.

Fort York

Fort York bestand aus mehreren Befestigungsanlagen, die das kanadische Militär und die britische Marine Ende des 18. Jahrhunderts errichteten, um die Region gegen Angriffe der frisch gegründeten Vereinigten Staaten zu schützen. Ein Großteil der Bauten wurde bei der Schlacht von York 1813 zerstört, die mit einem klaren Sieg der amerikanischen Truppen endete.

Saint Lawrence Market
Nach Ansicht der National Geographic Society der beste Lebensmittelmarkt der Welt.

1
Nathan Phillips Square
Der Platz wird vom 1889 bis 1899 erbauten Alten Rathaus, der Old City Hall, beherrscht. 1965 wurde er umgestaltet, um Platz für das neue Rathaus, die Toronto City Hall, zu schaffen, die von zwei Hochhäusern eingerahmt wird.

2
Rogers Centre
Diese 1989 erbaute Multifunktionsarena mit Platz für 50 000 Besucher wird für Sportveranstaltungen, Konzerte und Messen genutzt. Zunächst SkyDome genannt, war dies die erste Arena weltweit mit einem einfahrbaren Dach.

3
Union Station
Der größte Bahnhof Torontos (Länge 230 m), gleichzeitig U-Bahn-Station, wurde von 1914 bis 1920 nach Plänen der Kanadier George Allen Ross und Robert Henry Macdonald im Beaux-Arts-Stil erbaut.

Land des Überflusses

Neben wirtschaftlicher Dynamik und hoher Lebensqualität begeistert Toronto mit seiner enormen kulturellen Vielfalt.

Die Winter in Kanada sind lang und streng, weshalb die großen Städte des Landes alle nahe der Grenze zu den USA zu finden sind, wo die arktischen Winde nicht so heftig zuschlagen. Die südlichste Großstadt ist Toronto am Ufer des Ontariosees. Bis zur Eroberung durch die Europäer lebten in dem Gebiet die indigenen Stämme der Huronen und Irokesen. Diese Gruppen fristeten ihr Leben als Jäger und Sammler, verbunden mit einer primitiven Form der Landwirtschaft. Französische Entdecker waren die ersten Europäer, die sich Mitte des 18. Jahrhunderts von den Nordufern der Großen Seen dorthin vorwagten. Einige Jahrzehnte später suchte nach der Niederlage im Amerikanischen Unabhängigkeitskrieg eine große Gruppe britischer Siedler hier Zuflucht und gründete die Stadt York mit einem Fort und einem Hafen. Aus dieser britischen Siedlung entstand Toronto, was in der Sprache der Ureinwohner „Versammlungsplatz" oder „Treffpunkt" bedeutet.

In den folgenden zwei Jahrhunderten bis in unsere Zeit machte die Stadt ihrem Namen alle Ehre und hieß Neuankömmlinge aus allen Kontinenten willkommen: angefangen bei den Iren, die vor der Großen Hungersnot 1846 flüchteten, bis hin zu den Einwanderungswellen von Italienern, Griechen und Portugiesen nach dem Zweiten Weltkrieg. Heute ist Toronto nicht nur Hauptstadt der kanadischen anglofonen Kultur, sondern auch ein multikulturelles Zentrum. Die Hälfte der Einwohner ist außerhalb Kanadas geboren, und ein Drittel spricht zu Hause eine andere Sprache als Englisch.

Bei all dieser Diversität hat sich die Stadt eine eigene Persönlichkeit bewahrt. Ihre Identität ist eng verbunden mit der Entwicklung Kanadas zu einer Gesellschaft mit einem eigenen Lebensstil, irgendwo in der Mitte zwischen dem in Nordamerika und Europa. Die Bewohner Torontos verweisen stolz auf die – im Vergleich zu den Städten jenseits der Grenze – niedrige Straßenkriminalität und auf die Lebensqualität inmitten einer großartigen Natur. In den vergangenen 50 Jahren erlebte die Stadt zudem einen radikalen Wandel, weg vom dominierenden Puritanismus der 1950er-Jahre hin zum heute vorherrschenden Liberalismus.

Finanzzentrum Kanadas

Hier residiert die Toronto Stock Exchange, die wichtigste kanadische Börse und nach New York die Nummer 2 in Nordamerika. Seit den 1970er-Jahren hat Toronto das französischsprachige Montreal als größtes Wirtschafts- und Finanzzentrum des Landes abgelöst. Zu verdanken war dies der florierenden Automobilindustrie, der Entdeckung von Rohstoffvorkommen in Ontario und der Eröffnung des Sankt-Lorenz-Seewegs 1959, über den Handelsschiffe von den Großen Seen bis zum Atlantik fahren können.

Befördert durch die Wirtschaftskraft entstand ein dynamisches, kontrastreiches Stadtzentrum mit Wolkenkratzern im Finanzviertel, das vom 553 m hohen CN Tower überragt wird, und exklusiven Wohnvierteln wie Rosedale, Cabbagetown, Wychwood Park, The Annex und Casa Loma, die mehr im Landesinneren liegen. Hier säumen prächtige Häuser im viktorianischen und edwardianischen Stil die ruhigen Straßen.

Das Nervenzentrum der Stadt bildet aber der Nathan Phillips Square nahe des Finanzviertels vor dem eindrucksvollen neuen Rathaus. Zwei Blocks weiter liegt das Eaton Centre, das größte Einkaufszentrum der Stadt und eine beliebte Touristenattraktion. Die meisten der über alle Stadtbezirke verteilten Einkaufszentren liegen unter der Erde, damit selbst an kältesten Wintertagen ein wohltemperierter Einkauf möglich ist.

Wohnviertel der Arbeiter

Weiter entfernt vom See findet man die Viertel mit anonymen Wohnblöcken, in die in den letzten Jahren die neuesten Einwanderer eingezogen sind. Direkt beim Hafen erstreckt sich der einzigartige Distillery District mit den schönsten Beispielen viktorianischer Industriearchitektur auf dem gesamten amerikanischen Kontinent. Die Einwohner Torontos lieben das Leben an der frischen Luft und schätzen die vielfältigen Fuß- und Radwege sowie die gepflegten Strände ihrer Stadt. Allerdings ist der Ontariosee einige Monate im Jahr zugefroren, und sein Wasser ist, bedingt durch den enormen Schiffsverkehr, recht stark verschmutzt.

📷
↖Torontos Wahrzeichen
Von 1975 bis 2010 war der CN Tower das höchste Gebäude der Welt. Mit 553,33 m Höhe bietet er eineunvergleichliche Aussicht.

↑↑Gooderham Building
Das 1892 erbaute, markante keilförmige Gebäude gilt als eine der Hauptattraktionen im Finanzviertel der Stadt.

↑Eaton Center
Dies ist das größte Einkaufszentrum Torontos mit mehr als 230 Geschäften, Restaurants und Dienstleistern. Es wird gerne von Touristen besucht.

CN Tower

Der 1976 eröffnete Fernsehturm bietet spektakuläre Aussichtsplattformen, Attraktionen und Gastronomiebetriebe, die jährlich rund 2 Millionen Besucher anlocken.

Hauptaussichtsplattform Die Plattform in 342 m Höhe hat einen Glasboden, der das Gewicht von 14 Nashörnern tragen könnte. Und es gibt die External Observation Platform im Freien.

Rogers Centre Der CN Tower steht in der Nähe dieser Multifunktionsarena, zu der ein Hotel gehört, dessen Zimmer freien Blick auf das Spielfeld bieten.

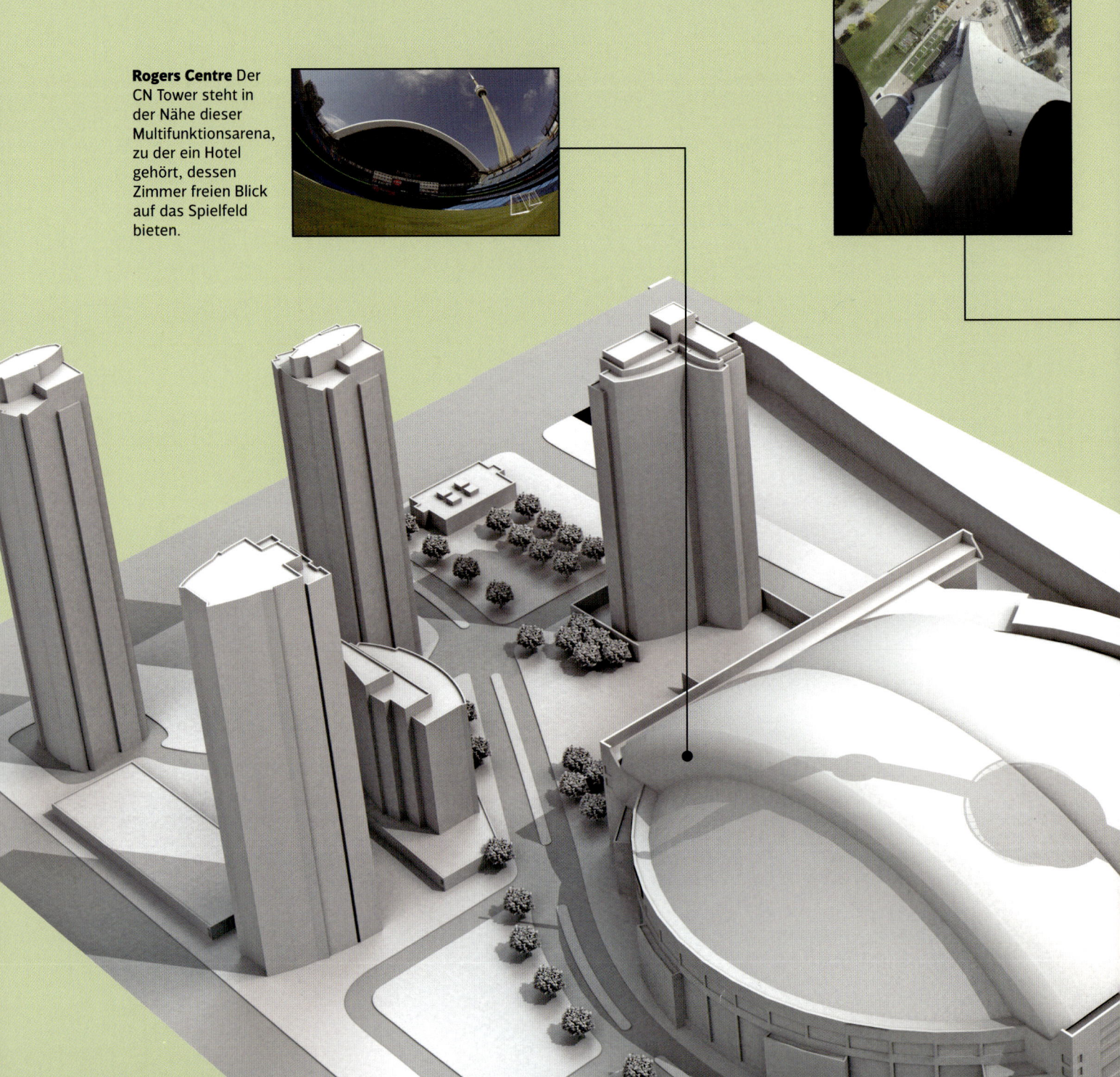

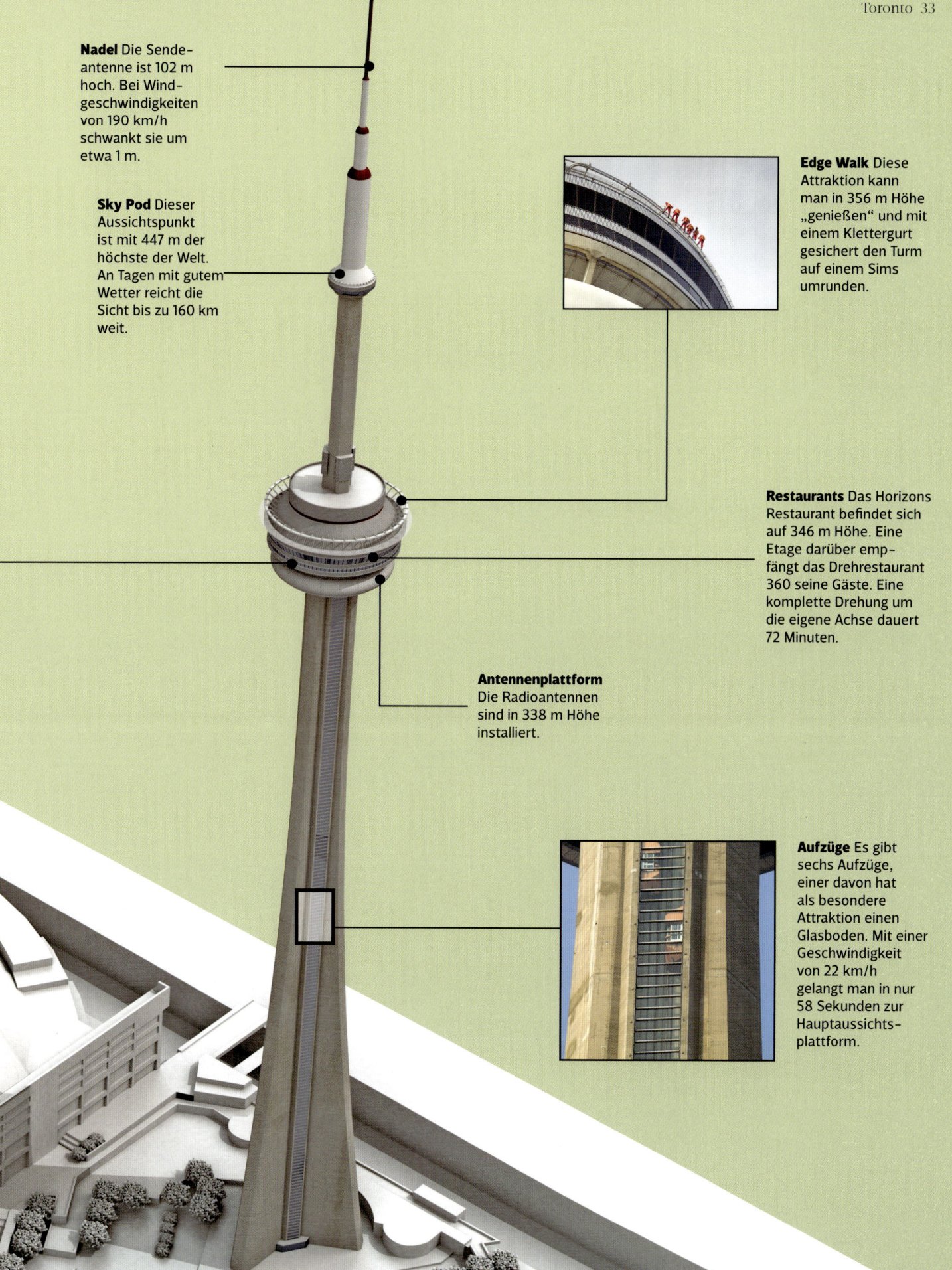

Nadel Die Sende-
antenne ist 102 m
hoch. Bei Wind-
geschwindigkeiten
von 190 km/h
schwankt sie um
etwa 1 m.

Sky Pod Dieser
Aussichtspunkt
ist mit 447 m der
höchste der Welt.
An Tagen mit gutem
Wetter reicht die
Sicht bis zu 160 km
weit.

Edge Walk Diese
Attraktion kann
man in 356 m Höhe
„genießen" und mit
einem Klettergurt
gesichert den Turm
auf einem Sims
umrunden.

Restaurants Das Horizons
Restaurant befindet sich
auf 346 m Höhe. Eine
Etage darüber emp-
fängt das Drehrestaurant
360 seine Gäste. Eine
komplette Drehung um
die eigene Achse dauert
72 Minuten.

Antennenplattform
Die Radioantennen
sind in 338 m Höhe
installiert.

Aufzüge Es gibt
sechs Aufzüge,
einer davon hat
als besondere
Attraktion einen
Glasboden. Mit einer
Geschwindigkeit
von 22 km/h
gelangt man in nur
58 Sekunden zur
Hauptaussichts-
plattform.

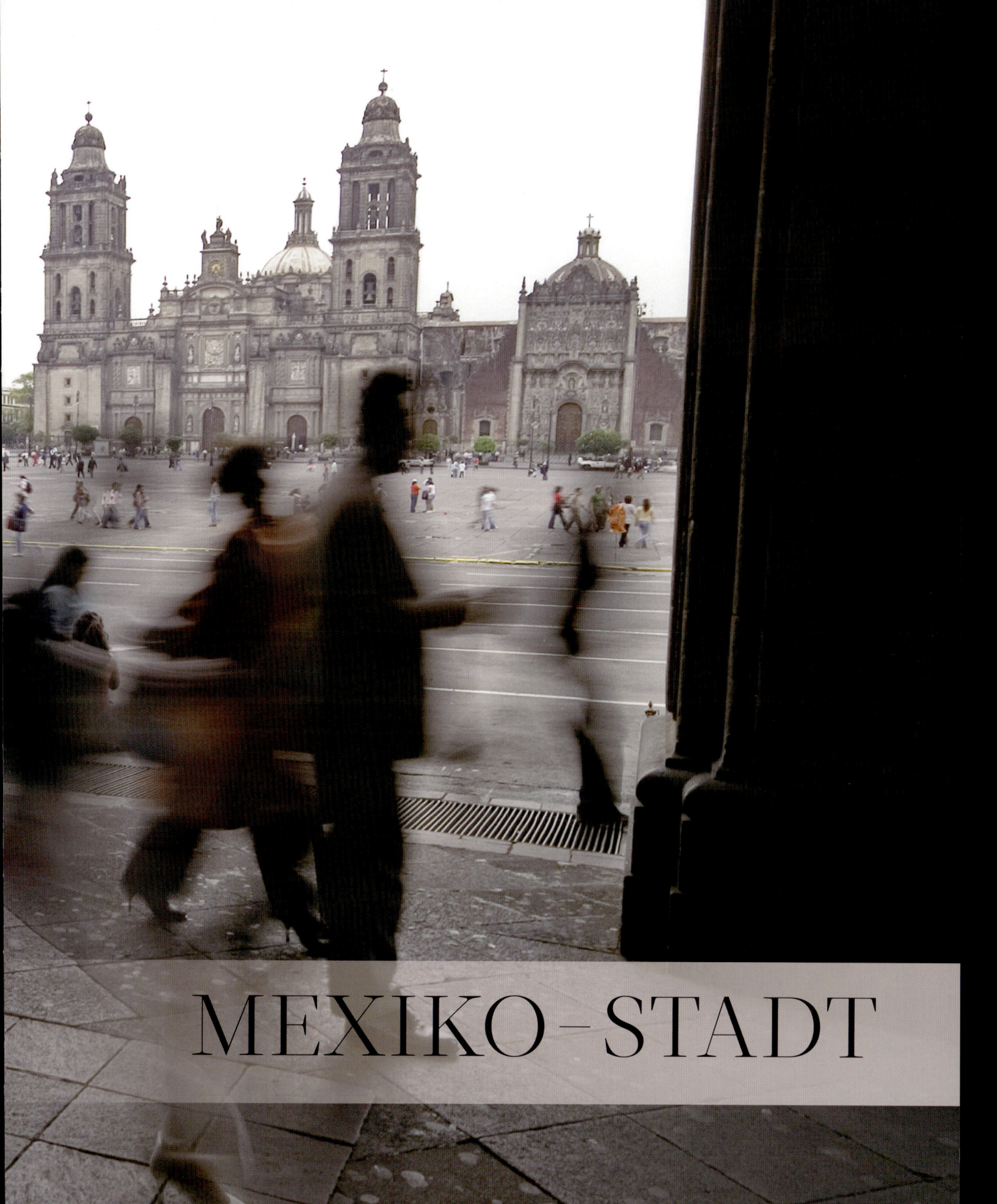

MEXIKO-STADT

Die lateinamerikanische Riesenstadt

Mexiko-Stadt, auf einem Hochplateau mehr als 2 000 m über dem Meeresspiegel gelegen, ist eine der wichtigsten Städte Lateinamerikas.

Mexiko

Mexiko-Stadt
Distrito
Federal

Mythische Wurzeln

Mexiko-Stadt entstand um die alte Siedlung Tenochtitlán im Sumpfland. Zur Blütezeit des Aztekenreichs lebten in der Gegend rund 500 000 Menschen. Der Legende nach befahl Huitzilopochtli, der aztekische Kriegsgott, an jener Stelle ein Reich zu gründen, wo „der Adler eine Schlange verschlingt". Diese Vision wurde am Ufer des Texcoco-Sees auf einem Hochplateau nördlich des Isthmus von Tehuantepec Realität.

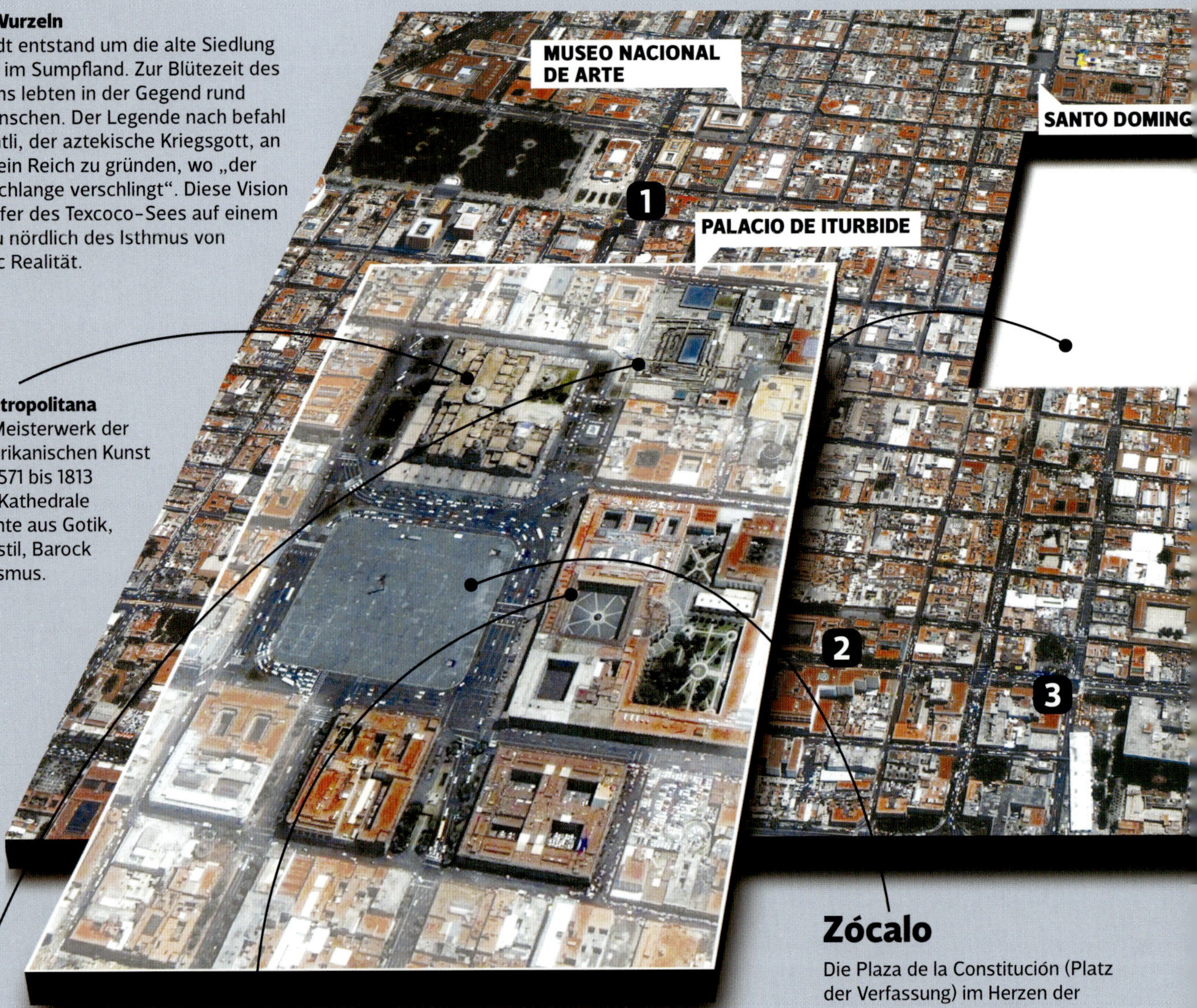

MUSEO NACIONAL DE ARTE

SANTO DOMING

PALACIO DE ITURBIDE

1

2

3

Catedral Metropolitana

An diesem Meisterwerk der hispanoamerikanischen Kunst wurde von 1571 bis 1813 gebaut. Die Kathedrale trägt Elemente aus Gotik, Platereskenstil, Barock und Klassizismus.

Templo Mayor

Dieser Komplex mit einer 60 m hohen Stufenpyramide war das wichtigste religiöse Zentrum der Azteken in Tenochtitlán.

Palacio National Der Nationalpalast wurde im 16. Jahrhundert von den Spaniern am Standort von Moctezumas Palast errichtet und im 18. Jahrhundert erneuert.

Zócalo

Die Plaza de la Constitución (Platz der Verfassung) im Herzen der Stadt ist als Zócalo bekannt. Der etwa sechs Fußballfelder große Platz wurde von den spanischen Eroberern ausgewählt, weil er das Zentrum des alten Tenochtitlán bildete. Hier stehen mehrere bedeutende Bauwerke: die Kathedrale, der Nationalpalast, das Regierungsgebäude, das alte Rathaus, das Museo del Templo Mayor und das Portal de Mercaderes.

FAKTEN UND ZAHLEN ÜBER MEXIKO-STADT

HAUPTSTADT
Mexiko-Stadt bildet als Hauptstadt den Distrito Federal, in dem alle Regierungsbehörden der Vereinigten Mexika-

nischen Staaten ihren Sitz haben.

Breite 19° 29' 52" N
Länge 99° 7' 37" W
Höhe 2240 m über dem Meeresspiegel
Fläche 1485 km²

Einwohner
8 860 000
Bevölkerungsdichte
5966 Einw./km²
Gründung
18. Juli 1325
(nach der Legende)
Fläche 1485 km²

Gründer México oder Azteken

Legende und Realität
Verschiedene Dokumente der México nennen 1325 als Gründungsjahr von

Tenochtitlán am heutigen Standort von Mexiko-Stadt. Nach diesen Quellen gründeten Nahua-Stämme aus Aztlán die Siedlung am Ufer des Texcoco-Sees.

Archäologische Ausgrabungen legen aber nahe, dass die Gegend schon vor dem 14. Jahrhundert bewohnt war.

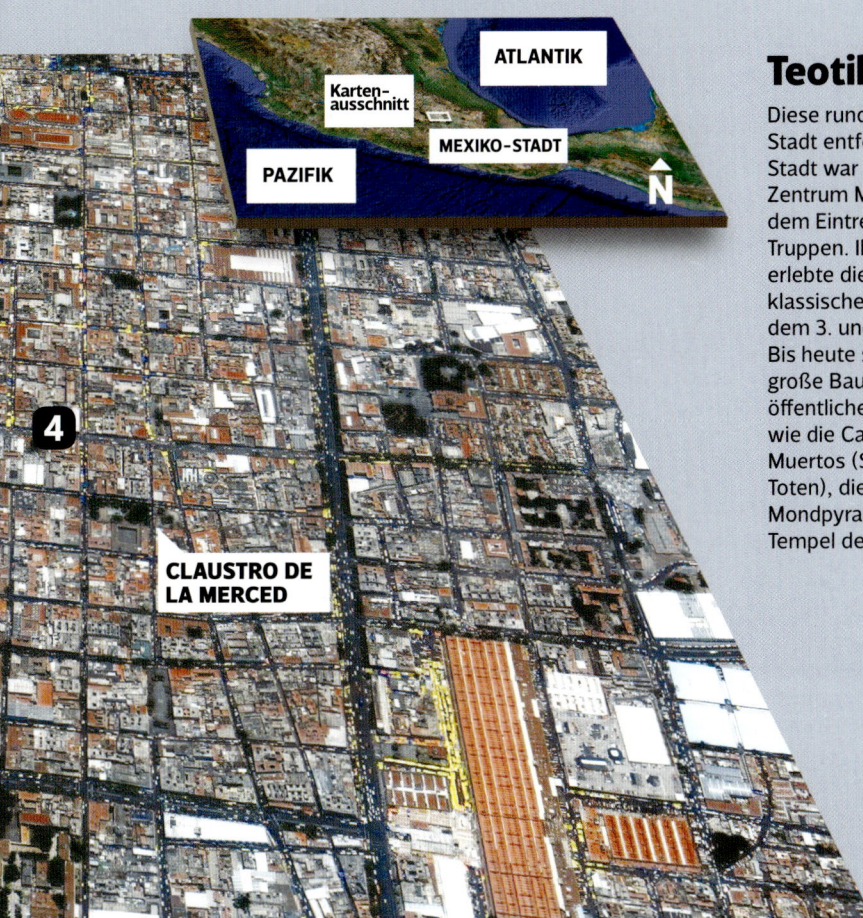

ATLANTIK

Kartenausschnitt

PAZIFIK

MEXIKO-STADT

N

4

CLAUSTRO DE LA MERCED

Teotihuacán

Diese rund 45 km von Mexiko-Stadt entfernt gelegene alte Stadt war das größte urbane Zentrum Mesoamerikas vor dem Eintreffen der spanischen Truppen. Ihre Glanzzeit erlebte diese Region in der klassischen Zeit zwischen dem 3. und 7. Jahrhundert. Bis heute sind verschiedene große Bauwerke und öffentliche Plätze erhalten wie die Calzada de los Muertos (Straßen der Toten), die Sonnen- und Mondpyramiden und der Tempel des Quetzalcoatl.

1

Casa de los Azulejos
Dieses Palais aus dem 16. Jahrhundert besitzt eine mit Kacheln aus Puebla dekorierte, prächtige Fassade. Die barocke Anmutung ist auf die von der Gräfin von Orizaba veranlasste Renovierung im 18. Jahrhundert zurückzuführen.

2

Claustro de Sor Juana
Juana Inés de la Cruz, eine mexikanische Nonne und Dichterin, verfasste hier einen Großteil ihrer Werke. Heute ist in dem ehemaligen Hieronymitinnen-Konvent, der im 16. Jahrhundert erbaut wurde, eine Universität untergebracht.

3

Avenida Pino Suárez
Das berühmte Treffen zwischen Hernán Cortés und Moctezuma am 8. November 1519 fand an der Ecke dieser Straße mit der Calle de la República del Salvador statt. Die Gebeine des Spaniers ruhen in der Nähe, in der Kirche Jesus von Nazareth.

4

Academia San Carlos
Die 1781 unter dem Einfluss der europäischen Aufklärung gegründete Akademie beherbergt viele mexikanische Werke aus der Zeit vom 18. Jahrhundert bis heute. Das aktuelle Gebäude wurde im 19. Jahrhundert renoviert.

Hauptstadt der Azteken und der Kolonialmacht

In Mexiko-Stadt haben sich die Spuren der aztekischen Vergangenheit und das prächtige Architekturerbe der Kolonialzeit erhalten.

Dem uninformierten Reisenden wird beim Besuch von Mexiko-Stadt die Jahrhunderte zurückreichende Geschichte der Metropole verborgen bleiben: Sie wurde von den Azteken Anfang des 14. Jahrhunderts auf einer Insel im Texcoco-See gegründet. Die abgeschiedene, geschützte Lage ermöglichte ein Wachstum in Sicherheit. Tenochtitlán, so der Name der Aztekenstadt, wurde im 15. Jahrhundert zur Hauptstadt eines mächtigen Reichs, das ein Gebiet größer als Großbritannien beherrschte – Architektur und Gesellschaftssystem der Azteken überraschen bis heute die Archäologen.

So fanden die ersten europäischen Siedler diese Region bei ihrer Ankunft zu Beginn des 16. Jahrhunderts vor. Durch die gerissene Diplomatie der Spanier hintergangen und durch die von den Konquistadoren eingeschleppten Pocken dezimiert, mussten die Azteken schließlich kapitulieren, und ihr riesiges Reich wurde zum Vizekönigreich Neuspanien. Die Hauptstadt der neuen Herrscher wurde an der Stelle der alten Siedlung auf der oben genannten Insel gegründet, die heute das Herz der Metropole ist. In der folgenden langen Kolonialzeit wurde Mexiko-Stadt zu einem der bedeutendsten strategischen Zentren auf dem amerikanischen Kontinent.

Heute nimmt der Zócalo, der weiträumige Platz der Verfassung, das Zentrum der einstigen Insel ein, deren umgebenden Wasserflächen schon lange verschwunden sind. Zwischen dem 16. und 18. Jahrhundert verwüsteten sechs schwere Flutkatastrophen die Stadt. Die ehrgeizigen Pläne zur Trockenlegung des Sees wurden erst nach der Unabhängigkeit mit dem Gran Canal de Desagüe (Großer Entwässerungskanal) umgesetzt. Der 1885 bis 1900 erbaute Kanal löste das Überschwemmungsproblem, veränderte aber das Stadtbild nachhaltig.

Demografischer und urbaner Boom

Die Trockenlegung des Sees ermöglichte der Stadt die Ausdehnung in zuvor wasserbedeckte Bereiche. Bei dieser fast ein Jahrhundert anhaltenden Expansion entstand die größte Metropolregion des amerikanischen Kontinents mit 27 Millionen Einwohnern. Weltweit liegt Mexiko-Stadt damit hinter Tokio auf Platz 2. Während des „mexikanischen Wunders" in den 1950er- und 1960er-Jahren erlebte Mexiko eine besonders wachstumsstarke Periode. In nur 20 Jahren verdoppelte sich die Bevölkerung der Hauptstadt, die zahlreiche Nachbarstädte schluckte und sich bis an die Grenzen des Hauptstadtbezirks ausdehnte. Der Distrito Federal wurde nach der Unabhängigkeit von Spanien 1837 als politisches Zentrum und Sitz der Bundesregierung geschaffen.

Dieser urbane Boom Mitte des 20. Jahrhunderts hatte ernste Auswirkungen auf die soziale, ökonomische und ökologische Balance in Mexiko-Stadt. Heute gibt es enorme Unterschiede zwischen den Stadtvierteln. Während der Bezirk Benito Juárez im Stadtzentrum einen

1

2

3

4

5

6

Human Development Index (HDI – ein Wohlstands-indikator) hat, der dem US-Durchschnitt entspricht, liegt der HDI von Milpa Alta im Süden der Stadt auf dem Niveau der Dominikanischen Republik, die hinsichtlich des Lebensstandards weltweit Rang 70 belegt. Die fehlerhafte Planung solcher Stadtviertel führte zu Über-völkerung und extremen Verkehrsbelastungen, die zusammen mit der Industrie vor Ort für Spitzenwerte bei der Luftverschmutzung verantwortlich sind.

Die Entwicklung hatte aber nicht nur negative Auswir-kungen. Dank seiner demografischen Stärke, seiner Geschichte und der Nähe zu den USA kann Mexiko-Stadt ein Drittel des BIP des Landes beisteuern. Die Metropole ist das größte Finanz- und Kulturzentrum Lateinamerikas; ihre Museen und das architektonische Erbe decken alle wichtigen Kunststile Europas sowie Amerikas ab. Gotik, Platereskenstil, Barock und Klassizismus wurden von den Spaniern mitgebracht: Die Catedral Metropolitana ist ein gutes Beispiel für die Kolonialepoche. Zum Erbe gehören aber auch Ruinen der Azteken wie der Templo Mayor am Zócalo und die besser erhaltenen Anlagen im 45 km entfernten Teotihuacán. Überall in dieser lebhaften, kontrastreichen Stadt stößt man auf Gebäude im Kolonial-, Jugend- und Art-déco-Stil.

📷

1. Palacio de Bellas Artes
Luftaufnahme vom Palast der Schönen Künste, einem der berühmtesten Gebäude im histori-schen Zentrum der Stadt.

2. Volkswagen
Über viele Jahre fuhren die meisten Taxifahrer den VW Käfer („Vocho") und machten ihn zu einem Symbol der Stadt.

3. Muralismo
Diese künstlerische Bewegung entstand Anfang des 20. Jahr-hunderts in Mexiko. Hier ein Werk von David Alfaro Siqueiros an der Ciudad Universitaria.

4. Basilica de Nuestra Señora Guadalupe
Eines der schönsten Beispiele für mexi-kanische Barock-architektur und eine der meistbesuchten katholischen Kirchen der Welt.

5. Palacio Postal
Im Dekor dieses Architekturjuwels, dem „Hauptpost-amt", verbinden sich Elemente aus Gotik, Barock, arabischer Ornamentik und Art déco.

6. Aztekenruinen
Statue von Chac Mool in den Ruinen des aztekischen Templo Mayor am Zócalo.

Catedral Metropolitana

Der Bau dieser monumentalen Kirche im Barockstil begann 1573 auf Initiative von Hernán Cortés, vollendet wurde sie erst 1813.

Orgel Die Orgel wurde 1735 gebaut und ist 14 m hoch, 10 m breit und 3 m tief. Sie ist 6 m über dem Boden angebracht und zieht sich über 6 Etagen.

Altar del Perdón Der Altar der Vergebung ist ein Werk des Churriguerismus von Jerónimo de Balbás. Er steht im *trascoro* (hinter dem Chor), jenseits des Haupteingangs.

Kuppel Die Kuppel, ein Werk von Manuel Tolsá, ruht auf einem achteckigen Tambour, der direkt über dem Zentrum des Kreuzes platziert ist, und trägt eine kleine Laterne als Abschluss.

Kapellen Es gibt insgesamt 14 Kapellen, 7 auf jeder Seite, die Bruderschaften, Gilden oder Privatpersonen zu Ehren der Jungfrau Maria gestiftet haben.

Altar de los Reyes Der von Jerónimo de Balbás geschaffene Altar der Könige repräsentiert die Blüte des Churriguerismus. Er ist 25 m hoch und 13 m breit. Das zentrale Bild stellt *La Adoración de los Reyes* (Die Anbetung der Könige) dar. Das Tabernakel stammt von Juan Rodríguez Juárez.

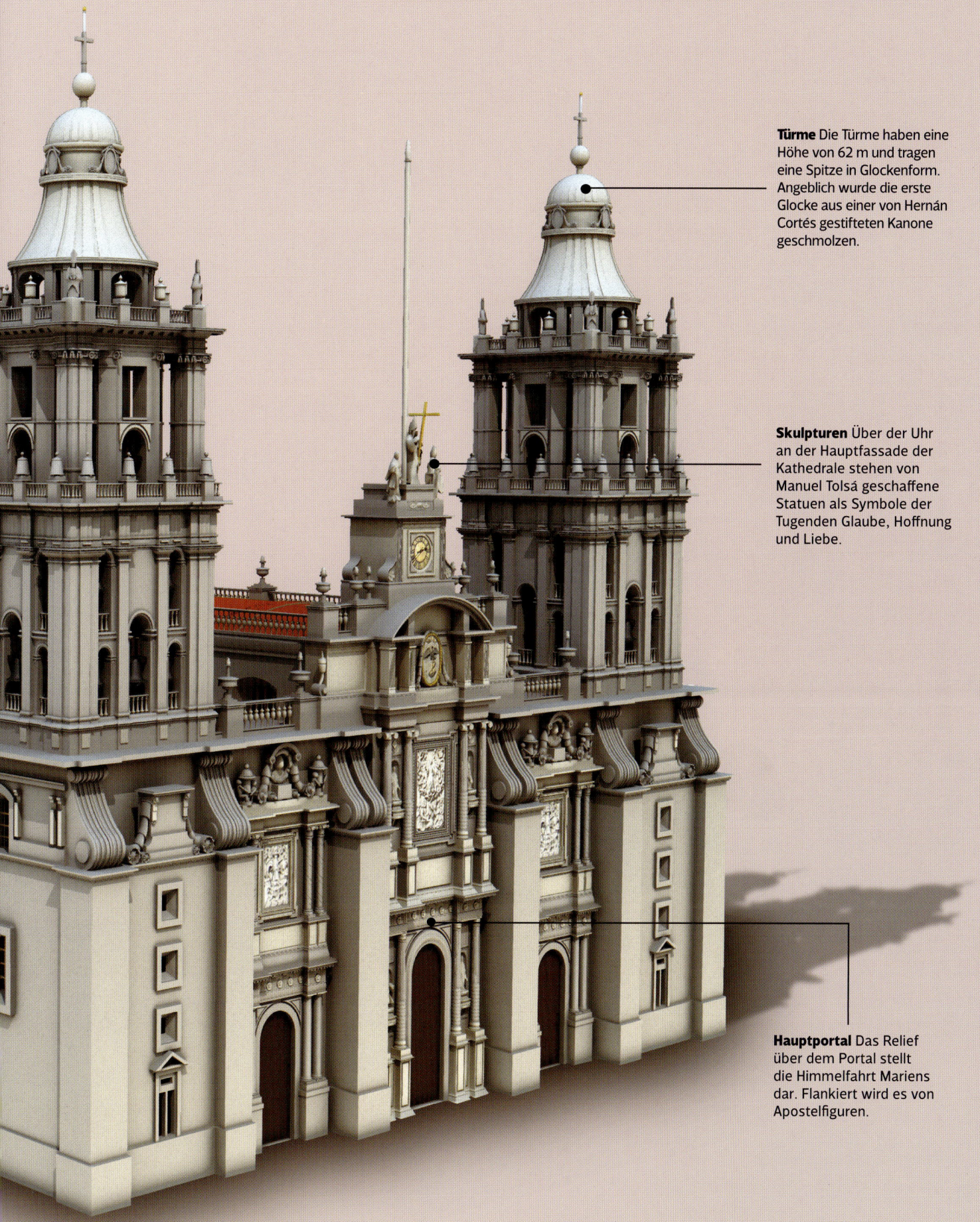

Türme Die Türme haben eine Höhe von 62 m und tragen eine Spitze in Glockenform. Angeblich wurde die erste Glocke aus einer von Hernán Cortés gestifteten Kanone geschmolzen.

Skulpturen Über der Uhr an der Hauptfassade der Kathedrale stehen von Manuel Tolsá geschaffene Statuen als Symbole der Tugenden Glaube, Hoffnung und Liebe.

Hauptportal Das Relief über dem Portal stellt die Himmelfahrt Mariens dar. Flankiert wird es von Apostelfiguren.

BUENOS AIRES

Das historische Zentrum

Die Plaza de Mayo im Stadtteil Mont-serrat ist das historische Zentrum, um das sich viele der wichtigsten Gebäude der Stadt gruppieren.

Argentinien

Buenos Aires

Provinz Buenos Aires

Karten-ausschnitt

BUENOS AIRES

SÜDLICHER ATLANTIK

N̂

BANCO FRANCÉS

3

2

1

INNENSTADT BUENOS AIRES

BELGRANO-DENKMAL

La Pirámide de Mayo
Sie wurde anlässlich des ersten Jahrestags der Mairevo-lution von 1810 errichtet. Der Entwurf stammt von dem Architekten und Maler Prilidiano Pueyrredón; bekrönt wird das Denkmal von einer Allegorie der Freiheit von dem französischen Bildhauer Joseph Dubourdieu.

Plaza de Mayo

Dieser große Platz im historischen Stadtzentrum war Schauplatz von Demonstrationen und anderen wichtigen geschichtlichen Ereig-nissen. Er ist ein perfektes Beispiel für die spanische Stadtplanung in den Kolonien: Um einen recht-eckigen Platz gruppieren sich die wichtigsten Gebäude wie der Cabildo (Rathaus), die Casa Rosada (Präsidentenpalast), die Catedral Metropolitana und die Nationalbank.

FAKTEN UND ZAHLEN ÜBER BUENOS AIRES

ARGENTINISCHE BUNDESHAUPTSTADT
Als Sitz der Bundesregierung und der Staatsorgane ist Buenos Aires eine autonome Stadt mit einem Sonderstatus unter den Provinzen Argentiniens.

Breite 34° 36' 30" S
Länge 58° 22' 19" W
Höhe im Durchschnitt 25 m über dem Meeresspiegel

Fläche 498 km²
Einwohner 2 900 000 (12,9 Millionen in der Metropolregion)
Bevölkerungsdichte 5.823 Einw./km²
Gründung 3. Februar 1536

Gründer Der Spanier Pedro de Mendoza gründete 1536 die erste Siedlung in der Region. Sie bestand aus 250 Häuserblocks am Ufer des Río de la Plata, die um einen Platz angeordnet waren, an dessen Stelle heute die Plaza de Mayo liegt. Fünf Jahre später gab Mendoza die Ansiedlung nach einer Niederlage gegen indigene Stämme auf. Juan de Garay gründete die Stadt 1580 neu.

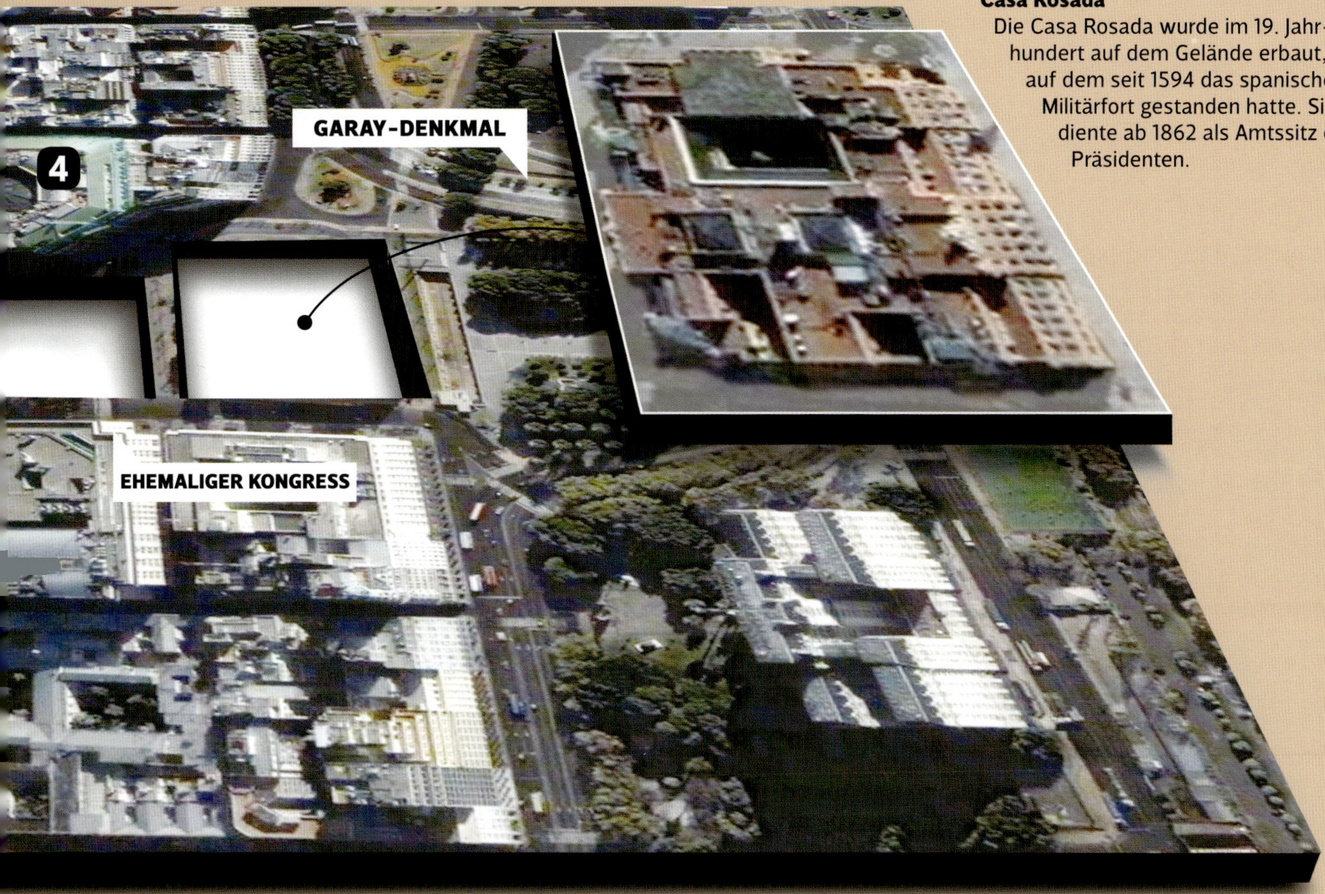

GARAY-DENKMAL

EHEMALIGER KONGRESS

4

Casa Rosada
Die Casa Rosada wurde im 19. Jahrhundert auf dem Gelände erbaut, auf dem seit 1594 das spanische Militärfort gestanden hatte. Sie diente ab 1862 als Amtssitz des Präsidenten.

1
El Cabildo
Das seit dem 17. Jahrhundert mehrfach renovierte Rathaus wurde 1580 nach Plänen von Juan de Garay erbaut. In der oberen Etage lebten die Kolonialherren, in der unteren waren ein Gefängnis und die Polizeistation untergebracht.

2
Palacio Muncipal
Dieses Gebäude gegenüber der Casa Rosado, neben dem Cabildo, wurde Ende des 19. Jahrhunderts von dem italienischen Architekten Juan Cagnoni entworfen und im französischen Akademiestil erbaut.

3
Catedral Metropolitana
Der Bau dieser der heiligen Dreifaltigkeit geweihten Kirche begann Mitte des 18. Jahrhunderts und dauerte 150 Jahre. Am Gebäude sind verschiedene Stile zu erkennen, angefangen beim ursprünglichen Barock bis hin zu neoromanischen Elementen.

4
Argentinische Nationalbank
Die Nationalbank wurde 1891 zur Überwindung der damaligen Finanzkrise gegründet. Sie ließ sich Mitte des 20. Jahrhunderts dieses Gebäude im klassizistischen Stil nach einem Entwurf von Alejandro Bustillo errichten.

Südländischer Geist

Buenos Aires ist eine Stadt voller Gegensätze, die ein reiches Erbe und ein vielfältiges Kulturangebot zu bieten hat.

Gesprächig, arrogant, kultiviert, verführerisch, leidenschaftlich, mit einem Hang zu Melancholie und Psychoanalyse und natürlich voller Leidenschaft für Fußball – so stellt man sich die Bewohner dieser Stadt vor. Mit jedem *porteño* (so die Bezeichnung für die Einwohner von Buenos Aires), den man kennenlernt, scheinen sich diese karikaturhaften Eigenschaften zu verfestigen, die kaum etwas mit den einstigen Gründern der Stadt zu tun haben.

Wie auch immer, man kann nicht leugnen, dass die in der argentinischen Hauptstadt Geborenen über eine starke Persönlichkeit verfügen und zu fast allem eine dezidierte Meinung haben. Wegen ihrer angeblichen Eitelkeit sind die Einheimischen im übrigen Lateinamerika und selbst im Rest Argentiniens nicht sehr beliebt. Viele Uruguayer, die einen ganz ähnlichen Akzent haben wie ihre südlichen Nachbarn, weisen deshalb explizit auf ihre Herkunft hin, bevor sie in ein Gespräch mit Fremden einsteigen.

Aber warum entsprechen so viele Einwohner von Buenos Aires diesem Stereotyp, wo sie doch aus einer Stadt kommen, in der vielfältigste Integrationsprozesse stattfanden? Die Bevölkerung setzt sich vor allem aus Nachkommen spanischer und italienischer Immigranten zusammen, mit bedeutenden mitteleuropäischen, russischen, ukrainischen, syrischen und libanesischen Elementen und einer großen jüdischen Gemeinde. In der bunten Bevölkerung von Buenos Aires verschmolzen so im Laufe der Zeit viele Charakterzüge zu einer Einheit.

Die fleischlastige Küche ist von italienischen Aromen und der traditionellen Viehzucht im Lande geprägt.

Die Sprache, eine Dialektform des Spanischen, wird häufig und gerne mit übertriebenen Gesten untermalt, die direkt aus Neapel importiert sein könnten. Eine Vorliebe für Musik, Tanz, lebhafte Unterhaltungen in Hauseingängen, simplen Hedonismus, Gewieftheit und Familie – Buenos Aires erscheint wie eine perfekte Mischung alles Südländischen an den Ufern des Río de la Plata.

Europäische Spuren

Die argentinische Hauptstadt hat sich immer gerühmt – und das zu Recht –, die europäischste der lateinamerikanischen Großstädte zu sein. Anders als die meisten anderen Städte des Kontinents orientierte sich Buenos Aires eher an Paris als an New York. Seine Architektur mit vielen beeindruckenden Beispielen des Jugendstils, von Art déco, Neugotik oder Klassizismus ist überall in der schachbrettartigen Stadtstruktur sichtbar, die typisch für die Stadtplanung der spanischen Kolonialmacht in Amerika ist. Diese weitverbreitete schematische Stadtgestaltung konnte nicht verhindern, dass die 47 Viertel der Bundeshauptstadt, in der 40 Prozent der Argentinier leben, sich sehr unterschiedlich präsentieren. Buenos Aires ist die fünftgrößte Metropolregion Amerikas und eine der ausgedehntesten der Welt. Nach Osten, Süden und Norden öffneten sich die Pampas, die einem dynamischen Wachstum keinerlei Hindernis entgegensetzten.

Argentiniens Hauptstadt erlebte Ende des 19. und Anfang des 20. Jahrhunderts eine glanzvolle Epoche, als viele italienische und spanische Einwanderer eintrafen und die demografische Struktur nachhaltig prägten. Buenos Aires schien damals prädestiniert, die Hauptstadt der südlichen Hemisphäre zu werden. Doch die Dynamik des Hafens und des durch den enormen landwirtschaftlichen und geologischen Reichtum Argentiniens beflügelten Handels brach nach wenigen Jahrzehnten zusammen.

Stadt mit zwei Gesichtern

Heute ist Buenos Aires eine Stadt der Gegensätze. Zum einen leidet sie unter der enorm hohen Kriminalitätsrate, dem für Fußgänger mörderischen Verkehr und enormer Umweltverschmutzung – der Riachuelo etwa, der durch das Viertel La Boca fließt, dient als Abfallkloake. Andererseits erfreut sich die Stadt eines angenehmen Klimas, eines beneidenswerten Systems öffentlicher Parks und eines erstklassigen Kulturangebots, das Persönlichkeiten wie Jorge Luis Borges und Julio Cortázar prägten und für das weltbekannte Institutionen wie das Teatro Colón stehen. Außerdem kommen zwei der größten Fußballerlegenden der Welt aus dieser Stadt: Alfredo Di Stéfano und Diego Maradona.

⌕ Casa Rosada
Blick in den Innenhof des Präsidentenpalasts, dem Sitz der argentinischen Exekutive, über die Plaza de Mayo.

↑ La Boca
Die farbenprächtigen Häuser sind das Markenzeichen dieses populären Viertels.

⌕ Puerto Madero
Die Wolkenkratzer am Flussufer heben diesen exklusiven Stadtteil deutlich hervor.

← Plaza Dorrego
Auf diesem Platz im Zentrum von San Telmo tummeln sich sonntags Musiker, Straßenhändler und Tangotänzer.

Teatro Colón

Das Opernhaus von Buenos Aires wurde 1908 eröffnet und gilt wegen seiner exzellenten Akustik als eines der besten Häuser der Welt.

Vorhang Der alte Vorhang von 1931 wurde 2011 durch einen neuen, von dem Künstler Guillermo Kuitca gestalteten Vorhang ersetzt, dessen Anfertigung 18 Monate dauerte.

Fassade An der 37 884 m² großen Fassade vermischen sich drei Architekturstile. Über der Theaterterrasse erhebt sich ein Giebeldach.

Innen Der Dekor spiegelt den damaligen Geschmack der Bourgeoisie und orientiert sich an europäischen Vorbildern: Marmor, goldene Kapitelle, Kristalllüster usw.

La Fuente de los Bailarines Dieser Brunnen auf der Plaza Lavalle, gegenüber dem Teatro Colón, erinnert an die neun Tänzerinnen des Colón-Ballets, die 1971 bei einem Flugzeugabsturz ums Leben kamen.

Bühne Sie ist 48 m hoch, 35 m breit und 34 m tief. Eine raffinierte Technik sorgt für den Wechsel von Kulissen und Bühnenbildern.

Kuppel Die imposante 28 m hohe Kuppeldecke mit einer Fläche von 320 m² wurde 1966 von dem argentinischen Maler Raúl Soldi neu gestaltet.

Eingänge Das Gebäude besitzt vier Eingänge. Im 19. Jahrhundert gab es, wie bei vielen Opernhäusern jener Zeit, einen speziellen Eingang für Kutschen.

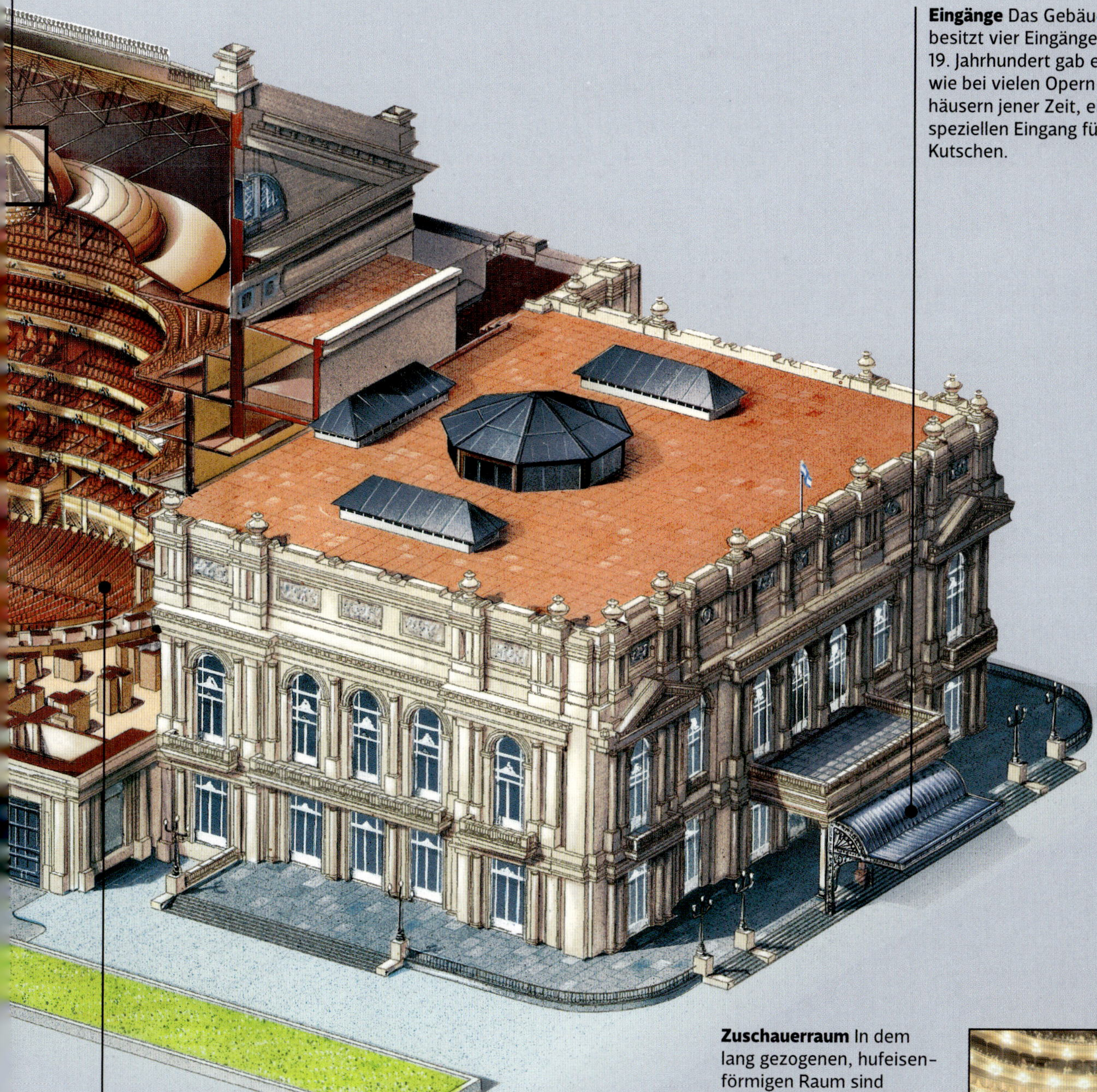

Zuschauerraum In dem lang gezogenen, hufeisenförmigen Raum sind 22 Sitzreihen angeordnet. Insgesamt bietet das Theater den Besuchern 2487 Sitzplätze und weitere 700 Stehplätze.

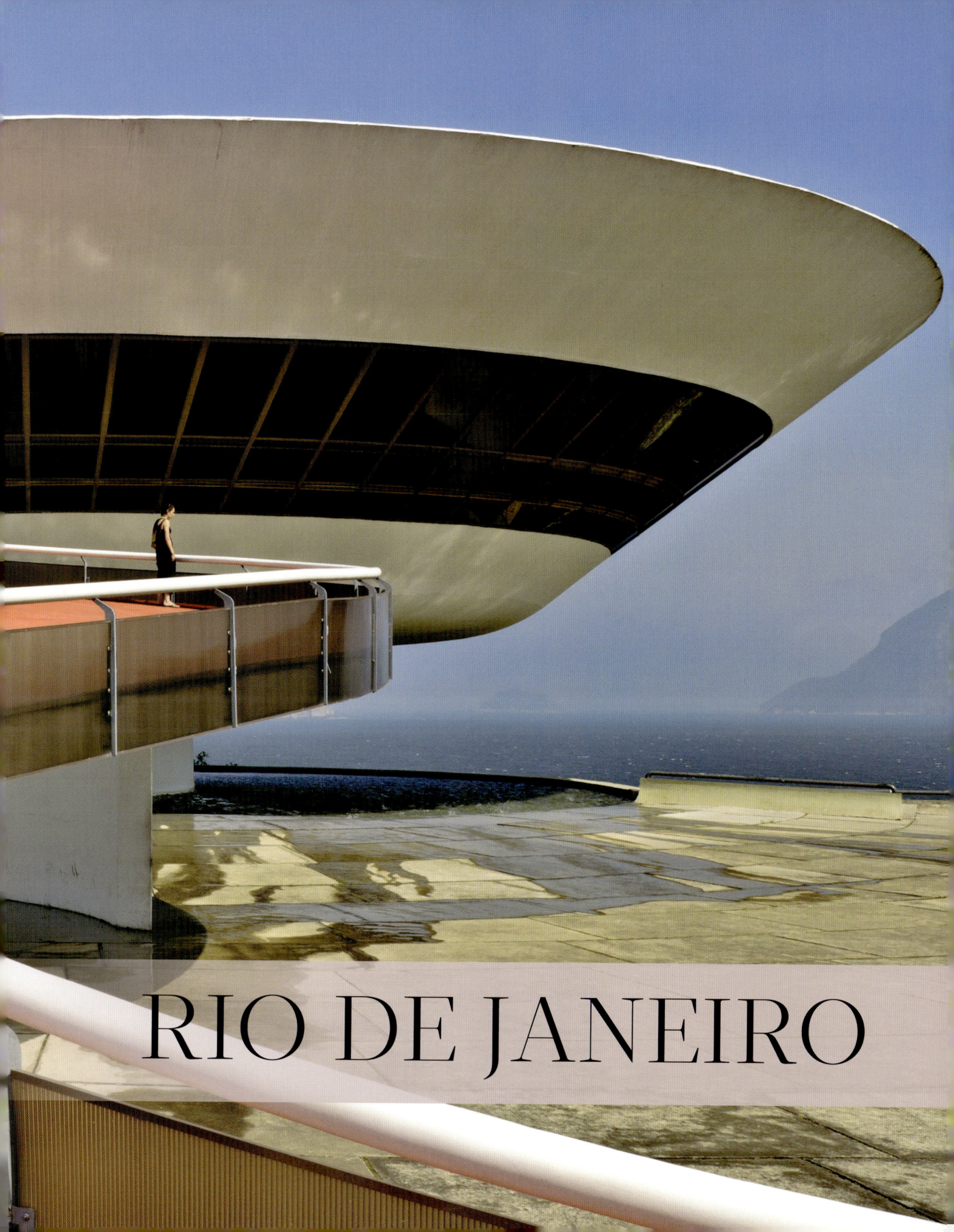

RIO DE JANEIRO

Im Schutz der Bucht

Das alte Zentrum von Rio de Janeiro am Ufer der Guanabara-Bucht kann noch viele Gebäude aus der portugiesischen Kolonialzeit vorweisen.

Brasilien

Bundesstaat Rio de Janeiro

Rio de Janeiro

Guanabara Bay

Am 1. Januar 1502 segelten portugiesische Seeleute im Zuge einer Erkundungsreise in eine Bucht, die Schutz vor den Stürmen des Ozeans bot und einen idealen Hafen darstellte. Weil sie glaubten, es handle sich um eine Flussmündung, tauften sie das Gebiet „Rio de Janeiro" (Fluss des Januars). Über ein halbes Jahrhundert später gründete der portugiesische Soldat Estácio de Sá hier eine Siedlung, die Keimzelle der heutigen Stadt.

Karten-ausschnitt

RIO DE JANEIRO

ATLANTIK

N

CATEDRAL DE SÃO SEBASTIÃO

1

Candelária-Kirche

Die Kirche war ursprünglich eine im 17. Jahrhundert erbaute Einsiedelei. Die barocke Fassade stammt von 1775, der Rest des Gebäudes wurde einschließlich der weißen Kuppel im 19. Jahrhundert errichtet.

 2

Teatro Municipal

Das Theater wurde im frühen 20. Jahrhundert im eklektizistischen, von der Opéra Garnier in Paris inspirierten Stil erbaut. Es hat eine Fläche von 4220 m² und bietet 2400 Besuchern Platz. Seine Blütezeit waren die 1920er-Jahre.

 3

Biblioteca Nacional

Die 1910 eingeweihte neoklassizistische Nationalbibliothek an der Avenida Rio Branco ist ein Werk des brasilianischen Ingenieurs und Politikers Francisco Marcelino de Souza Aguiar. Hier werden 9 Millionen wertvolle Bände verwahrt.

 4

Arcos da Lapa

Das Aquädukt aus dem 18. Jahrhundert ist eines der Wahrzeichen des kolonialen Rio. Er wurde errichtet, um Wasser vom Fluss Carioca herbeizuschaffen, der wichtigsten Süßwasserquelle der portugiesischen Siedlung. Die erhaltenen 42 Halbbögen sind 270 m lang und 64 m hoch.

FAKTEN UND ZAHLEN ÜBER RIO DE JANEIRO

DIE EHEMALIGE HAUPTSTADT BRASILIENS
Rio de Janeiro war bis 1960 Landeshauptstadt, als die brasilianische Regierung nach

Brasilia umzog, die im Landesinneren neu erbaute Stadt. Heute ist Rio Hauptstadt des Bundesstaats Rio de Janeiro, einem der 26 brasilianischen Bundesstaaten.

Breite 22° 54' 0" S
Länge 43° 13' 59" W
Höhe 11 m über dem Meeresspiegel
Fläche 1182 km²
Einwohner 6 320 000 (11,8 Millionen in der Metropolregion)

Bevölkerungsdichte 5265 Einw./km²
Gründung 1. März 1565
Gründer Estácio de Sá

Militärische Wurzeln Der portugiesische Soldat Estácio de Sá gründete São Sebastião do Rio de Janeiro als Marinebasis, um eine benachbarte

französische Siedlung anzugreifen und die Kontrolle über die Region zu übernehmen. Dies gelang ihm schließlich 1567.

Praça Quinze de Novembro

Dieser Platz, das Herz der Altstadt, verdankt seinen Namen jenem Tag im Jahr 1889, als Marechal Manuel Deodoro da Fonseca nach der Ausrufung der Republik sein Amt als erster provisorischer Präsident antrat. In der Nähe stehen viele Gebäude aus der Kolonialzeit. Etwas weiter südlich, im Stadtteil Cinelândia, liegt der weitläufige Praça Floriano, benannt nach Floriano Peixoto, dem zweiten Präsidenten der Republik.

MUSEU HISTÓRICO NACIONAL

3

2

MUSEU NACIONAL DE BELAS ARTES

PRAÇA FLORIANO

Paço Imperial (Kaiserpalast)
Nach Erlangung der Unabhängigkeit von Portugal 1822 gab sich Brasilien unter Peter I. die Staatsform eines Kaiserreichs. Der neue Hof wurde in Rio de Janeiro in einem Barockbau aus dem 18. Jahrhundert installiert, der bis dahin als Residenz des portugiesischen Gouverneurs gedient hatte. Er liegt an der Praça Quinze de Novembro im Herzen der Stadt und in der Nähe zum Ufer der Bucht. Der Palast wurde 1980 restauriert und beherbergt heute eine Spezialbibliothek für portugiesisch-brasilianische Architektur.

Der Rhythmus der Samba

Rio de Janeiro erfreut sich einer wunderschönen Lage, von der andere Städte nur träumen können.

Man kann eine Stadt genießen, indem man ihre Straßen durchstreift, ihre Einwohner kennenlernt, ihre Küche probiert, ihre Museen, Plätze, Kirchen und Bauten besichtigt. Eine auserwählte Gruppe von Städten bietet jedoch noch mehr: Es sind Städte wie Neapel oder Kapstadt, die mit ihrer Lage, den sie umgebenden Hügeln, Stränden, Buchten und Inseln ihre Gründer sofort fasziniert haben. Und Rio de Janeiro ragt selbst unter diesen heraus.

Eingebettet zwischen Atlantik und der Guanabara-Bucht, nutzt Rio jeden schmalen Streifen dieses großartigen Terrains, um sich an den Hängen der berühmten, teils kahlen, teils begrünten Felshügel auszubreiten. Hier, an den Flanken der Erhebungen, kann man die erstaunlichsten Verbindungen aus Natur und Zivilisation bewundern. Die Landschaft des Corcovado, auf dessen Spitze die berühmte, 38 m hohe Christusstatue (Cristo Redentor) aufragt, ist besonders spektakulär. Von hier bietet sich ein unvergesslicher Rundblick auf die Bucht mit den exklusivsten Wohnvierteln der Stadt, die Strände von Ipanema, Copacabana, Botafogo und Flamengo und den perfekt geformten Zuckerhut. All das verbindet sich zu einem Bild von Rio, das sich weltweit als Paradigma für ein angenehmes Leben in den Tropen eingeprägt hat.

Doch dies ist nur die Sonnenseite der Stadt. Trotz der Bemühungen und Erfolge von Präsident Luiz Inácio Lula da Silva und seiner Nachfolgerin Dilma Rousseff beim Kampf gegen die Armut, prägen die Unterschiede der sozialen Klassen fast wie im indischen Kastensystem noch immer den Alltag in Rio und in ganz Brasilien. Die wohlhabende Mittelschicht lebt in der sogenannten Zona Sur (Süd-Zone), deren Wohnviertel dicht bei den Stränden am Meer liegen. Die Arbeiterschicht findet man eher in der Zona Norte (Nord-Zone), an der Guanabara-Bucht und landeinwärts, wo sich auch die Industrie der Region konzentriert. Diese ist für die hohe Umweltverschmutzung in ganz Rio, speziell aber in der Zona Norte verantwortlich. Die Favelas, ursprünglich einfache Barackensiedlungen, ziehen sich oberhalb der regulären Stadtgrenze die Hänge herauf. Die Hälfte der Einwohner Rios ist europäischer Abstammung. Die meisten haben portugiesische Wurzeln, aber es gibt auch deutsche, italienische und russische Gruppen. Die andere Hälfte sind Afroamerikaner. Als Kolonialmacht hinterließ Portugal die offizielle Landessprache und die katholische Religion.

Die Strände, Mittelpunkt des gesellschaftlichen Lebens

Die 37 Strände der Stadt gehören zu den wenigen Orten, neben den Fußballstadien, an denen Menschen aus allen Gesellschaftsschichten zusammenkommen. Dort genießen sie zusammen mit den Touristen die angenehme Meeresbrise, die das tropische Klima mildert. Und die Cariocas (so nennt man die Einwohner Rios) können ihren Leidenschaften frönen: Sonne, frische Luft, Körperkult, Musik, Tanz und Sport, vor allem

←Zuckerhut
Der Zuckerhut ist
ein 396 m hoher
Felshügel aus Granit
am Ufer des Ozeans.
Vom Gipfel bietet
sich einer der besten
Ausblicke auf die
Stadt.
↓Sambódromo
Die Karnevalsparade
im Sambódromo da
Marquês de Sapucái
ist das wichtigste
Festereignis des Jah-
res in Rio de Janeiro.
↓↓Lapa
In diesem zentralen
Viertel mit seiner
bohemienhaften
Atmosphäre kon-
zentriert sich ein
Gutteil des Kultur-
und auch des Nacht-
lebens der Stadt.

Fuß- und Volleyball. Aus Rio kommen zwei der bekann-
testen Musikstile des 20. Jahrhunderts: Samba und Bossa
Nova. Die Samba hat afrikanische Wurzeln und entstand Anfang des 20. Jahrhunderts in den Favelas. Nach
dem Erfolg des lokalen Musikers Donga mit dem Lied
„Pelo telefone" begeisterte dieser Musikstil nach und
nach alle Gesellschaftsschichten und wurde zum nationalen Symbol Brasiliens. 1984 entwarf der berühmte
brasilianische Architekt Oscar Niemeyer das Sambódromo im Bezirk Centro, in dem jährlich die prächtigen
Karnevalsparaden stattfinden.

Auch der Bossa Nova kommt aus Rio. Er entstand allerdings erst Ende der 1950er-Jahre im Umfeld der gebil-
deten Mittelschicht. Die Musiker Antônio Carlos Jobim,
João Gilberto und Vinícius de Moraes schufen damit im
Prinzip eine raffinierte Version der Samba. Mit dem von
der Strandatmosphäre inspirierten Song „The Girl from
Ipanema" erlangten sie Weltruhm. Der Liedtext vermittelt
eine charakteristische Mischung aus Friedfertigkeit, Ver-
langen und Melancholie. „Ah, why am I so lonely? Ah,
why is everything so sad now? Ah, the beauty that is out
there! The beauty that is not just mine, that also goes by
alone."

Christusstatue

Die 38 m hohe Statue des Cristo Redentor wurde zur Feier des 100. Jahrestags der Unabhängigkeit Brasiliens 1931 eingeweiht. Heute gehört sie zu den größten Touristenattraktionen des Landes.

Arme Jeder Arm wiegt 30 t, die gesamte Statue 1145 t. Sie wurde von dem Brasilianer Heitor da Silva Costa entworfen und von dem französischen Bildhauer Paul Landowski ausgeführt.

Corcovado Die Statue Cristo Redentor steht auf dem Gipfel des 709 m hohen Bergs Corcovado. Ihre Basis ist lediglich 15 m breit, was die Konstruktion schwierig gestaltete.

Sockel In dem 8 m hohen Sockel gibt es eine Unserer Lieben Frau von Aparecida geweihte Kapelle, die für Taufen und Hochzeiten genutzt wird und 23 Besuchern Platz bietet.

LEDs Die Statue wird durch 300 ferngesteuerte LED-Strahler in wechselnden Farben beleuchtet.

Ausblick Die 1,8 Millionen Menschen, die pro Jahr die Christusstatue besuchen, genießen dort den besten Panoramablick über Rio de Janeiro und den Zuckerhut.

Kopf Der leicht abwärts geneigte Kopf besteht aus 50 Teilen. Die Christusfigur blickt nach Osten in Richtung Jerusalem und Guanabara-Bucht.

Herz Es befindet sich auf der 11. Etage außen an der Statue. Mit 1,3 m ist es proportional relativ klein im Vergleich zum Körper.

Oberfläche Die Außenfläche ist mit einem Mosaik aus Speckstein aus Minas Gerais verkleidet.

Zugang 2002 wurden Rolltreppen und drei Aufzüge installiert. Man kann auch über eine Treppe mit 220 Stufen zur Aussichtsplattform emporsteigen.

Struktur Die tragende Struktur besteht aus Stahlbeton und hat innen zwölf Etagen.

LONDON

Die Stadt an der Themse

London war von der Mitte des 19. Jahrhunderts bis 1925 die größte Stadt der Welt. Heute ist sie eines der wichtigsten Finanzzentren weltweit.

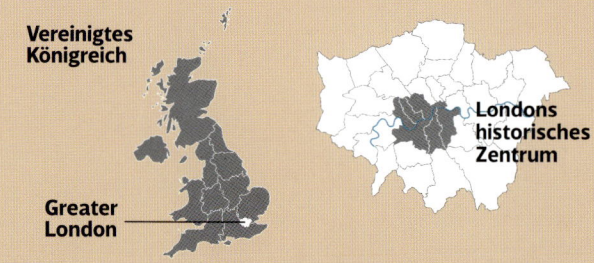

Vereinigtes Königreich

Greater London

Londons historisches Zentrum

Am Fluss entlang Der Flusslauf der Themse prägt die Geografie Londons. Einige der wichtigsten Sehenswürdigkeiten liegen am Themseufer wie das Parlament, das London Eye, die Tate Modern, der Tower of London und natürlich die berühmte Tower Bridge.

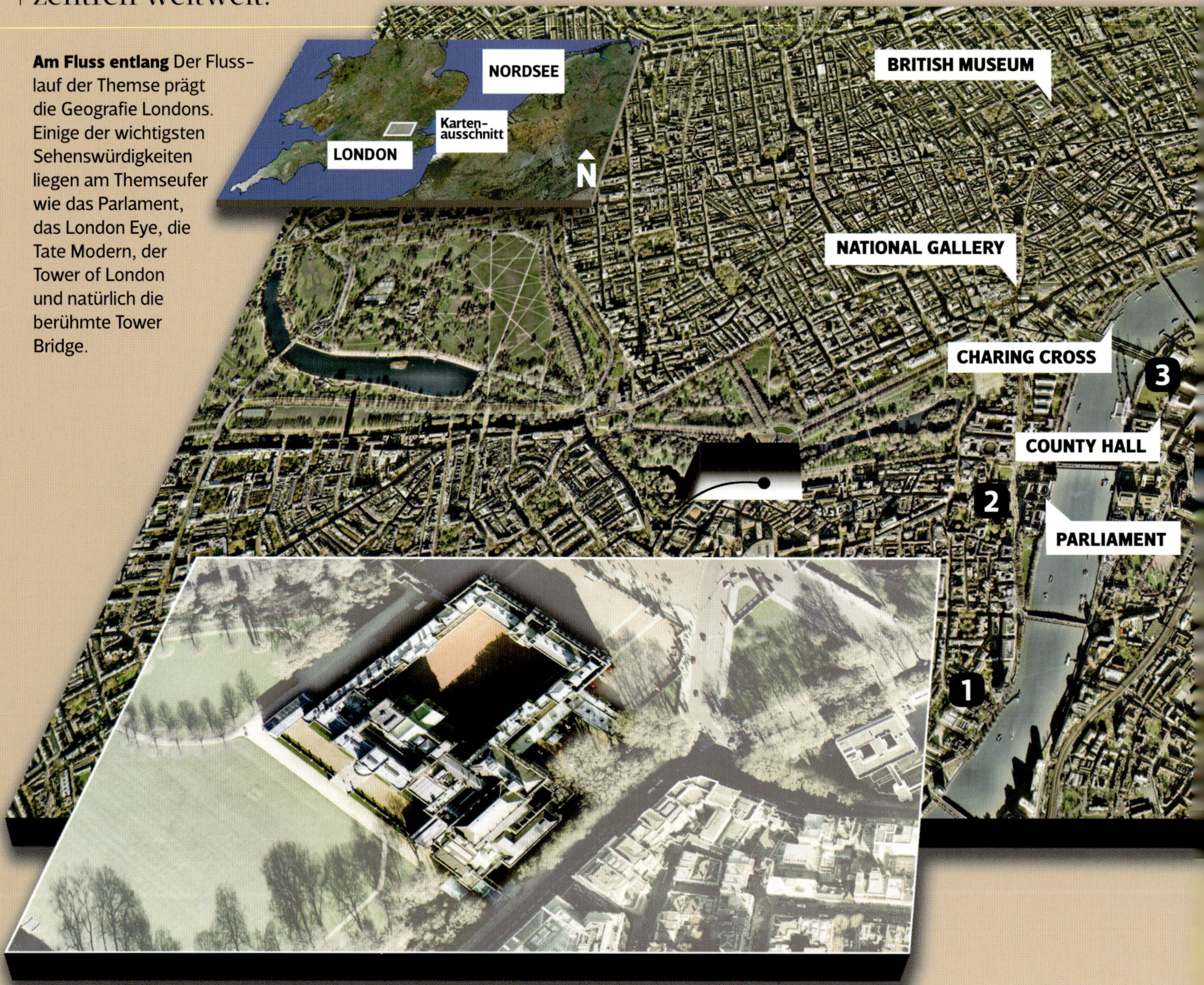

NORDSEE

LONDON

Karten-ausschnitt

N

BRITISH MUSEUM

NATIONAL GALLERY

CHARING CROSS

3

COUNTY HALL

2

PARLIAMENT

1

Buckingham Palace

Die offizielle Residenz des britischen Monarchen liegt zwischen dem Green Park und dem St. James's Park und wurde 1703 als Villa für den Duke of Buckingham errichtet. 60 Jahre später kaufte sie König Georg III. Das nun königliche Anwesen wurde im 19. und frühen 20. Jahrhundert mehrfach renoviert und bekam eine prächtigere Hauptfassade. Täglich um 11 Uhr findet dort die berühmte Wachablösung statt.

FAKTEN UND ZAHLEN ÜBER LONDON

33 STÄDTE IN EINER
Die 33 Londoner Boroughs bilden zusammen Greater London, die Hauptstadt von England und des Vereinigten Königreichs.

Breite
51° 30' 25" N
Länge
0° 7' 39" W
Höhe
24 m über dem Meeresspiegel

Fläche
1707 km^2
Einwohner
8 170 000
Bevölkerungsdichte
4786,17 Einw./km^2
Gründung
43 n. Chr.

Römische Wurzeln
Die heutige City of London wurde von den Römern als Londinium an der Themse gegründet und befestigt. Im Mittelalter ent-

standen mehrere Siedlungen im Umkreis, die sich zusammenschlossen. Die anbrechende industrielle Revolution im 18. Jahrhundert

beschleunigte das Wachstum und verwandelte London in die größte Stadt der Neuzeit.

St Paul's Cathedral

1666 zerstörte der Große Brand in London viele Gebäude der Stadt. Zehn Jahre danach entwarf der englische Renaissancearchitekt Sir Christopher Wren die neue Kathedrale nach dem Vorbild des Petersdoms in Rom.

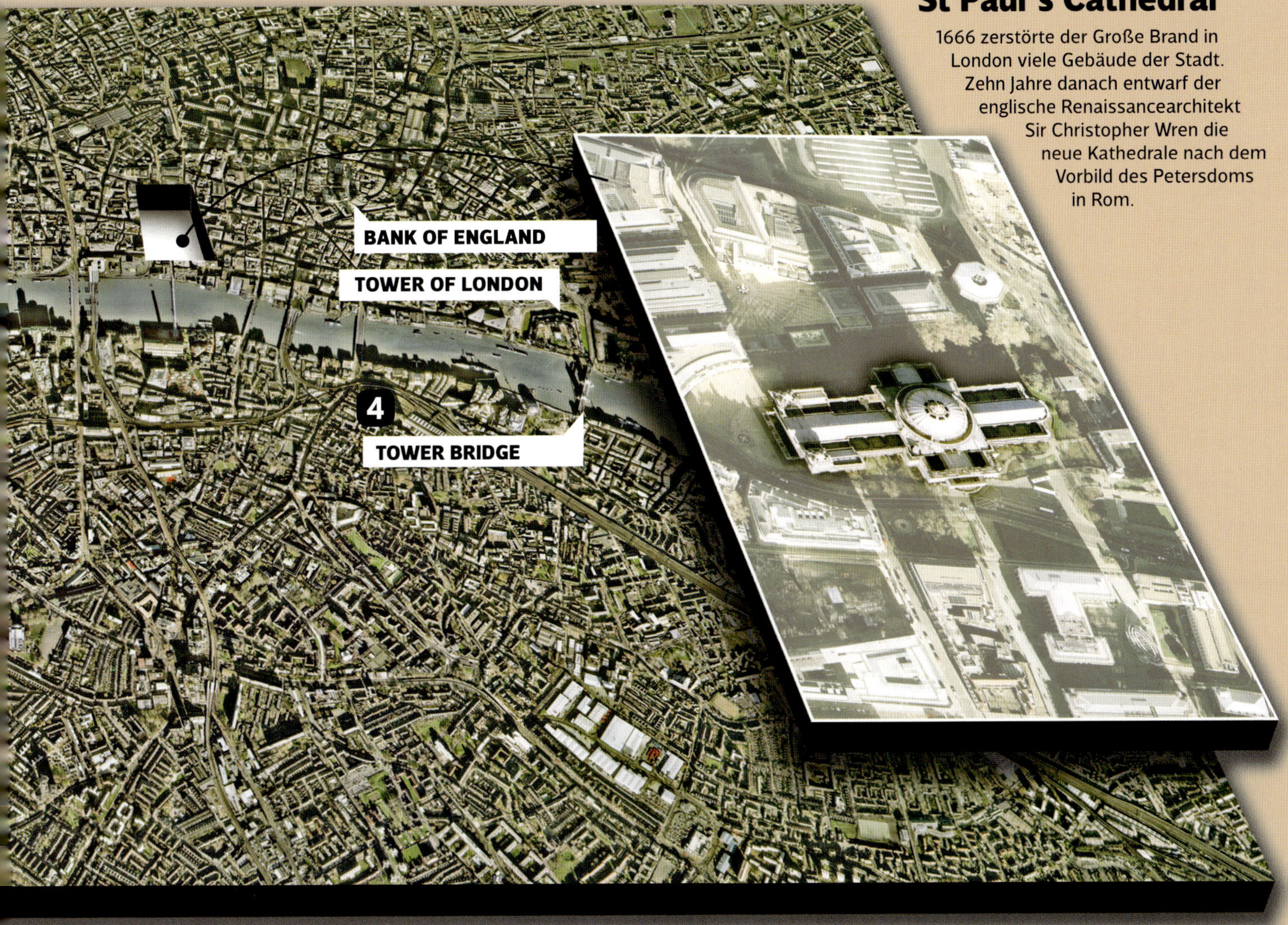

BANK OF ENGLAND

TOWER OF LONDON

4

TOWER BRIDGE

1

Tate Britain
Das 1897 gegründete Museum präsentiert britische Kunst vom 16. bis zum 19. Jahrhundert. Die Werke der modernen und zeitgenössischen Kunst wurden im Jahr 2000 in die Tate Modern verlagert.

2

Westminster Abbey
In der im gotischen Stil zwischen dem 13. und 18. Jahrhundert erbauten Kirche ruhen die Gebeine der meisten englischen Könige und anderer bedeutender Persönlichkeiten des Landes.

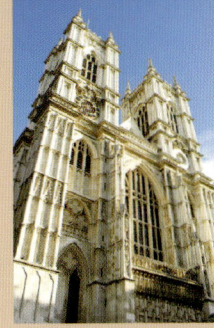

3

London Eye
Das 1999 am Themseufer eröffnete Riesenrad ist 135 m hoch, hat 32 Kabinen und braucht für eine Drehung eine halbe Stunde.

4

The Shard
Dieser pyramidenförmige, mit Glas verkleidete Wolkenkratzer, ein Entwurf von Renzo Piano, wurde im Juni 2012 eröffnet. Er ist 310 m hoch, hat 72 Stockwerke und ganz oben eine Aussichtsplattform.

Eine Welt der Kontraste

Die imperiale Vergangenheit ist in der britischen Hauptstadt, die Modernität und Tradition ausgewogen verbindet, überall präsent.

Ein kleiner Ausflug zur Westminster Abbey oder in die Krypta der St. Paul's Cathedral genügt, um eine Vorstellung von der enormen Bedeutung Londons als Hauptstadt des Britischen Empire zu gewinnen, das die Welt vom späten 18. bis in die ersten Jahrzehnte des 20. Jahrhunderts dominierte. In den beiden wichtigsten Kirchen dieser Stadt findet man die Grabstätten und Gedenktafeln von Schriftstellern (wie Byron, Dickens und Kipling), Wissenschaftlern und Erfindern (unter anderem Newton, Darwin, Fleming, Watt und Stephenson), Feldherren und Politikern (wie Nelson, Wellington und Churchill) sowie Entdeckern (wie Livingstone und Lawrence von Arabien). Sie sind wie ein Kompendium des Wissens, das Schüler überall auf der Welt in ihren Büchern finden.

Reste einer imperialen Vergangenheit

Die Stadt wurde 43 n. Chr. von den Römern am Ufer der Themse gegründet. Ihre jüngere Geschichte, speziell die jenes Jahrhunderts, in dem in London über Wirtschaft und Diplomatie der Welt entschieden wurde, hat ihr Bild nachhaltig geprägt. Der Geist des Empire zeigt sich in einer Architektur, die vielleicht weniger monumental wirkt als in Hauptstädten auf dem Kontinent, wie etwa Paris, Wien oder Sankt Petersburg, gleichwohl aber viele mächtige Wahrzeichen bietet. Da sind die 1894 fertiggestellte Tower Bridge, der mächtige neugotische Komplex der Houses of Parliament mit dem berühmten Glockenturm Big Ben, das British Museum mit vielen Kunstwerken aus den ehemaligen Kolonien und das Royal Observatory Greenwich, das 1884 als Bezugspunkt für den Nullmeridian diente. Aber London hat sich nicht auf seinem Ruhm und seiner Machtposition im frühen 20. Jahrhundert ausgeruht, sondern sich seinen typischen Unternehmergeist bewahrt. Ohne mit der Tradition zu brechen, erfand

📷
←Millennium Bridge
Im Hintergrund die St. Paul's Cathedral mit ihrer berühmten Kuppel, einem Wahrzeichen der Stadt.
↙Big Ben
Ein klassisches Bild: Der bekannte Glockenturm verhüllt vom Morgennebel.
↓British Museum Der Queen Elizabeth II Great Court ist eine Erweiterung aus dem Jahr 2000.

sich die Stadt seither immer wieder neu. Dass jüngste Beispiel war die Ausrichtung der Olympischen Spiele 2012, die man nutzte, um einige heruntergekommene Viertel im Ostteil der Hauptstadt umzugestalten.

Tatsächlich ist London eine aus mehreren kleinen Städten mit jeweils eigenem Charakter geformte Großstadt: ein Zentrum, umgeben von großen Wohngebieten. Das vornehme Richmond beispielsweise unterscheidet sich stark vom eher alternativen Milieu rund um Camden Market. Nur drei U-Bahn-Stationen weiter findet man ebenfalls im Stadtbezirk Camden das Viertel Hampstead, das sich die ruhige, ländliche Atmosphäre des geschlossenen Städtchens bewahrt hat, das es einst war. In den innerstädtischen Bezirken City of London und Westminster konzentrieren sich die meisten Touristenattraktionen der Stadt, doch die Straßen und Plätze dort sind keineswegs überdimensioniert, sondern angenehm überschaubar. Einen guten Eindruck davon gewinnt man, wenn man sich in die Mitte des Piccadilly Circus stellt und nach Westen blickt, wo die Regent Street mit einer eleganten Kurve beginnt. The Quadrant ist ein Entwurf des berühmten englischen Architekten John Nash vom Beginn des 19. Jahrhunderts. Seine kühne Kurvenkonstruktion war durchaus umstritten, doch heute steht sie beispielhaft für die Stadtplanung der viktorianischen Zeit.

Impuls der Industrialisierung

Den nachhaltigsten Einfluss in der Zeit des Britischen Empire hinterließ in London aber zweifellos die industrielle Revolution, einer der Hauptgründe für die Machtposition Großbritanniens ab dem 18. Jahrhundert. Heute können wir die beeindruckenden Silhouetten der Kraftwerke Battersea (abgebildet auf dem Album *Animals* von Pink Floyd) und Bankside (Heimat der Tate Gallery of Modern Art) bewundern, ohne dass deren Rauchwolken den Himmel verdüstern. Dichter Smog gehörte über Jahrzehnte zum klassischen Bild der Industriestadt London. The Great Smog im Dezember 1952 forderte in wenigen Wochen 12 000 Tote in der Stadt und machte energische Maßnahmen gegen

→**Regent Street**
Alltag in der Regent Street, einem der wichtigsten Einkaufsviertel Londons.

die damals herrschende Umweltverschmutzung erforderlich. Dank dieser frühen Sensibilität für ökologische Fragen können die Einwohner Londons und die jährlich rund 15 Millionen Touristen heute die Parks der Stadt unbeschwert genießen. Diese haben sich als Reste der Wälder und ländlichen Strukturen bei der Eingemeindung umliegender Gebiete in die expandierende Großstadt erhalten. Hyde Park, Regent's Park und Kensington Gardens sind Orte der Erholung inmitten dieser riesigen Stadt, während andere Grünflächen wie der ruhige Holland Park oder Hampstead Heath etwas abgeschiedener sind.

Der Status als Hauptstadt des Empire und die ökonomischen Auswirkungen der industriellen Revolution verliehen London eine besondere Dynamik, ähnlich wie dies dann im 20. Jahrhundert die vielen Immigranten und die kosmopolitische Atmosphäre taten. Bereits in den 1960er-Jahren war die Stadt ein Gemisch Dutzender ethnischer und kultureller Gruppen, deren Gebräuche im Austausch mit den lokalen Traditionen zu sehr originellen Resultaten in ganz unterschiedlichen Bereichen wie Musik oder Küche führten. Bis heute ist die Anziehungskraft Londons auf Menschen aus fernsten Ländern ungebrochen. Rund 400 000 der insgesamt 8,17 Millionen Einwohner von Greater London sind auf dem indischen Subkontinent geboren. Für diese Immigranten ist London nach wie vor die Hauptstadt des Empire, eine gleichzeitig alte und junge Stadt, die immer noch sehr viel Raum für Träume bietet.

📷

1. Battersea Power Station
Dieses Symbol der industriellen Revolution wurde 1983 stillgelegt.

2. Grab Admiral Nelsons
Es kann in der Krypta der St. Paul's Cathedral besichtigt werden.

3. Liberty
Eines der legendären Geschäfte der Regent Street.

4. Camden
In diesem Viertel gibt es einen bekannten Markt mit eigenwilligen Läden.

5. Hyde Park
Dies ist eine der schönsten und friedlichsten Ecken der Stadt.

6. Holland Park
Dieses Viertel, eine exklusive Wohngegend, ist bekannt für seine schönen viktorianischen Häuser.

Tower Bridge

Die 1894 fertiggestellte Brücke ermöglicht Fahrzeugen und Fußgängern die Überquerung der Themse. Für die Durchfahrt von Schiffen kann man sie hochklappen.

Original Die gewaltige steinverkleidete Stahlkonstruktion ist ein Meisterwerk der viktorianischen Ingenieurskunst.

Facade Sie wurde von George D. Stevenson im neugotischen Stil entworfen, um die Brücke an den Tower of London anzupassen.

Klappbrücke Die Baskülen werden etwa 1000 Mal im Jahr auf maximal 86 Grad hochgeklappt. Zusammen sind beide Teile 69,6 m lang.

Obere Fußgängerstege
Sie wurden konstruiert, um Fußgängern auch bei hochgeklappter Brücke den Übergang zu ermöglichen.

Seile Die beiden ufernahen, starren Brückenteile sind an extrem kräftigen Seilen aufgehängt.

Türme Die mächtigen Fundamente wiegen rund 70 000 t und sind im Bett der Themse verankert.

BARCELONA

Geschichte und Avantgarde

Die meisten Sehenswürdigkeiten Barcelonas findet man zwischen den zentralen Vierteln der Altstadt und Eixample.

Katalonien

Barcelona

Spanien

Palau Reial de Pedralbes
Dieser Palast in der Nähe der Kathedrale war die Residenz der Könige von Aragonien und während des späten Mittelalters königlicher Verwaltungssitz.

La Catedral
Die Arbeiten an der Kathedrale begannen 1298. Sie ist im Stil der katalanischen Gotik mit zurückhaltender Ornamentik und massiven Strebepfeilern erbaut.

Barri Gòtic

Das Gotische Viertel im Altstadtdistrikt ist das ursprüngliche Zentrum Barcelonas. Hier stehen die wichtigsten Verwaltungs- und Kirchengebäude. Das Zentrum des Viertels bildet die Plaça de Sant Jaume.

①

Arc de Triomf
Der von Josep Vilaseca i Casanovas im Neomudéjar-Stil erbaute Triumphbogen war der Haupteingang zum Gelände der Weltausstellung von 1888.

②

Les Rambles
Diese Straße bildete ab dem 15. Jahrhundert das Zentrum der Stadt. Hier findet man das Gran Teatre del Liceu und verschiedene Bürgerpalais.

2

KOLUMBUS-STATUE

⊕ FAKTEN UND ZAHLEN ÜBER BARCELONA

HAUPTSTADT KATALONIENS
Barcelona, die zweitgrößte Stadt Spaniens, ist die Hauptstadt der autonomen Gemeinschaft

Katalonien im Nordosten der Iberischen Halbinsel.

Breite 41° 22' 57" N
Länge 2° 10' 37" O
Höhe 9 m über dem Meeresspiegel

Fläche 101,4 km²
Einwohner 1 616 000 (4,7 Millionen in der Metropolregion)
Bevölkerungsdichte 15 937 Einw./km²
Gründung Um 15 v. Chr.

Gründer Römisches Heer

Iberisch, karthagisch und römisch
Obwohl Barcelona offiziell als Barcino kurz vor Christi

Geburt unter der Herrschaft des römischen Kaisers Augustus gegründet wurde, gab es dort zuvor bereits iberische, karthagische und

möglicherweise griechische Siedlungen. Eine Legende nennt Hannibal als Stadtgründer.

Zweite Stadt Spaniens
Barcelona, zwischen dem Meer und der katalanischen Sierra Costera gelegen, gehört weltweit zu den Städten mit der höchsten Bevölkerungsdichte und ist das Zentrum der sechstgrößten Metropolregion (bezogen auf Einwohnerzahl und Sozialprodukt). Die Hauptstadt Kataloniens kämpft mit Madrid um die Position der wichtigsten Stadt Spaniens.

3

Barceloneta
Das Fischerviertel wurde 1753 direkt am Ufer auf trockengelegtem Grund errichtet, um für die Bewohner von La Ribera neuen Wohnraum zu schaffen, als ihr Viertel dem Bau der Festung weichen musste.

El Eixample

Dieser Distrikt wurde 1856 nach Plänen des katalanischen Stadtplaners Ildefonso Cerdà im Zuge der Erweiterung der Stadt nach dem Abriss der mittelalterlichen Stadtmauern errichtet. Er liegt zwischen dem Stadtzentrum und alten Dörfern, die heute zur Stadt gehören.

Kartenausschnitt
BARCELONA
N
MITTELMEER

1
MUSEU PICASSO
OLYMPISCHES DORF
LA LLOTJA
3

Juwel der Gotik und des Modernisme

Die Architektur der Gotik und des Modernisme, dazu die Olympischen Spiele von 1992 prägen den Charakter dieser einladenden, strahlenden Stadt.

Alle Städte durchleben Phasen der Größe und der Krisen. Je länger die Phasen des wirtschaftlichen Aufschwungs andauern, desto bedeutender ist eine Stadt in historischer und sozioökonomischer Hinsicht. Barcelona ist zwar nicht die Landeshauptstadt Spaniens, aber eine der dynamischsten Städte Europas. Dies verdankt sie dem Wohlstand, den sie während drei entscheidender Perioden im Spätmittelalter, der zweiten Hälfte des 19. Jahrhunderts und dem Ende des 20. Jahrhunderts anhäufen konnte.

Die Ende des 1. Jahrhunderts v. Chr. von den Römern gegründete Stadt erlebte ab dem 9. Jahrhundert einen langsamen, aber stetigen Aufstieg. Im Laufe von vier Jahrhunderten wurde aus der Hauptstadt einer kleinen Grafschaft das Machtzentrum des Königreichs Aragonien. Einen großen Beitrag dazu leistete der Hafen, einer der wichtigsten Handelsplätze im Mittelmeerraum. Diese Entwicklung lässt sich gut an der Ausweitung der Stadtmauern nachvollziehen: In jener Zeit entstand das Gotische Viertel mit berühmten Bauten wie der Kathedrale und der Basilika Santa María del Mar als Musterbeispiele der katalanischen Gotik, die sich deutlich nüchterner als die französische präsentierte. Dort stehen die Palais des Königs und der zu Wohlstand gekommenen Bürgerfamilien und die Drassanes, die Werften, in denen die Schiffe der katalanischen Handelsflotte gebaut wurden.

Industriezeitalter und Moderne

Gegen Ende des 15. Jahrhunderts brach mit der dynastischen Verbindung von Aragonien und Kastilien eine lange, schwierige Phase für Barcelona an. Nach der Entdeckung Amerikas verlagerten sich die kommerziellen Interessen in die Neue Welt. Diese Lethargie dauerte mehrere Jahrhunderte an, bis eine verspätete industrielle Revolution die Stadt im 19. Jahrhundert zu einem Zentrum der spanischen Wirtschaft machte. Die Basis dafür bildeten die Textil- und Metallindustrie, die heute noch in den Distrikten Sants und Poblenou präsent sind. Diese zweite glanzvolle Periode brachte gewaltige Veränderungen in der Stadt mit sich. Angesichts der wachsenden Einwohnerzahlen sah sich die Stadtverwaltung 1854 gezwungen, die Stadtmauern abzureißen, die die Bevölkerung in engen Straßen und unsicheren Gebäuden einschlossen. Der Stadtplaner Cerdà wurde beauftragt, die umliegende Ebene zu urbanisieren. Er konzipierte die Musterstadt Eixample mit einem Netz aus rund 500 Häuserblocks mit abgeschrägten Ecken. In diesem Distrikt stehen die meisten Bauten aus der Zeit des Modernisme, die jährlich Tausende Touristen anlocken. Angeführt von dem genialen Antoni Gaudí begannen die großen Architekten der Epoche dort für reich gewordene, auf Repräsentation bedachte Unternehmer außergewöhnlich prächtige, sehr individuelle und farbenprächtige Bauten zu entwerfen. Die Casa Milà (La Pedrera) oder die Casa Batlló – beide am Boulevard Passeig de Gràcia – sind Beispiele für diesen höchst originellen Stil und eine auf Luxus und Prunk basierende Lebensart.

Das moderne Barcelona

In der zweiten Hälfte des 19. Jahrhunderts erwies sich die Ausrichtung der Weltausstellung 1888 als ein wichtiger Faktor für die Entwicklung der Stadt, denn sie war Anlass für die Erneuerung des Gebiets, das heute der Parc de la Ciutadella einnimmt. Ein Jahrhundert später leitete ein weiteres internationales Ereignis, die Olympischen Spiele 1992, eine neue Wachstumsphase ein – nach 40 Jahren

←←**Les Rambles**
Dieser beliebte Boulevard mit seinen Blumen- und Souvenirständen im Herzen der Stadt ist für jeden Besucher ein obligatorisches Ziel.
←**Casa Batlló**
Detail eines farbigen Fensters aus diesem Juwel des katalanischen Modernisme von Antoni Gaudí.
↓**Barri Gòtic**
Straße im ehemaligen Zentrum der Stadt: das Gotische Viertel ist eines der größten und besterhaltenen historischen Quartiere.
↓↓**Uferbereich**
Der anlässlich der Olympischen Spiele 1992 renovierte Uferbereich der Stadt zeichnet sich durch Avantgarde-Architektur und -Restaurants aus.

Diktatur unter Franco (1936–1975), die für die Menschen in Barcelona eine besonders schwierige Zeit waren. Die Spiele erleichterten die Erneuerung der städtischen Infrastruktur, die Neugestaltung des Montjuïc als großer städtischer Park und die Umgestaltung von Poblenou von einem Industrie– in ein Wohnviertel. Gleichzeitig wurden viele historische Monumente und über Jahrzehnte vernachlässigte Wohnhäuser einer gründlichen Renovierung und Sanierung unterzogen.

Diese Generalsanierung und die Neugestaltung des Uferbereichs sind die Hauptgründe für den enormen Aufschwung des Tourismus in Barcelona während der vergangenen Jahre. Die 4 km langen Strände, das günstige Klima mit milden Wintern und heißen Sommern, das Erbe der Gotik und des Modernisme, exzellente Hotels und eine hervorragende Küche haben die Stadt, die mit ihren menschlichen Dimensionen ein Sinnbild für mediterranen Lebensstil ist, zu einem weltweit beliebten Reiseziel gemacht, ungeachtet bestehender Probleme wie Lärm und Luftverschmutzung.

La Sagrada Família

An dieser monumentalen Basilika im Stil des Modernisme, deren Planung Antoni Gaudí 1883 übernahm, wird bis heute gebaut.

Das vollendete Werk Nach der Vollendung wird die Sagrada Família 18 Türme haben: 4 an jedem der drei Eingänge; die restlichen 6 bilden eine zentrale Gruppe mit einem Hauptturm.

Geburtsfassade (Osten) Diese Fassade schuf Gaudí als Anleitung und Beispiel für seine Nachfolger. Sie hat einen langen Portikus mit drei Portalen und vier Türme, die an die Apostel Barnabas, Simon, Judas Thaddäus und Matthäus erinnern.

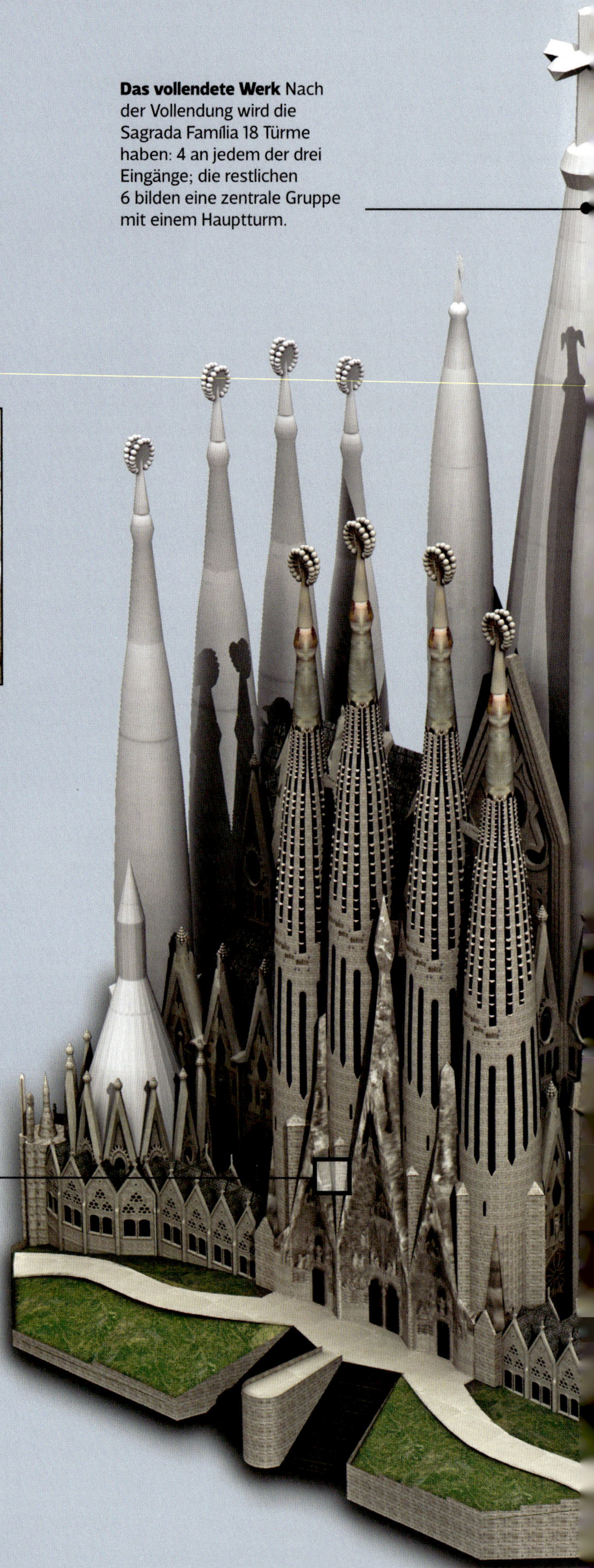

Passionsfassade (Westen) Sie liegt auf der der Geburtsfassade entgegengesetzten Seite und hat ebenfalls einen großen Portikus und vier Glockentürme. Die von Josep Maria Subirachs geschaffenen Skulpturen zeigen das Leiden und den Tod Jesu Christi.

Wald aus Säulen
Der Innenraum der Basilika ist spektakulär gestaltet: mit großartigen, farbenprächtigen Fenstern, vielen hoch aufragenden Säulen und verzweigten Kapitellen. Die Zweige am oberen Ende der Säulen tragen das Gewölbe.

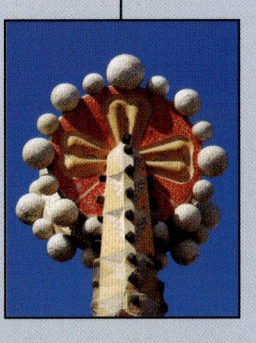

Glockentürme Die Spitzen der Türme sind mit Mosaiken verziert und symbolisieren die zwölf Apostel und ihre Nachfolger. Insgesamt werden einmal 60 Glocken darin installiert sein.

Fenster Die Wände der Sagrada Família haben zahlreiche Öffnungen – Fenster, Rosetten und Bögen –, um das Gewicht des Baukörpers zu reduzieren.

Figuren An den Wänden der Kirche findet man unzählige menschliche Figuren, biblische Gestalten und Formen aus der Natur.

Glorienfassade (Süden) Ihr Bau begann im Jahr 2000 mit dem Legen der Fundamente. Wie die anderen Fassaden ist sie mit symbolischen Elementen geschmückt. Die vier spitzen Türme sind den Aposteln Andreas, Paulus, Petrus und Jakobus gewidmet.

PARIS

Grandeur am Ufer der Seine

Die Seine prägt auf ihrem Weg zum Atlantik Geografie und Geschichte der französischen Hauptstadt.

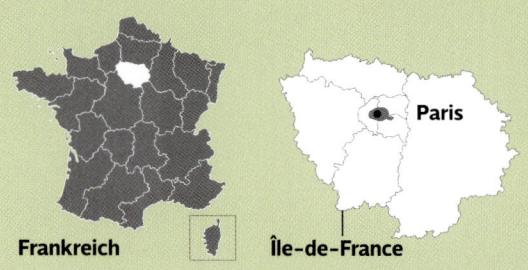

Frankreich | Île-de-France

Paris

Die Keimzelle
Die Seineinseln Île de la Cité und Île Saint-Louis gelten als Keimzelle der Stadt Paris. Von hier aus expandierte die Stadt an beiden Seineufern und bedeckt heute eine riesige Fläche.

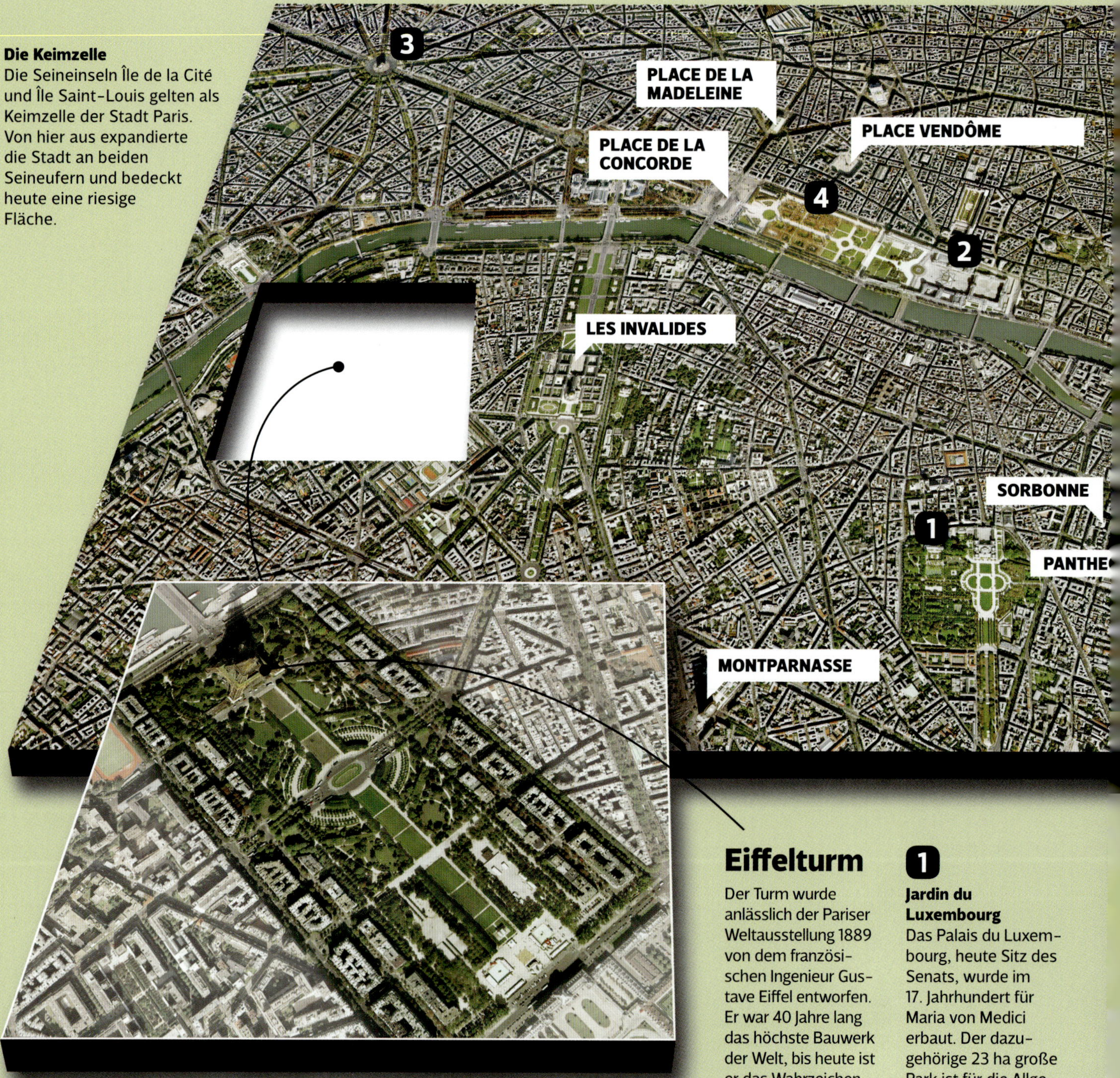

3

PLACE DE LA MADELEINE

PLACE VENDÔME

PLACE DE LA CONCORDE

4

2

LES INVALIDES

SORBONNE

1

PANTHE

MONTPARNASSE

Eiffelturm

Der Turm wurde anlässlich der Pariser Weltausstellung 1889 von dem französischen Ingenieur Gustave Eiffel entworfen. Er war 40 Jahre lang das höchste Bauwerk der Welt, bis heute ist er das Wahrzeichen der Stadt.

1

Jardin du Luxembourg
Das Palais du Luxembourg, heute Sitz des Senats, wurde im 17. Jahrhundert für Maria von Medici erbaut. Der dazugehörige 23 ha große Park ist für die Allgemeinheit zugänglich.

⊕ FAKTEN UND ZAHLEN ÜBER PARIS

HAUPTSTADT VON FRANKREICH
Die Metropolregion Paris liegt in der Region Île-de-France und ist Sitz der obersten staatlichen Institutionen der

Französischen Republik.

Breite 48° 51' 44" N
Länge 2° 21' 4" O
Höhe 33 m über dem Meeresspiegel
Fläche 105,4 km²

Einwohner
2 260 000
(11,9 Millionen in der Metropolregion)
Bevölkerungsdichte
21 442 Einw./km²
Gründung
3. Jahrhundert v. Chr.

Gründer
Parisii (Gallier)

Aus Lutetia wird Paris
Julius Cäsar besiegte 52 v. Chr. die Gallier und nahm die vom Stamm der Parisii

gehaltene Stadt ein. Er gab ihr den Namen Lutetia. Im 5. Jahrhundert wurde die Stadt Teil des Fränkischen Reichs und erhielt ihren alten Namen zurück.

ATLANTIK
Kartenausschnitt
Ñ
PARIS

POMPIDOU CENTRE

6

Montmartre-Viertel

Den 130 m hohen Hügel von Montmartre krönt die Kirche Sacré-Cœur. Sie wurde zwischen 1875 und 1919 zur Erinnerung an die im Deutsch-Französischen Krieg gefallenen Franzosen erbaut. Das aus einem Dorf an den Hängen des Hügels entstandene Viertel war seit langem ein traditionelles Künstlerviertel mit einer bohemienhaften Atmosphäre.

3
Arc de Triomphe
Napoleon versprach seinen Soldaten vor der Schlacht bei Austerlitz im Falle des Sieges eine Heimkehr „unter Triumphbögen hindurch". Er ordnete deshalb den Bau dieses klassizistischen Triumphbogens an.

4
Jardin des Tuileries
Diese Parkanlage entlang des Seineufers war der erste öffentliche Park in Paris. Zuvor gehörte er zu dem im 16. Jahrhundert für Katharina von Medici, der Gattin Heinrichs II., erbauten Palast.

2
Louvre
Der im Zuge der Französischen Revolution im alten Königspalast eröffnete Musée du Louvre besitzt die bedeutendste Kunstsammlung der Welt mit Werken wie der weltberühmten Mona Lisa (La Gioconda) von Leonardo da Vinci.

5
Notre-Dame
Der Bau der im Ostteil der Île de la Cité gelegenen Kathedrale begann 1163. Mit ihren Schiffen, Türmen und dem Strebewerk mit offen liegenden Bögen ist sie die berühmteste gotische Kirche der Welt.

6
Place de la Bastille
Am 14. Juli 1789 stürmte das Volk von Paris das dortige Gefängnis und löste damit die Französische Revolution aus. Heute wird der Platz von der Colonne de Juillet überragt, die an die Julirevolution von 1830 erinnert.

Stadt der Lichter

Das heutige Paris ist das Ergebnis einer tiefgreifenden städtebaulichen Umgestaltung in der zweiten Hälfte des 19. Jahrhunderts.

Paris, laut World Tourism Organization die meist- besuchte Stadt der Welt, gilt als das Musterbeispiel einer als ästhetisch empfundenen Stadt und darf auf keinem ernsthaften Reiseplan fehlen. Viele Städte mit vergleichbarer Schönheit und Lebensqualität verbindet man nicht unbedingt mit einem einzigen signifikanten Bauwerk oder Monument. Die französische Hauptstadt jedoch besitzt mit dem Eiffelturm vielleicht das inter- national bekannteste Wahrzeichen. Diese einzig- artige Konstruktion steht zusammen mit dem Arc de Triomphe, Notre-Dame und der Pyramide des Louvre sinnbildhaft für die großartige Metropole. Doch nicht die außergewöhnliche Eingebung beim Bau symbol- trächtiger Monumente unterscheidet Paris von anderen großen Städten, die – wie zum Beispiel Rom – ebenfalls ein reiches historisches Erbe besitzen, sondern es ist die offene, lichte und geordnete Gestaltung der Stadtlandschaft.

Die französische Metropole blickt auf eine lange Geschichte zurück, die vor 23 Jahrhunderten an den Ufern der Seine begann. Aber keiner der großen Franzosen – egal ob Karl Martell, Jeanne d'Arc, Ludwig XIV., Napoleon Bonaparte oder Charles de Gaulle – hatte einen ähnlichen Einfluss auf das Erscheinungsbild von Paris wie Baron Georges Eugène Haussmann. Mitte des 19. Jahrhunderts beauftragte Kaiser Napoleon III. den Staatsbeamten Haussmann mit der Planung einer grundlegenden städtischen Neustrukturierung. Man wollte sich so von der Vergangenheit und dem Ancien Régime distanzieren und die Stadt für die vom aufstrebenden Bürgertum getragene Zukunft vorbereiten, die sich auch in den verschiedenen Welt- ausstellungen in der zweiten Hälfte des 19. Jahrhun- derts ankündigte.

↖**Pont des Invalides**
Die 1854–1856 erbaute Brücke ist eine von insgesamt 37 Brücken und Stegen, die über die Seine führen. Der Pont Neuf (1578–1607) ist die älteste Brücke.

↖**Montmartre**
Das berühmte Künstlerviertel hat sich mit den Malern um die Place du Tertre noch immer etwas von seinem früheren Charme bewahrt.

↑**Sainte-Chapelle**
Diese Kapelle ist mit ihren rund 600 m² großen farbigen Fensterflächen ein Schmuckstück der Gotik.

←**Die Pyramide des Louvre**
Mit 8,8 Millionen Besuchern jährlich ist der Louvre eine der größten Besucherattraktionen der Stadt.

→**Sacré-Cœur**
Die weithin sichtbare Kirche auf dem Montmartre ist ein vielbesuchter Aussichtspunkt.

→**Saint-Germain-des-Prés**
Das Viertel war in den 1950er- und 1960er-Jahren das Quartier der Künstler und Intellektuellen. In seinen Cafés und Bistros hat sich etwas von dieser Atmosphäre erhalten.

→**Eiffelturm**
Diese riesige, 324 m hohe Eisenkonstruktion wurde 1889 eröffnet und ist das Wahrzeichen der Stadt.

In den Jahren zwischen 1852 und 1870 ließ Haussmann große Teile an der engen, verwinkelten Gassen stehenden Bausubstanz niederreißen, von der nur wenige Reste auf der Île de la Cité und im Marais erhalten sind. Er schuf ein neues, an den Vorgaben geometrischer Ordnung, öffentlicher Gesundheit und Frischluftzufuhr orientiertes Stadtkonzept. Schon bald wurden die Vorzüge dieser Modernisierung mit breiten Boulevards und Avenuen, einem umfassenden Kanalisationssystem, der Einführung von Gasbeleuchtung, dem Bau der Eisenbahn und der Umwandlung des Bois de Boulogne in einen Stadtpark sichtbar. Die anfängliche Kritik angesichts der Zerstörung des mittelalterlichen Paris verstummte schnell.

In dieser Zeit wurden die breiten, von Bäumen gesäumten Boulevards, die heute Millionen Touristen bewundern, konzipiert. Zwölf dieser Avenuen treffen sich sternförmig an der Place Charles-de-Gaulle, kurz L'Étoile genannt. Hier können die Pariser Autofahrer im Verkehrsgewühl ihr Geschick und ihre Souveränität demonstrieren. In der Mitte des Platzes erhebt sich der Arc de Triomphe, den Napoleon 1806 zur Erinnerung an seinen Sieg in der Schlacht bei Austerlitz errichten ließ. Er ist über verschiedene Blickachsen zu sehen, ein Gestaltungsmittel, mit dem Haussmann an mehreren Stellen die Schönheit besonders wichtiger

Bauten der Stadt in den Blick rückte: Die Rue Royale etwa führt zur neoklassizistischen Kirche La Madeleine und von der Avenue de Breteuil eröffnet sich ein Ausblick auf die Kuppel des Invalidendoms, den Ludwig XIV. im Stil des klassizistischen Barock erbauen ließ.

Ein bis heute gültiges Stadtkonzept

Ein wichtiger Aspekt der Reform Haussmanns ist, dass wesentliche Elemente seines Stadtkonzepts durchgängig bis in die Gegenwart beibehalten wurden. Bis heute verlangt die Stadtverwaltung, dass zur Wahrung der Harmonie, der Proportionen und der öffentlichen Gesundheit neue Bauwerke die vor über 150 Jahren beschlossenen Linienführungen und Höhenvorgaben respektieren müssen.

Tatsächlich ist diese große städtebauliche Umgestaltung ein später Triumph der Ideen der Aufklärung und der Revolution, die im 18. Jahrhundert in der französischen Hauptstadt entstanden. Der Rationalismus, mit dem Haussmann sein Projekt zur Anpassung der Stadt an die Bedürfnisse der aufstrebenden Bourgeoisie und an das Bevölkerungswachstum anging, und die Macht, mit der Napoleon III. es umsetzte, standen in der Tradition der Ideen von Voltaire, Montesquieu, Rousseau und Diderot. Es ist das Erbe all jener Denker,

deren Überlegungen in den Ruf nach Liberté, Égalité und Fraternité (Freiheit, Gleichheit und Brüderlichkeit) mündeten, den die Revolutionäre am 14. Juli 1789 bei der Erstürmung der Bastille im Munde führten. Sie lösten damit nachhaltige Entwicklungen aus, die unsere moderne Welt prägen sollten. Das Licht, das Haussmann über die breiten Boulevards in die Stadt lassen wollte, gab Paris seinen Beinamen. Dieses Licht inspirierte auch die berühmten Impressionisten, die hier 1874 ihre erste Ausstellung präsentierten, und Vertreter der Avantgarde wie Matisse, Braque, Picasso, Duchamp und Kandinsky, die in den ersten Jahrzehnten des 20. Jahrhunderts in Paris lebten oder dort ausstellten.

Heute entfaltet sich in diesem urbanen Netz aus Avenuen und Boulevards eine wirtschaftliche Dynamik, die Paris zu einem der wichtigsten ökonomischen Entscheidungszentren weltweit macht. Die Metropolregion – was die Einwohnerzahl angeht, die drittgrößte Europas – erwirtschaftet fast ein Drittel des französischen Sozialprodukts. Als unabhängiger Staat würde sie zu den 20 reichsten Ländern gehören. Die Pariser – gebildet, elegant und mit einer gewissen Reserviertheit auftretend – sind sich in jeder Generation erneut der Bedeutung und der Einzigartigkeit ihrer Hauptstadt bewusst.

Notre-Dame

Die mächtige Kathedrale auf der Île de la Cité wurde 1345 vollendet. Sie ist der Jungfrau Maria gewidmet und gilt als Musterbeispiel gotischer Architektur.

Fensterrose (Nordseite) Die Kathedrale hat drei Fensterrosen: eine an der Hauptfassade und je eine an der Nord- und Südseite.

Grundriss Der Grundriss ist einfach: ein lateinisches Kreuz mit einem langen Hauptschiff und einem Chor, zwei Seitenschiffen und einem Querschiff.

Chimären Diese grotesken Statuen sind an den großen Türmen angebracht. Der Name leitet sich von Chimaira ab, einem Ungeheuer der griechischen Mythologie.

Strebebögen Diese außen liegenden Konstruktionselemente übertragen den Druck des schweren Mittelschiffgewölbes auf die an den Mauern der Seitenschiffe angebrachten Strebepfeiler.

Dachreiter Im Zuge der Restaurierungsarbeiten unter Viollet-le-Duc wurde der 96 m hohe Dachreiter angebracht.

Türme Beide Türme sind 69 m hoch. Der Nordturm wurde um 1240 fertiggestellt, der Südturm ein Jahrzehnt später.

Glocken Die größte und älteste Glocke, als Emmanuel bekannt, hängt im Südturm. Sie erklingt nur an höchsten kirchlichen Festtagen und zu besonderen Anlässen wie dem Ende der beiden Weltkriege.

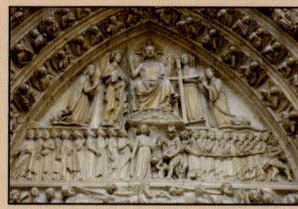

Westfassade Die Westfassade hat zwei hohe Türme und drei große Portale mit Darstellungen der Jungfrau Maria, des Jüngsten Gerichts und der heiligen Anna. Darüber verläuft die Königsgalerie mit 28 Statuen der Könige von Juda.

Jungfrau Maria Auf dem Mittelpfeiler des Marienportals ist die Madonna mit dem Jesuskind auf ihrem Arm abgebildet. Neben ihrem Kopf scheinen ihr zwei Engel göttlichen Rat einzuflüstern.

ROM

Wo die Steine sprechen

Das alte Rom lag teilweise im ehemaligen Sumpfland entlang des Tibers und auf den berühmten sieben Hügeln.

Italien

Rom

Provinz
Rom

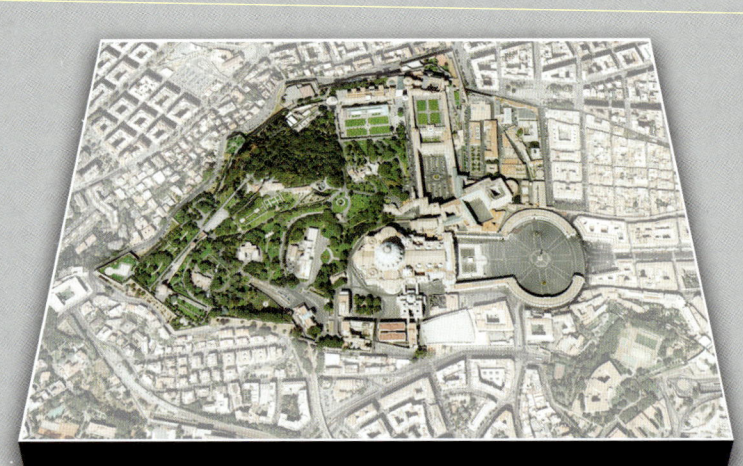

5

1

4

6

3

2

CAMPO
DE' FIORI

PALAZZO
VENEZIA

NERVA-
FORUM

CIRCUS MAXIMUS

Vatikanstadt
Der Papst kontrollierte ab dem 16. Jahrhundert das Zentrum der italienischen Halbinsel. Nach der Einigung Italiens beschränkte sich das Staatsgebiet der Vatikanstadt auf den Petersdom und seine Umgebung innerhalb der Stadt Rom.

1
Fontana di Trevi
Der Trevi-Brunnen, der größte Barockbrunnen Roms, liegt am Ende eines alten Aquädukts, dessen Quelle der Legende nach mithilfe der Jungfrau Maria entdeckt wurde. Das Monument schuf der Bildhauer Nicola Salvi im 18. Jahrhundert.

2
Trajansforum
Das zwischen 107 und 112 n. Chr. unter der Regentschaft von Kaiser Trajan erbaute Forum ist das größte der Kaiserforen. Auf dem Platz stehen die Basilika Ulpia, die Trajanssäule und ein Triumphbogen.

3
Museo di Roma
Zwischen der Piazza Navona, dem Campo de' Fiori und dem Corso Vittorio Emanuele steht der Palazzo Braschi, ein neoklassizistisches Gebäude aus dem späten 18. und frühen 19. Jahrhundert.

4
Piazza Navona
Dieser Platz war bis zum Mittelalter ein römischer Zirkus, das Stadion des Domitian. Hier findet man verschiedene Kirchen und den berühmten, von Gian Lorenzo Bernini entworfenen Brunnen Fontana dei Quattro Fiumi (Vierströmebrunnen).

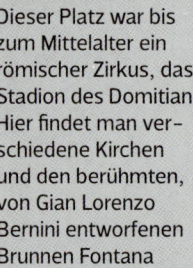

5
Piazza di Spagna
Wegen der Spanischen Treppe aus dem frühen 18. Jahrhundert, deren 135 Stufen hinauf zur Kirche Santissima Trinità dei Monti führen, ist dies einer der meistbesuchten Plätze Roms. Die Fontana della Barcaccia in der Mitte des Platzes stammt von Pietro Bernini.

🌐 FAKTEN UND ZAHLEN ÜBER ROM

HAUPTSTADT VON ITALIEN
Rom ist der Sitz der italienischen Exekutive, Legislative und Judikative und die Hauptstadt der Region Latium sowie der römisch-katholischen Kirche.

Breite 41° 54' 0" N
Länge 12° 30' 0" O
Höhe 37 m über dem Meeresspiegel
Fläche 1285 km²

Einwohner 2 785 000
Bevölkerungsdichte 2167 Einw./km²
Gründung 21. April 753 v. Chr.
Gründer Romulus und Remus

Mythos oder Realität? Nach der Legende kam es zwischen Romulus und Remus, die von einer Wölfin aufgezogen wurden, bei der Stadtgründung zum Streit. Romulus tötete seinen Bruder und wurde der erste König Roms. Historische und archäologische Studien bestätigen in etwa das mythische Gründungsdatum. Doch bereits zuvor lebten dort Latiner und Sabiner.

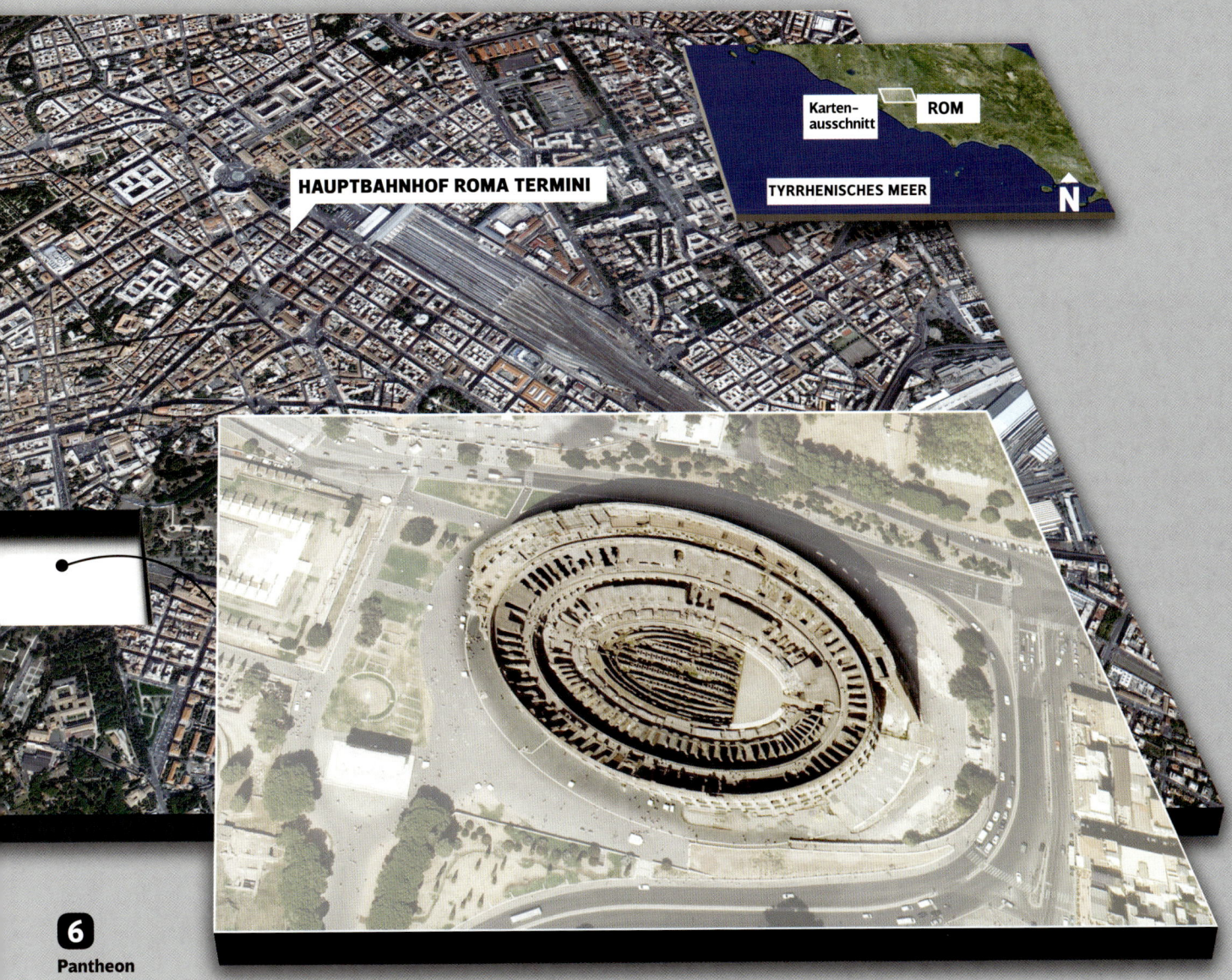

HAUPTBAHNHOF ROMA TERMINI

Kartenausschnitt — ROM

TYRRHENISCHES MEER

N

6

Pantheon
Der im 2. Jahrhundert n. Chr. erbaute, den römischen Göttern gewidmete Rundtempel ist ein Meilenstein der Architektur. Er war Vorbild für den Bau der Kathedrale in Florenz und den Petersdom.

Kolosseum

Das im 1. Jahrhundert n. Chr. erbaute Amphitheater bot 50 000 Besuchern Platz und war das größte des Römischen Reichs. Hier wurden zur Feier besonderer Anlässe Tierhatzen, Gladiatorenkämpfe, imitierte Seeschlachten und andere Spektakel veranstaltet. Der Name geht auf eine Kolossalstatue von Nero an der Fassade zurück. In späteren Jahrhunderten glaubte man, hier wären Christen für ihren Glauben gestorben und weihte es als Märtyrerstätte. So fanden auch die Plünderungen ein Ende, die dem Bau zugesetzt hatten, seit er im 6. Jahrhundert nicht mehr genutzt wurde. Heute ist das immer noch spektakuläre Kolosseum eine der Haupttouristenattraktionen der Stadt.

Das reiche Erbe des Imperiums

In der Ewigen Stadt wird die Bedeutung jener glorreichen Historie spürbar, auf deren Spuren man überall trifft.

Keine andere Stadt nimmt in den Geschichtsbüchern der westlichen Welt einen vergleichbaren Platz ein wie Rom. Die inzwischen rund 3000 Jahre alte italienische Hauptstadt war die erste große Metropole der Menschheitsgeschichte. In ihrer Blüte zur Zeit des Römischen Reichs – als die gesamte Weltbevölkerung bei etwa 200 Millionen Menschen lag – zählte sie mehr als 1 Million Einwohner. Rom kontrollierte ein Gebiet von 6,5 Millionen km² (die 27-fache Größe des Vereinigten Königreichs) und läge damit heute auf Rang 7 der größten Länder Welt.

Vor diesem Hintergrund ist verständlich, dass ein Großteil des damals an den Ufern des Tibers entstandenen Kulturerbes mit großer Vitalität weitergegeben wurde: Die aus dem Lateinischen hervorgegangenen romanischen Sprachen werden im Süden Europas, in Lateinamerika und Teilen Afrikas gesprochen; die lateinische Schrift hat weite Verbreitung gefunden. Das römische Recht prägt die Gesetze vieler Länder, und in vielen Staaten gehört ein Senat zur Legislative. Das Christentum, im 4. Jahrhundert zur offiziellen Religion des Reichs erhoben, hat weltweit die meisten Anhänger. Und auch in Kunst, Ingenieurwesen und fast allen Bereichen menschlicher Aktivitäten sind noch immer Aspekte aus römischer Zeit zu spüren.

Eine Stadt mit zwei Staaten

Rom ist die einzige Stadt, die gleichzeitig zwei Staaten regiert – Italien und den Vatikan. Und sie diente drei ganz unterschiedlichen Territorialgebilden als Hauptstadt: dem Römischen Reich, dem Papststaat und Italien. Rom wird gerne als Ewige Stadt bezeichnet, obwohl das so nicht ganz stimmt.

Ohne die Päpste hätte die großartige Kaiserstadt von Augustus und Trajan leicht als Geisterstadt enden können, als Ansammlung ehrwürdiger Ruinen wie Babylon, Petra, das ägyptische Memphis oder das aztekische Teotihuacán.

Tatsächlich wurde Rom im 5. Jahrhundert von den Barbaren zerstört und bestand die folgenden 1000 Jahre als kleine Stadt mit rund 15 000 Einwohnern fort, die im Umkreis der alten Basilika St. Peter lebten. Die imposanten Bauwerke des ehemaligen Imperiums dämmerten in unbewohnten Randbezirken vor sich hin, dem Verfall und der Plünderung ausgesetzt. Es ist kaum verwunderlich, dass die Stadt am Tiber neben dem reichen Erbe anderer Epochen kaum Ruinen aus dem Mittelalter vorweisen kann.

Durch die Expansion des Christentums während des Mittelalters und das gezielte Eingreifen von Papst Nikolaus V. (1397–1455) wurde Rom bei Anbruch der Renaissance im 15. Jahrhundert aus seiner langen Lethargie gerissen. Nikolaus V. ließ neue Stadtmauern und gepflasterte Straßen bauen, die alten Aquädukte restaurieren und neue, prächtige Bauten errichten, die einer Stadt würdig waren, in der Petrus, Apostel

und erster Bischof des Christentums, als Märtyrer starb. Spätere Päpste führten die Bautätigkeit fort und schufen Monumente wie den neuen Petersdom und die Sixtinische Kapelle, allerdings zu Lasten etwa des sagenhaften Kolosseums, das ihnen als Steinbruch diente.

Berühmtes Reiseziel

Dieses vor rund fünf Jahrhunderten wiedererstandene Rom ist ein echtes Lehrbuch der Kunstgeschichte, mit überraschenden Entdeckungen hinter jeder Ecke. Täglich drängeln sich Hunderttausende Touristen in den Straßen, sehr zum Missfallen der Römer. Diese wiederum lassen sich nicht von Auto und Motorroller als beliebtesten Fortbewegungsmitteln abbringen, was zu entsprechender Lärm- und Schadstoffbelastung in der Metropolregion mit ihren 3 Millionen Einwohnern führt. Ein angemessenes U-Bahn-Netz über die zwei bestehenden Linien hinaus scheint kaum realisierbar, denn jede Grabung fördert kostbare Relikte zutage. Abgesehen von diesen Unannehmlichkeiten ist das Erbe der Stadt so unendlich reich, sind ihre Straßen und Plätze so betörend, ihre Bürger so lebendig und offen, dass man Rom zu Recht als Ewige Stadt bezeichnen kann.

1. Historisches Rom
Das Kolosseum und der Konstantinsbogen in der Nähe des Forum Romanum sind zwei gute Beispiele für Bauwerke der Kaiserzeit.

2. Pantheon
Dieser 118–128 n. Chr. von Kaiser Hadrian erbaute majestätische Tempel beeindruckt durch seine Kuppel mit einem Durchmesser von gut 43 m.

3. Castel Sant'Angelo (Mausoleum des Hadrian)
Die Engelsburg liegt in der Nähe des Vatikans. Einer Legende nach sah Papst Gregor I. eine Erscheinung des Erzengels Michael über der Festung.

4. Fontana dei Quattro Fiumi
Ein Detail des berühmten Vierströmebrunnens von Bernini an der Piazza Navona.

5. Vatikanische Museen
Die Vatikanischen Museen besitzen unzählige Kunstwerke. Dazu gehört auch die Sixtinische Kapelle, die Michelangelo mit Fresken ausschmückte.

6. Trastevere
In diesem populären Viertel am Westufer des Tibers gibt es viele Restaurants und Möglichkeiten für abendliche Vergnügungen.

Petersdom

Am Bau der Basilika St. Peter von 1506 bis 1626 wirkten einige der größten Künstler aus der Zeit der Renaissance und des italienischen Barock mit.

Kuppel Die von Michelangelo entworfene Kuppel ist die höchste der Welt (132,50 m über dem Boden). Sie fasziniert durch den Eindruck der Leichtigkeit, den sie trotz ihrer gewaltigen Ausmaße (Durchmesser 42,34 m) vermittelt.

Papstaltar Der Hauptaltar steht genau über der Confessio mit dem Grab des heiligen Petrus und unterhalb der Hauptkuppel des Domes. Er wird von einem 29 m hohen Bronzebaldachin überfangen, einem Werk Gian Lorenzo Berninis im Stil des Barock.

Pietà
Im Petersdom findet man unzählige religiöse Schätze und Skulpturen wie etwa Michelangelos Pietà. Diese weltberühmte Marmorskulptur zieht die Besucher in Scharen an.

Kirchenschiff Das riesige Hauptschiff (187 m lang, 27,50 m breit) wird durch mächtige Säulen von den beiden Seitenschiffen abgegrenzt.

Apsis In der nach Plänen Michelangelos entstandenen monumentalen halbrunden Apsis steht die sogenannte Cathedra Petri, ein barocker Reliquienschrein aus Bronze. Er wurde 1657–1666 von Gian Lorenzo Bernini für den Holzthron geschaffen, der angeblich der Lehrstuhl des Apostels Petrus war.

Loggia
Von diesem Balkon aus wird der Name eines neuen Papstes verkündet. Und von hier erteilt der Papst seinen Segen „Urbi et Orbi".

Glocken
Die Basilika hat sechs Glocken, die älteste stammt aus dem 13. Jahrhundert. Bei wichtigen Anlässen erklingt ein „schwingendes Läuten".

Fassade
Die zu Beginn der 17. Jahrhunderts erbaute Fassade ist das Werk von Carlo Maderno. Sie ist 115 m breit und 46 m hoch.

VENEDIG

Die Stadt der Kanäle

Die Stadt Venedig liegt auf einer von Kanälen durchzogenen Inselgruppe in einer großen Lagune im Adriatischen Meer.

Venetien

Italien

Venedig

Eine geschützte Lagune

Die Lagune von Venedig, zwischen der Mündung des Piave und dem Po-Delta, ist ein durch Sandbänke fast völlig vom Meer abgeschnittener Golf mit 118 Inseln und Inselchen. Diese strategisch günstige Lage ermöglichte Venedig im Mittelalter ein enormes Wachstum. Die bewohnten Inseln sind von Kanälen durchzogen, die oft wie Straßen genutzt werden.

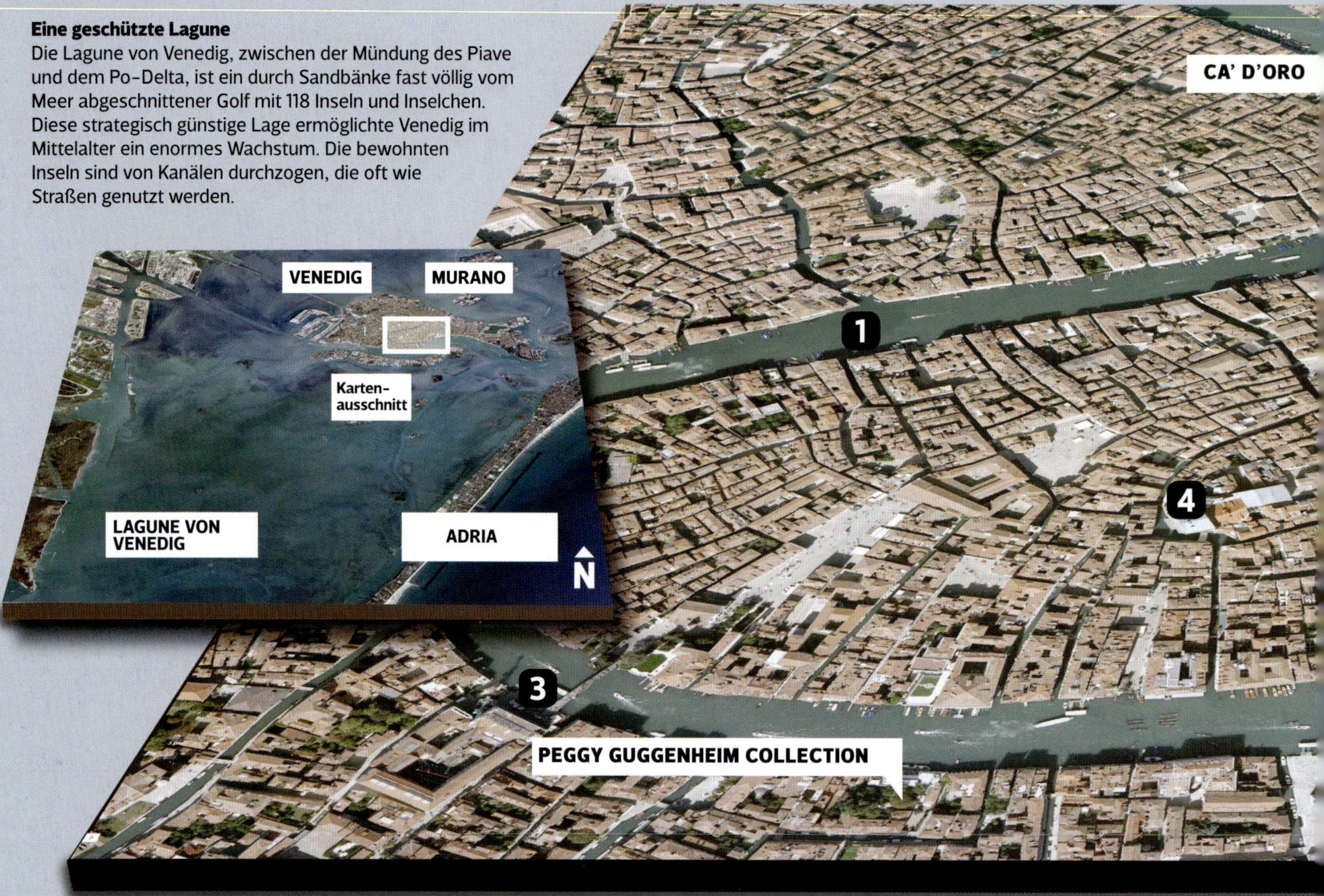

CA' D'ORO

VENEDIG   MURANO

Kartenausschnitt

LAGUNE VON VENEDIG

ADRIA

N

1

4

3

PEGGY GUGGENHEIM COLLECTION

1

Canal Grande
Mit fast 4 km Länge ist er der längste Kanal in Venedig. Er durchschneidet die Hauptinsel der Stadt und wird von vier Brücken überspannt: Ponte di Rialto, Ponte della Costituzione, Ponte dell'Accademia und Ponte degli Scalzi.

2

Rialtobrücke
Die älteste der Brücken über den Canal Grande wurde von Antonio da Ponte entworfen und 1591 fertiggestellt. Die beiden geneigten Rampen treffen sich über der Mitte des Brückenbogens.

3

Galleria dell'Accademia
Das Museum zeigt Werke von der italienischen Gotik bis zum Klassizismus von Künstlern wie Leonardo da Vinci, Tintoretto, Tizian, Tiepolo und Canaletto.

4

Teatro La Fenice
Das Opernhaus wurde 1792 eröffnet, nachdem ein Feuer den Vorgängerbau zerstört hatte. 1836 und 1996 wurde es erneut Opfer von Bränden. Nach der Neugestaltung durch Aldo Rossi erfolgte 2003 die Wiedereröffnung.

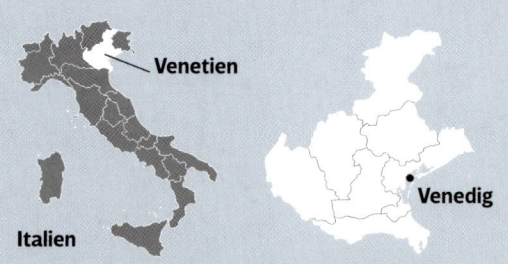

🌐 FAKTEN UND ZAHLEN ÜBER VENEDIG

HAUPTSTADT VON VENETIEN
Heute ist das geschichtsträchtige Venedig die Hauptstadt der Region Venetien, die einen großen Teil des äußersten Nordostens von Italien umfasst.

Breite 12° 20' 20" N
Länge 45° 26' 3" O
Höhe 1 m über dem Meeresspiegel

Fläche 415 km²
Einwohner 58 000 auf der Hauptinsel, 280 000 in der Gesamtgemeinde
Bevölkerungsdichte 660 Einw./km²

Gründung Ab dem 5. Jahrhundert n. Chr.
Gründer Latinische Siedler

Die Lagune als Zufluchtsort
Latinische Siedler aus Oberitalien suchten in der sumpfigen Lagune zwischen den Mündungen von Piave und Po Zuflucht, um sich vor den Invasionen der Hunnen und anderer Völker aus dem Norden und Osten Europas zu schützen. Ihre Stadt bauten sie auf Pfählen.

Murano

Die Insel Murano – eigentlich sind es sieben durch Brücken verbundene kleine Inseln – liegt 1 km nördlich von Venedig. Viele der rund 6000 Einwohner stellen als Glasbläser die berühmten Glasprodukte aus Murano her, die eine lange Tradition haben.

CAMPANILE

Markusdom
Die im 11. Jahrhundert im byzantinischen Stil erbaute Kathedrale von Venedig erfuhr vom 13. bis 17. Jahrhundert große Veränderungen.

Dogenpalast
Das zwischen dem 10. und 15. Jahrhundert errichtete gotische Bauwerk stellt die Architekturgesetze auf den Kopf, denn die massiven Mauern sind filigranen Bögen aufgesetzt.

Lido

Der Lido ist einer der Landstreifen, die die Lagune von Venedig von der Adria trennen und die Stadt über Jahrhunderte vor feindlichen Angriffen schützten. Die Insel ist 12 km lang und an der schmalsten Stelle knapp 100 m breit. An der Ostseite öffnen sich angenehme Strände zum Meer. Der Lido ist Wohnort von rund 20 000 Menschen und Veranstaltungsort der berühmten Internationalen Filmfestspiele von Venedig.

Eine Stadt der Wasserwege

Während des Mittelalters lief ein Großteil des Handels auf dem Mittelmeer über Venedig, eine kleine Insel im Adriatischen Meer.

Die Geschichte Venedigs erzählt davon, wie diese kleine Insel, die man in einer guten Stunde durchqueren kann, den Handel auf dem Mittelmeer im späten Mittelalter beherrschte. Die ersten Venezianer ließen sich zu Beginn des 5. Jahrhunderts auf den Inseln der Lagune nieder, als sie vor den Völkern aus Ost- und Nordeuropa flohen. Durch die Lagune und die umgebenden Sandbänke geschützt, konnten die Venezianer dort in einfachen, auf Holzpfählen errichteten Behausungen die Angriffe der Barbaren überleben. Diese strategische Lage erwies sich als entscheidend für die Entwicklung der Stadt.

In den ersten Jahrhunderten nach der Gründung gehörte Venedig zum Byzantinischen Reich, erlangte dann aber allmählich seine Unabhängigkeit, ohne mit Byzanz zu brechen. Von Anfang an war Venedig durch sein sehr begrenztes Territorium darauf angewiesen, Handelsbeziehungen mit anderen Mittelmeerstaaten zu pflegen, um sich mit Gütern zu versorgen, die man selbst nicht produzieren konnte. Dieser Handel und das gute Verhältnis zu Byzanz ermöglichten es den Venezianern, ein weitgespanntes Netz verbündeter Häfen zu knüpfen und eine große Flotte mit erfahrenen Seeleuten aufzubauen. Mehr an Handel als an Kriegen und Religion interessiert, wurden die Venezianer zu idealen Geschäftspartnern für die Herrscher im östlichen Mittelmeer, ganz gleich ob Christen, Araber oder Juden.

Im Verlauf der Jahrhunderte stieg Venedig – aufgrund seiner stetig gewachsenen ökonomischen Dominanz und Stellung als Handelsmacht – auch zu einer militärischen Macht auf. Die Sicherheit der Lagune – verbunden mit dem Schutz, den befreundete Hafenstädte an der Adria boten – sowie der fortschreitende Niedergang von Byzanz ermöglichten es Venedig, große Inseln im Mittelmeer zu annektieren und strategisch wichtige Häfen am Schwarzen Meer unter seine Herrschaft zu bringen. Von dort konnte man die Seidenstraße und den Handel mit China kontrollieren, bei dem der venezianische Händler und Abenteurer Marco Polo eine wichtige Rolle spielte.

Der über 500 Jahre andauernde Aufstieg Venedigs zeigte sich auch in der Ausgestaltung des Dogenpalastes: Im 10. Jahrhundert als Kastell errichtet, wurde er in der Zeit der Gotik zu einem eleganten Palast umgebaut, in dessen Schmuckelementen sich bereits die Renaissance ankündigte.

Heimat großer Künstler

Den Gipfel ihrer Macht erreichte die Republik Venedig (La Serenissima) in der ersten Hälfte des 15. Jahrhunderts, als sie 3300 Schiffe besaß und nach Paris die Stadt mit den meisten Einwohnern in Europa war. Danach brach – bedingt durch die Eroberung von Konstantinopel durch die Osmanen und den aufkommenden Atlantikhandel – eine Krisenzeit für die Stadt an. Paradoxerweise erlebte Venedig gerade in dieser Phase des Niedergangs im 16. bis 18. Jahrhundert eine kulturelle Blüte. Wichtige Künstler wie der Architekt Andrea Palladio (Schöpfer der Kirchen Il Redentore und San Giorgio Maggiore), die Musiker Antonio Vivaldi und Tomaso Albinoni, die Maler Tizian, Tintoretto, Giovanni Battista Tiepolo und Canaletto und der Schriftsteller und Abenteurer Giacomo Casanova, ein Sinnbild des dekadenten 18. Jahrhunderts, waren damals in Venedig tätig. In jener Zeit versuchte man durch Glücksspiel Einnahmen zu generieren, die der Handel nun nicht mehr erbrachte. Die fantasievollen Gewänder

1. Rialtobrücke
Sie ist die älteste und berühmteste Brücke über den Canal Grande. Auf der überdachten Brücke sind kleine Geschäfte untergebracht.

2. Burano
Diese Nachbarstadt von Venedig mit ihren farbenfrohen Häusern wird ebenfalls von Kanälen durchzogen.

3. Karneval in Venedig
In Venedig findet ein weltweit populärer Karneval statt. Für zehn Tage füllt sich die Stadt mit Menschen, die vom 18. Jahrhundert inspirierte Masken und raffinierte Kostüme tragen.

4. Palazzo Contarini
Der Palast aus dem 15. Jahrhundert ist bekannt durch seine außen liegende prächtige Wendeltreppe.

und Masken des berühmten Karnevals in Venedig sind von der Raffinesse und der Zügellosigkeit dieser Zeit inspiriert. Venedig fiel dann an Österreich und später an das Königreich Italien. Im 19. Jahrhundert entwickelte sich die Stadt zu einem Sehnsuchtsort der europäischen Romantik. Venedig verstand es, seinen Ruhm und sein Erbe als beliebtes Touristenziel zu vermarkten. Die großen Herausforderungen heute sind weder die türkische Flotte noch die wirtschaftlichen Konkurrenten aus Genua, sondern der Klimawandel und der erschreckende demografische Niedergang.

Venedig ist an die Hochwasser gewöhnt, die regelmäßig den Markusplatz überfluten und den Touristen den Genuss ihres Kaffees auf der Terrasse des weltbekannten Caffè Florian verleiden, doch nun bedroht die globale Erwärmung die Existenz der Stadt. Nachdem man eine kritische Phase in der ersten Hälfte des 20. Jahrhunderts überstanden hat, in der – ausgelöst durch industrielle Aktivitäten – die für die Stabilität der Stadt wichtigen wasserführenden Bodenschichten austrockneten, versucht sich Venedig heute mit einem Projekt mobiler Dämme (M.O.S.E) gegen den Anstieg des Meeresspiegels zu wappnen. Ein anderes Problem ist die Abwanderung der Jugend, die vor den hohen Immobilienpreisen und dem mangelnden Arbeitsangebot jenseits des Tourismus flieht.

Markusdom

Die Basilica di San Marco wurde im
11. Jahrhundert an der Stelle einer 828
für die Reliquien des heiligen Markus
errichteten Kirche erbaut.

Kuppeln Die äußere
Bleiverkleidung verleiht
den fünf Kuppeln im
byzantinischen Stil,
von denen zwei größer
sind als die anderen, ihr
besonderes Aussehen.

Narthex Die Vorhalle der Basilika
trägt sechs kleine Kuppeln und ist mit
farbigem Marmor und Mosaiken ausgeschmückt. Die Mosaikarbeiten aus
dem 13. Jahrhundert zeigen Szenen des
Alten Testaments wie die Geschichte
der Schöpfung in der Genesiskuppel.

Pala d'Oro Dieses Altarbild aus
Gold, Silber, Email, wertvollen
Steinen und Perlen ist hinter dem
Hochaltar angebracht. Es wurde
im Mittelalter von Goldschmie-
den angefertigt und gilt weltweit als eines der raffiniertesten
und komplexesten Beispiele
byzantinischer Goldschmiedekunst.

Geflügelter Löwe
Hoch oben an der Fassade
ist die goldene Figur eines
geflügelten Löwen zu
sehen – das Symbol des
Evangelisten Markus und
der Republik Venedig.
Bis heute ziert er das
Stadtwappen.

Pferde von San Marco
Diese vier vergoldeten Bronze-
figuren wurden im Hippodrom
von Konstantinopel gefunden und
beim Vierten Kreuzzug erbeutet.

Hauptportal Das Hauptportal ist im
byzantinischen Stil gestaltet, mit
großartigen, im 13. und 14. Jahrhundert geschaffenen, reich ausge-
schmückten Archivolten (Bögen).

Hauptfassade Im unteren Bereich der Fassade
befinden sich fünf mit Marmor, Mosaiken und
Skulpturen verzierte Portale. Die Mosaiken in
den Bögen über den Seitenportalen erzählen
die Geschichte der Überführung der Gebeine
des heiligen Markus nach San Marco.

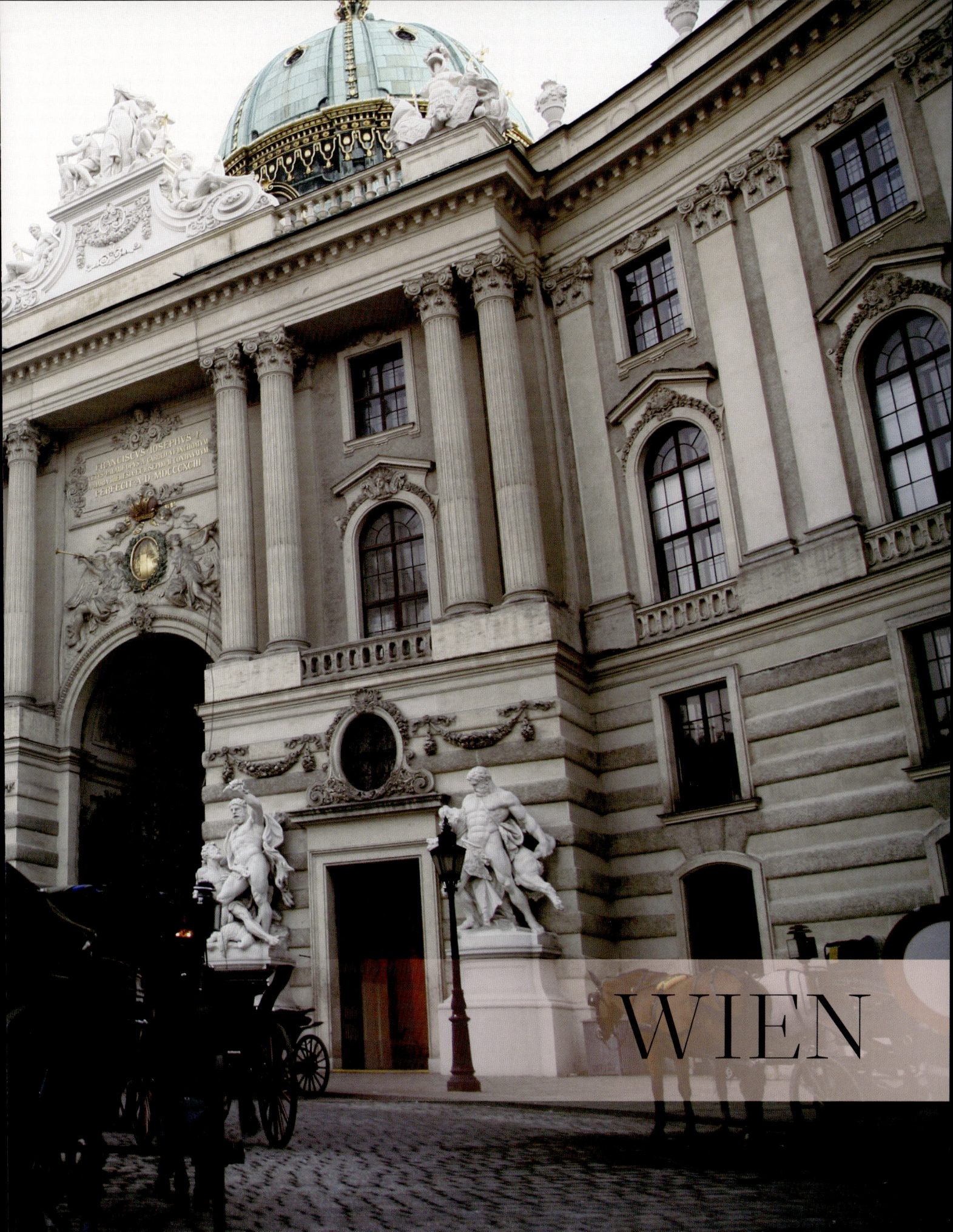

WIEN

Ein reiches Erbe

Als einstige Hauptstadt des Kaiserreichs kann die Stadt an der Donau ein reiches Kunst- und Architekturerbe vorweisen.

Niederösterreich

Wien

Österreich

Im Herzen Europas

Wien ist weniger als 400 km von den Hauptstädten Bratislava, Budapest, Prag, Zagreb und Ljubljana entfernt. Alle diese Städte lagen bis zum Zerfall des Ostblocks im kommunistischen Machtbereich.

Karten-ausschnitt

WIEN

N

Das historische Wien

Die Altstadt von Wien mit ihren mittelalterlichen Wurzeln und ihrem Gewirr aus kleinen Straßen und Plätzen wird vom markanten Turm des Stephansdoms überragt. Ihre Umgrenzung bildet die Ringstraße mit prächtigen Bauten. Abends füllt sich der Stadtteil mit Touristen und unternehmungslustigen Einheimischen.

PARLAMENT

MUSEUMS-QUARTIER

Hofburg

Die Hofburg war über sechs Jahrhunderte die Stadtresidenz der Habsburger Kaiser. Sie besteht aus zehn Gebäudetrakten, in denen sich fast alle europäischen Kunststile wiederfinden, von der mittelalterlichen Gotik bis zum Historismus des 19. Jahrhunderts.

Wiener Staatsoper

Die am 25. Mai 1869 eröffnete Staatsoper gilt als eine der renommiertesten Opernbühnen der Welt. Gegen Ende des Zweiten Weltkriegs, am 12. März 1945, traf eine Bombe das Neorenaissance-gebäude. Es wurde nach Kriegsende wieder aufgebaut.

⊕ FAKTEN UND ZAHLEN ÜBER WIEN

HAUPTSTADT VON ÖSTERREICH

Wien war in seiner langen Geschichte Kaiserresidenz im Heiligen Römischen Reich deutscher Nation und Hauptstadt

der Doppelmonarchie Österreich-Ungarn.

Breite 48° 12' 0" N
Länge 16° 22' 0" O
Höhe 151–543 m über dem Meeresspiegel

Fläche 414,90 km²
Einwohner 1 712 903
Bevölkerungsdichte 4128 Einw./km²
Gründung 13 v. Chr.
Gründer Römer

Die drittgrößte Stadt
In der zweiten Hälfte des 19. Jahrhunderts erlebte Wien eine politische, wirtschaftliche und kulturelle Blüte, während der sich

die Bevölkerung verzehnfachte – auf 2,3 Millionen im Jahr 1916. Damals war Wien nach London und Paris die drittgrößte Stadt Europas und, wenn

man New York miteinbezieht, die viertgrößte der Welt.

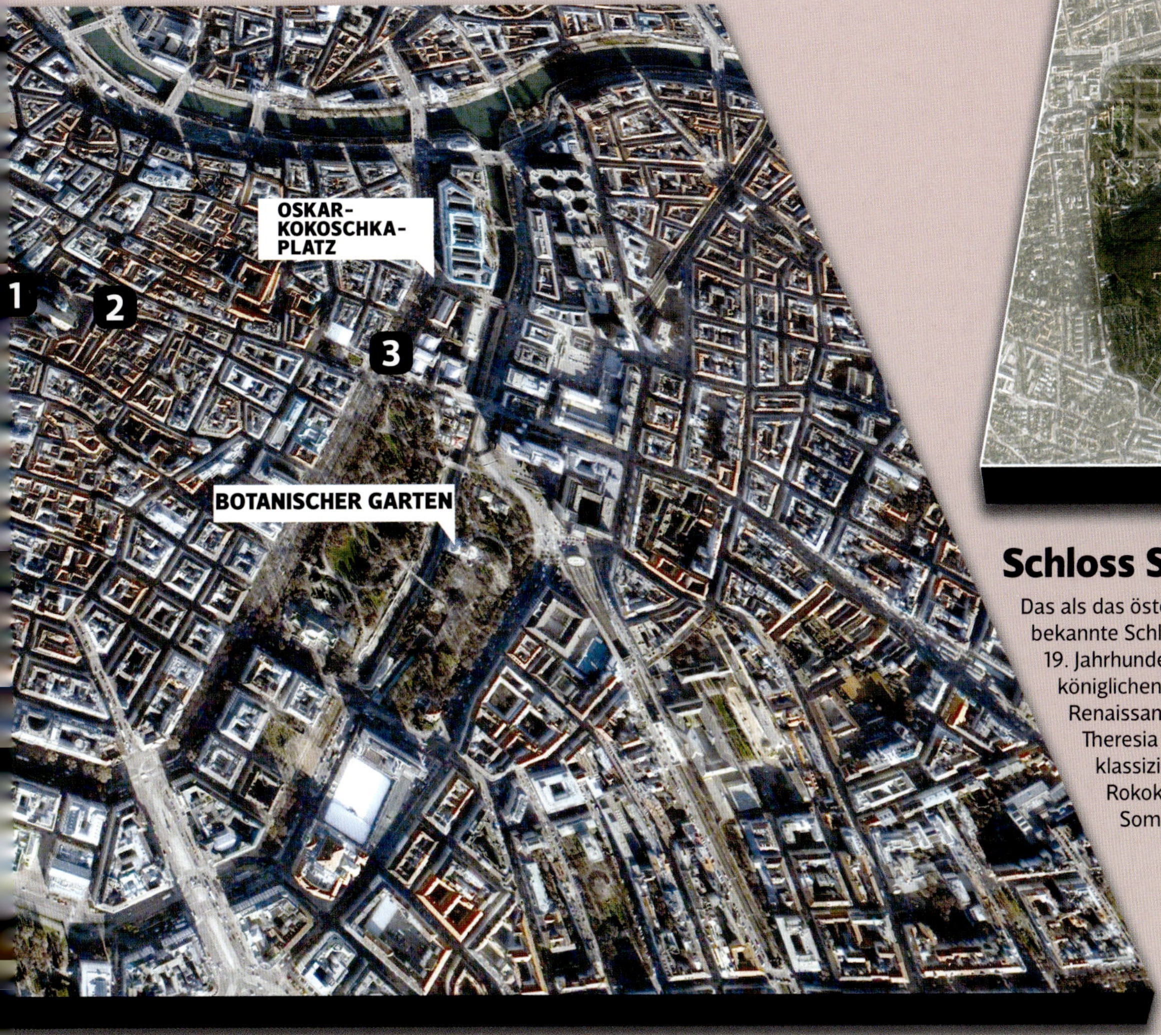

OSKAR-KOKOSCHKA-PLATZ

1 2 3

BOTANISCHER GARTEN

Schloss Schönbrunn

Das als das österreichische Versailles bekannte Schloss wurde im 18. und 19. Jahrhundert auf den Ruinen eines königlichen Jagdschlosses aus der Renaissance erbaut. Kaiserin Maria Theresia machte das Schloss im klassizistischen Stil mit seiner Rokokoinnenausstattung zu ihrer Sommerresidenz.

1

Stephansdom

Die Kathedrale im historischen Zentrum geht zurück auf eine romanische Kirche aus dem 13. Jahrhundert, die bis 1511 im Stil der Gotik erweitert wurde.

2

Mozarthaus

Zwischen 1784 und 1787 wohnte im ersten Stock dieses Barockgebäudes der berühmte österreichische Komponist Wolfgang Amadeus Mozart. Heute ist hier ein ihm gewidmetes Museum eingerichtet.

3

Museum für angewandte Kunst

Das 1863 gegründete und 1989–1993 renovierte MAK ist ein Kunstgewerbemuseum mit einer großen Sammlung von Objekten der Avantgarde und solchen aus Asien und dem Orient.

Die Krone des Reichs

Vorangetrieben durch Debatten und Kontroversen hat sich diese kultivierte Stadt einen Spitzenplatz hinsichtlich der Lebensqualität erarbeitet.

Schön, wohl geordnet und elegant – Wien vermittelt auf den ersten Blick den Eindruck einer friedlichen, konservativen Stadt, deren Bewohner bei einem Stück Sachertorte in einem einladenden Kaffeehaus in der Kärntnerstraße auf den Einsatz zum Walzer warten. Wien rangiert dank seiner beneidenswerten und ruhigen Lebensumstände auf Platz 1 der Städte mit der höchsten Lebensqualität. Doch Wien ist eine Stadt der Kontraste. Die geopolitisch bedeutende Lage im Zentrum Europas, am Ufer der Donau und des durch die Stadt verlaufenden Donaukanals, führten zu einer langen Abfolge von Konflikten.

Nur wenige Städte können Wien den Titel als Herz des Kontinents streitig machen. Im Osten Österreichs gelegen, wirkte Wien über 40 Jahre wie ein gegen den Eisernen Vorhang gerichtetes Bollwerk Westeuropas. In dieser Position wahrte das Land seine strikte Neutralität und konnte so zum Sitz von UN-Institutionen und der Organisation der Erdöl exportierenden Länder (OPEC) werden.

Die Stadt der Habsburger

Wien erlebte im Laufe der Geschichte wiederholt Spannungen. Die Stadt wurde in der Antike von den Römern zur Verteidigung ihres Imperiums an dieser Schlüsselstelle – an der Grenze zum Territorium der Barbaren – gegründet. Ab dem 16. Jahrhundert hatten hier die Habsburger Kaiser ihren Sitz, die Herrscher über die Mitte Europas.

In Wien wurde über die Geschicke des Heiligen Römischen Reichs und von Österreich-Ungarn entschieden. Die in den Händen der Kaiser aus dem Hause Habsburg konzentrierte Macht zeigt sich bis heute in der Hofburg, einem gewaltigen Komplex mit Architekturelementen aus über sieben Jahrhunderten, und im während des 18. und 19. Jahrhunderts erbauten Schloss Schönbrunn. Diese von Barock und Klassizismus geprägte Periode gehört zu den Glanzzeiten Wiens, und ihre Spuren sind bis heute an vielen Stellen der österreichischen Hauptstadt präsent. Es war zudem die Zeit, in der Wien sich den Ruf als Welthauptstadt der Musik erwarb. Damals betraten Genies wie Joseph Haydn, Franz Schubert, Johann Strauss und natürlich Wolfgang Amadeus Mozart die Bühne. Wobei Mozart über sein Talent hinaus auch durch seine Rivalität mit Antonio Salieri in Erinnerung bleibt.

In Wiens Geschichte kam es häufiger zu solchen Antagonismen. In der zweiten Hälfte des 19. Jahrhunderts brach eine Gruppe junger Künstler unter Leitung des Malers Gustav Klimt auf der Suche nach einer freieren, am Jugendstil orientierten Kunstrichtung mit dem offiziellen Kunstbegriff. Sie nannten sich Wiener Secession und bauten das gleichnamige Gebäude, bis heute das Musterbeispiel ihres favorisierten Architekturstils. Zur gleichen Zeit wurde der Architekt Adolf Loos zu einem Vorreiter der Moderne, die sich vom damals in Wien vorherrschenden Historismus

←Café Central
Die Wiener Kaffee-
häuser, im 19. Jahr-
hundert Treffpunkt
der Intellektuellen
und Politiker, haben
sich ihre einladende,
elegante Atmo-
sphäre bewahrt.

↓Hundertwasserhaus
Das zwischen 1983
und 1986 entstandene
Wohnhaus demon-
striert die architekto-
nische Kreativität der
Stadt.

↓↓Parlament
Das im 19. Jahr-
hundert im Stil
der griechischen
Klassik errichtete
Gebäude ist eines
der wichtigsten
Monumente Wiens.

ebenso distanzierte wie vom Hang zur Ornamentik der
Secession.

Im 20. Jahrhundert brachen alte politische Kontroversen wieder auf. 1918 dankte der Kaiser ab, die Republik
wurde ausgerufen. In den nächsten 15 Jahren regierten
die Sozialdemokraten, und die Hauptstadt wurde als
Rotes Wien bezeichnet. Der Anschluss Österreichs
an das Deutsche Reich 1938 und die Herrschaft der
Nationalsozialisten setzten dieser Ära und der toleranten
Atmosphäre ein Ende, in der unter anderem die Schrif-
ten von Sigmund Freud über die Psychoanalyse und von
Karl Popper zur Philosophie entstanden waren.

Die allgegenwärtigen Kontraste Wiens zeigen sich
auch in den bedeutenden Persönlichkeiten der Stadt
wie etwa dem Ökonom Friedrich Hayek, Begründer
der neoliberalen Theorie und ein entschiedener Gegner des Sozialismus. Er ist ein weiteres Beispiel für
die Atmosphäre aus Respekt und Toleranz in dieser
Stadt. Heute zeigt sie sich in dem Engagement für die
Umwelt, der Begeisterung für internationale Küche oder
experimentelle Kunst. Die Wiener haben ein im internationalen Vergleich sehr hohes Bildungsniveau, sind
dabei aber durchaus für ihre Fähigkeit zur Selbstkritik
und ihren bemerkenswerten schwarzen Humor bekannt.

←Wiener Secession
Dieses einzigartige
Haus wurde 1898
nach Plänen von
Joseph Maria
Olbrich als Ausstel-
lungsgebäude für die
Künstlervereinigung
Secession erbaut.

Stephansdom

Der Stephansdom ist eines der auffälligsten Wahrzeichen Wiens. Aufgrund zahlreicher Umbauten im Laufe der Jahrhunderte findet man hier romanische, gotische und barocke Stilelemente sowie solche der Renaissance.

Innenraum
Das Hauptschiff ist 36 m breit und 107 m lang. Der Chor und die Seitenkapellen sind gotisch. Im Inneren findet man verschiedene, von Gläubigen gestiftete Altäre und Kunstwerke aus unterschiedlichen Jahrhunderten.

Dach Nach einem Großbrand 1945 wurde der Dachstuhl erneuert und mit 250 000 unterschiedlich gefärbten Ziegeln neu gedeckt. Das Dach erhebt sich über Langhaus und Chor und hat eine Neigung von 64, an manchen Stellen sogar 80 Grad.

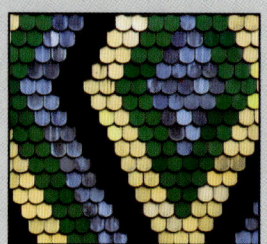

Heidentürme Die rund 65 m hohen Türme flankieren den Haupteingang. Sie stammen noch vom ursprünglichen Kirchenbau aus dem 13. Jahrhundert.

Riesentor Die Westfassade ist einer der wenigen verbliebenen Teile der ursprünglichen, zwischen 1240 und 1263 erbauten romanischen Kirche.

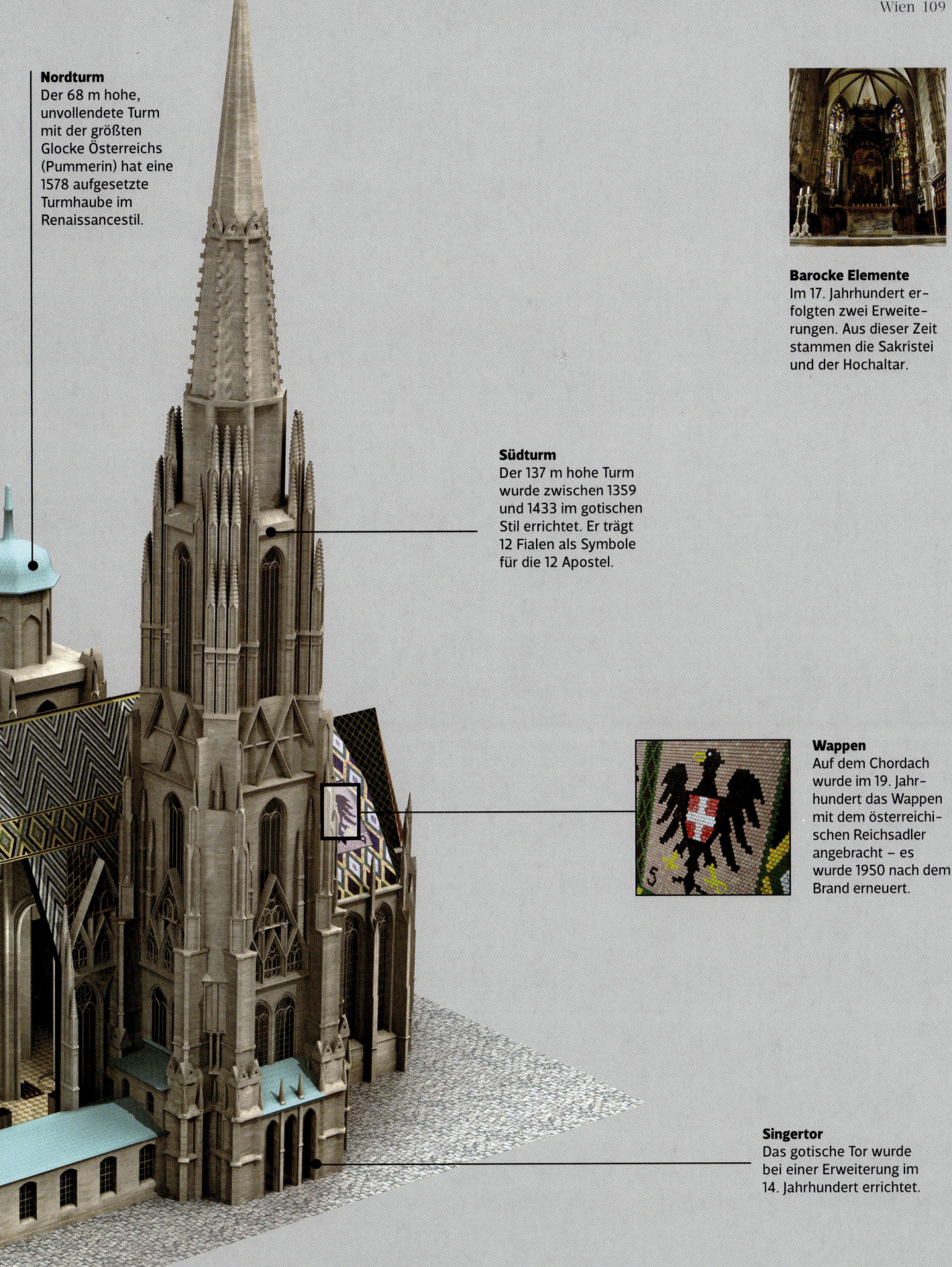

Nordturm
Der 68 m hohe, unvollendete Turm mit der größten Glocke Österreichs (Pummerin) hat eine 1578 aufgesetzte Turmhaube im Renaissancestil.

Barocke Elemente
Im 17. Jahrhundert erfolgten zwei Erweiterungen. Aus dieser Zeit stammen die Sakristei und der Hochaltar.

Südturm
Der 137 m hohe Turm wurde zwischen 1359 und 1433 im gotischen Stil errichtet. Er trägt 12 Fialen als Symbole für die 12 Apostel.

Wappen
Auf dem Chordach wurde im 19. Jahrhundert das Wappen mit dem österreichischen Reichsadler angebracht – es wurde 1950 nach dem Brand erneuert.

Singertor
Das gotische Tor wurde bei einer Erweiterung im 14. Jahrhundert errichtet.

STOCKHOLM

Das Wesen Skandinaviens

Stockholm ist seit dem frühen 15. Jahrhundert die Hauptstadt Schwedens. Hier entstanden ab dem Mittelalter all die Monumente, die das skandinavische Königreich repräsentieren.

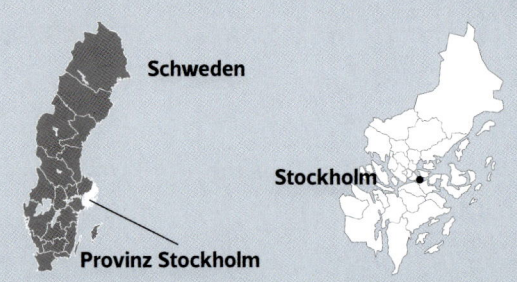

Schweden

Stockholm

Provinz Stockholm

14 Inseln und 57 Brücken

Das direkte Stadtgebiet von Stockholm erstreckt sich über 14 Inseln, die durch 57 Brücken miteinander verbunden sind. So kann man all die Kanäle zu Fuß überqueren, die die Ostsee mit dem Mälarsee im Westen verbinden. Die Metropolregion ist weit umfassender und dehnt sich über rund 24 000 Inseln ganz unterschiedlicher Größe aus, von denen aber nur 150 bewohnt sind.

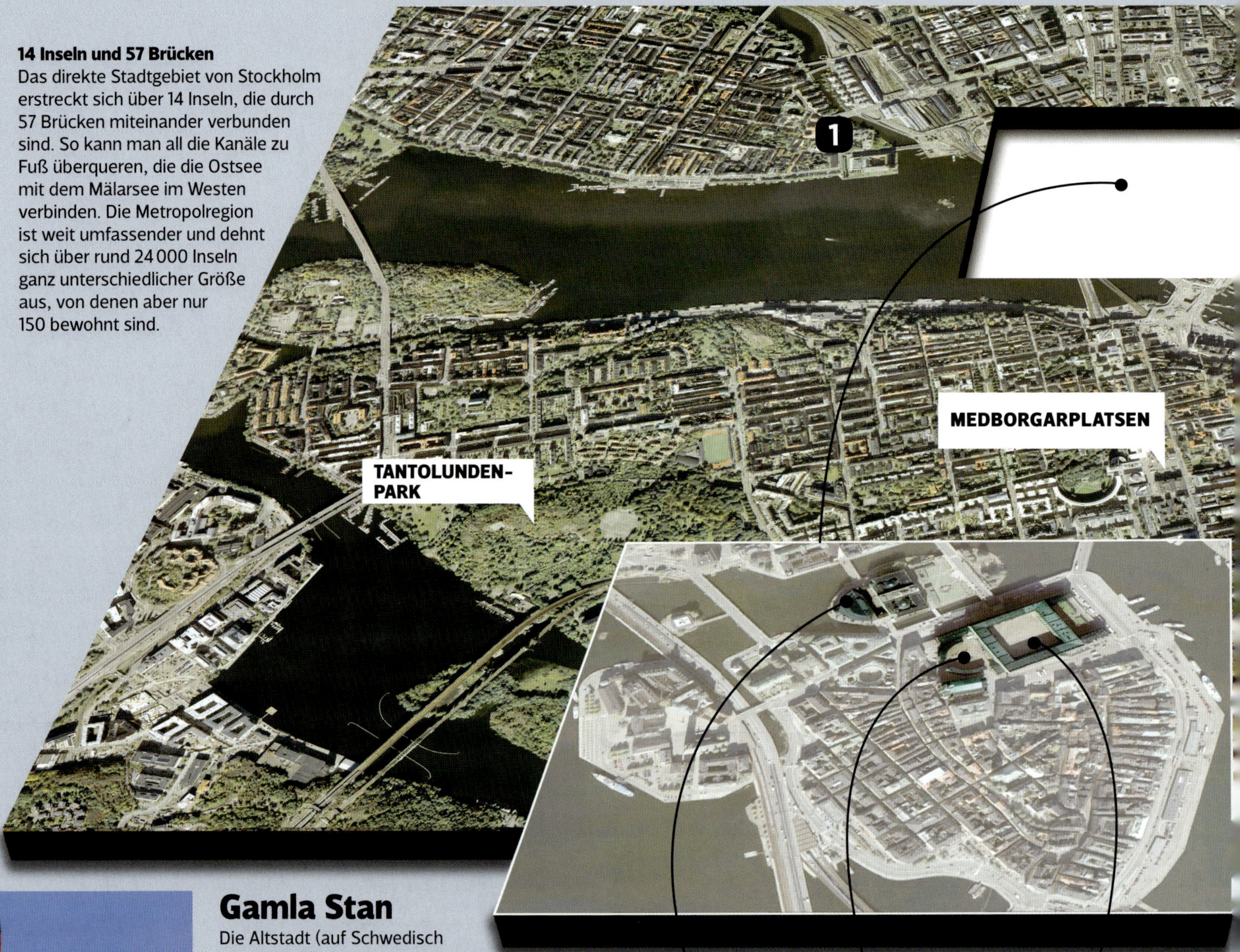

MEDBORGARPLATSEN

TANTOLUNDEN-PARK

Gamla Stan

Die Altstadt (auf Schwedisch Gamla Stan) auf der kleinen Insel Stadsholmen ist das ursprüngliche Zentrum der Hauptstadt. In diesem mittelalterlichen Quartier, das im 20. Jahrhundert restauriert wurde, findet man die Nikolaikirche (Storkyrkan, die Krönungskirche der schwedischen Monarchen), das königliche Schloss (Kungliga Slottet), das Ritterhaus (Riddarhuset) und die Schwedische Akademie, die den Literaturpreis vergibt.

Das schwedische Parlament
Der Reichstag (Riksdag) geht auf das 15. Jahrhundert zurück und hat seinen Sitz auf der kleinen Insel Helgeandsholmen, die zwischen Stadsholmen und dem Bezirk Norrmalm liegt.

Nikolaikirche
Die sogenannte Storkyrkan wurde in Backstein errichtet. Das Innere zeigt gotische Formen des 15. Jahrhunderts, die Barockfassade stammt aus dem 18. Jahrhundert.

Königliches Schloss
Das Kungliga Slottet, eine der größten Königsresidenzen der Welt, wurde Mitte des 18. Jahrhunderts an der Stelle erbaut, an der Birger Jarl den Grundstein für ein Fort gelegt hatte.

FAKTEN UND ZAHLEN ÜBER STOCKHOLM

HAUPTSTADT VON SCHWEDEN
Stockholm ist die Hauptstadt und die größte Stadt Schwedens, zugleich Zentrum der großflächigsten und bevölkerungsreichsten schwedischen Metropolregion.

Breite 59˚ 19' 0" N
Länge 18˚ 4' 0" O
Höhe 44 m über dem Meeresspiegel

Fläche 188 km²
Einwohner 910 000 (2,1 Millionen in der Metropolregion)
Bevölkerungsdichte 4840 Einw./km²
Gründung 1252
Gründer Birger Jarl

Festung
Um die Angriffe ausländischer Flotten abzuwehren, beschloss Birger Jarl (Jarl ist ein Fürstentitel), eine Festung auf der Insel Gamla Stan zu bauen. Diese liegt in der Mitte des größten Wasserwegs, der die Ostsee mit den Mälarsee verbindet. Um dieses Fort entwickelte sich die Stadt Stockholm, die 1419 zur schwedischen Hauptstadt wurde.

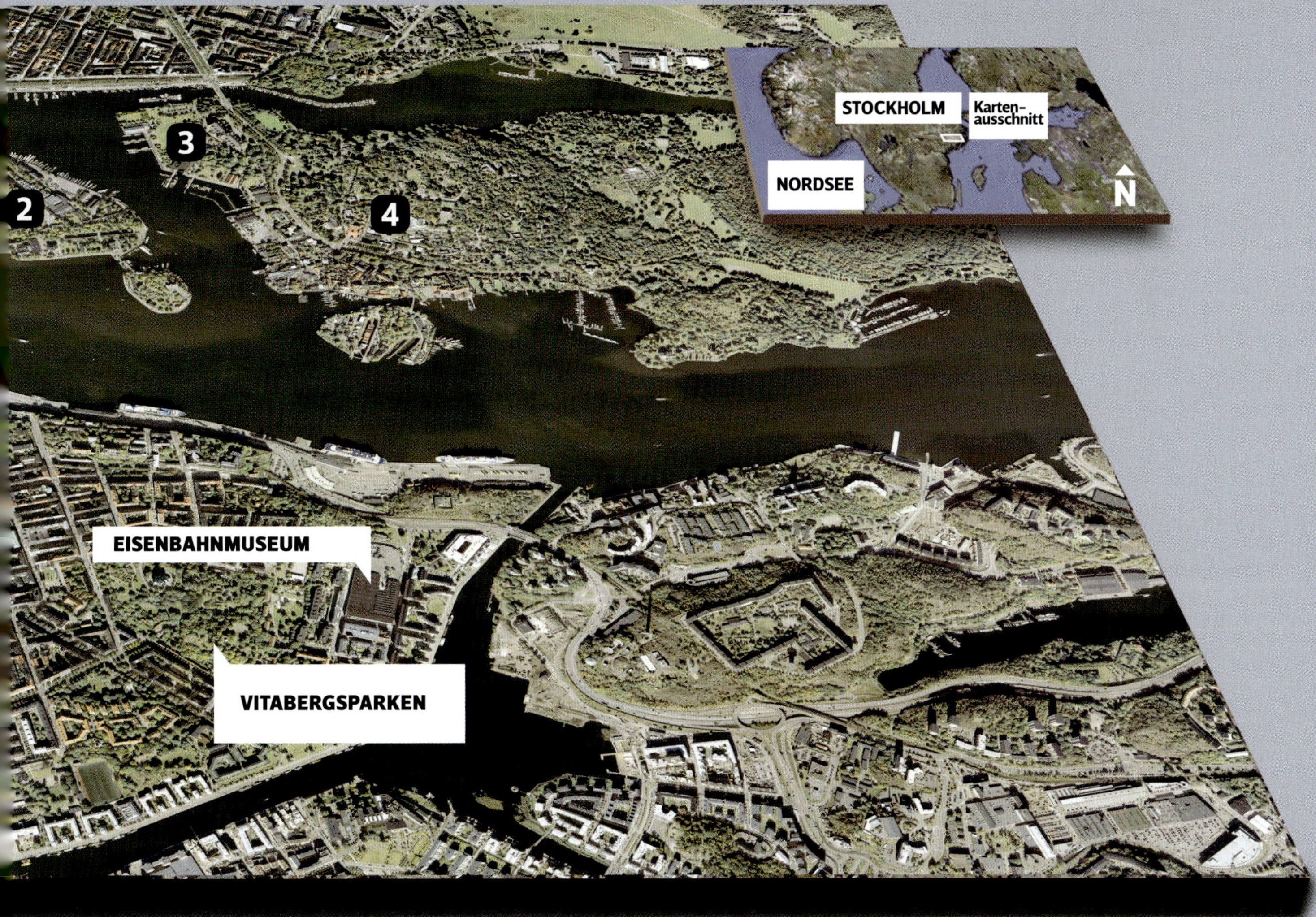

STOCKHOLM Kartenausschnitt

NORDSEE

N

3

2

4

EISENBAHNMUSEUM

VITABERGSPARKEN

1 Stadshuset
Das Rathaus auf der Insel Kungsholmen wurde 1911 bis 1923 in Backstein im Stil der schwedischen Romantik erbaut. In der Blauen Halle findet das Bankett für die Nobelpreisträger statt.

2 Moderna Museet
Das Museum für Moderne Kunst auf der Insel Skeppsholmen präsentiert Meisterwerke von Künstlern des 20. Jahrhunderts wie Picasso und Dalí. Das neue Museum (1998) wurde von dem Spanier Rafael Moneo entworfen.

3 Vasamuseet
Das meistbesuchte Museum Skandinaviens liegt auf der Insel Djurgården. Hier werden die Vasa, ein hervorragend erhaltenes Kriegsschiff aus dem 17. Jahrhundert, sowie Ausstellungen zu seiner Geschichte und Zeit gezeigt.

4 Skansen
Dieses Freilichtmuseum mit rund 150 Gebäuden zeigt das Leben im 19. Jahrhundert, als Schweden den Übergang von einer ländlichen Agrar- zu einer Industriegesellschaft erlebte.

Eine Stadt zum Wohlfühlen

Stockholm entstand auf einer kleinen, strategisch günstig gelegenen Insel zwischen dem Mälarsee und der Ostsee.

Der Blick auf eine Karte der Stadt ist sehr aufschlussreich: Die ausgedehnte Metropolregion wird von einem komplexen Geflecht aus Kanälen zwischen Mälarsee und Ostsee durchzogen, welche durch die Gletscher entstanden, die bis vor wenigen Zehntausend Jahren die Region bedeckten. Durch die Bewegungen der Eismassen bildeten sich hier rund 24000 größere und kleinste Inseln, die heute die Geografie der Stadt prägen. Diese besondere Lage war auch der Grund dafür, dass Birger Jarl 1252 den Bau eines Forts auf einer kleinen, strategisch günstig gelegenen Insel anordnete, um die Region vor feindlichen Schiffen zu schützen. Diese Insel, Stadsholmen genannt, war die Keimzelle der heutigen Altstadt (Gamla Stan), dem mittelalterlichen Zentrum Stockholms. Um sie gruppieren sich jetzt die Bezirke Norrmalm – das moderne Zentrum –, Södermalm mit den besten Ausblicken auf die Stadt und einem breiten Unterhaltungsangebot am Abend, das wohlhabende Östermalm und Djurgården, eine bewaldete Insel mit dem Freilichtmuseum Skansen.

Ihre günstige strategische Lage war einer der wichtigsten Gründe für die Entwicklung der Stadt ab dem Ende des Mittelalters bis zum Beginn der Neuzeit. Die Blütezeit im 17. Jahrhundert brachte einen Anstieg der Bevölkerungszahl um das Siebenfache – auf 100 000 Einwohner. Nach dem Großen Nordischen Krieg (1700–1721), bei dem die Hauptstadt zur Hälfte zerstört wurde, folgte eine lange Phase des Niedergangs. Es waren nicht nur für Stockholm, sondern für das ganze Land schwere Zeiten. Viele Schweden emigrierten nach Nordamerika, um der Armut zu Hause zu entkommen.

Wenn man diese beneidenswerte Stadt heute sieht, fällt es schwer, an die lange Krise zu denken, die Schweden

bis vor rund 100 Jahren plagte. Heute ist Stockholm – die Heimat von Alfred Nobel, Greta Garbo, Ingrid Bergman, ABBA und Henning Mankell – eine reiche Stadt mit einem hohen Lebensstandard, der sich zum Teil hinter dem traditionellen nordischen Hang zur Kargheit versteckt. Im Technologieviertel im Stockholmer Stadtteil Kista stehen die Firmenzentralen großer schwedischer Konzerne wie Ericsson und Electrolux sowie des Textilkonzerns H&M. Der geschäftige Hafen bietet Verbindungen in alle Ostseeländer. Stockholm hat sich von der schweren Wirtschaftskrise erholt, die in den 1990er-Jahren die die schwedische Gesellschaft und den Wohlfahrtsstaat erschütterte – über viele Jahre hatte die Sozialdemokratie im 20. Jahrhundert das Land geprägt und dort das erfolgreiche Modell eines modernen Sozialstaats etabliert.

Frostige Winter und Sommer im Freien

Wie alle Städte der höheren Breitengrade besitzt auch Stockholm zwei fast konträre Gesichter. Die dunklen, frostigen Winter fördern ein Leben zu Hause im trauten Heim, weshalb die Schweden viel Wert auf eine komfortable Wohnung legen, die immer mit einer gut bestückten Bibliothek und schnellem Internet ausgestattet ist. Im Sommer explodiert das Leben

1.Stortorget
Der große Platz ist der Hauptplatz der Altstadt und der älteste Platz Stockholms.

2. Skansen
Das 1891 gegründete Freilichtmuseum auf der Insel Djurgården präsentiert die Architektur und das traditionelle Leben in Schweden.

3. Gamla Stan
Das historische Zentrum wird durch seine Häuser und Straßen aus dem Mittelalter und der Renaissance geprägt.

4. Riddarhuset
Das Ritterhaus wurde zwischen 1641 und 1674 als Versammlungshaus des schwedischen Adels erbaut.

5. Skogskyrkogården
Dieser besondere Waldfriedhof wurde 1915 angelegt und 1994 zum UNESCO Weltkulturerbe erklärt.

6. Kungliga Slottet
Ein Teil der über 600 reich dekorierten Räume des Königlichen Schlosses kann besichtigt werden.

geradezu. Die Einwohner Stockholms halten sich bevorzugt im Freien auf, besuchen die zahlreichen von der Stadt organisierten Partys, Konzerte und Festivals. Viele zieht es auch in ihre Ferienhäuschen draußen auf dem Land. Das Leben in Stockholm ist sehr sicher, obwohl die Ermordung des sozialdemokratischen Politikers Olof Palme (1986) und der Außenministerin Anna Lindh (2003) bis heute die Menschen hier bewegen.

Das starke Umweltbewusstsein der Schweden rührt möglicherweise daher, dass sie jeden Herbst aufs Neue erleben, wie die Natur für mehr als sieben Monate verstummt. Vielleicht steckt dahinter aber auch das Gegenteil: In jedem Frühling das Wiedererwachen der Natur zu bewundern, das Verschwinden der Schneedecke, die die Stadt und ihre Umgebung überzogen hat, und das Erstrahlen der Parks und Wälder der Metropolregion zwischen Mai und Oktober in saftigem Grün zu erleben. Für die Bewohner Stockholms jedenfalls rangieren, ähnlich wie bei ihren finnischen Nachbarn, ökologische Themen ganz oben in der politischen Agenda. Seit 2006 muss man beispielsweise eine Maut zahlen, wenn man mit dem Auto in die Innenstadt fahren will. So versucht man den Verkehr und die Verschmutzung zu reduzieren.

Königliches Schloss

Die offizielle Residenz der schwedischen Monarchen wurde im Barockstil am Standort der alten Burg Tre Kronor erbaut und 1754 fertiggestellt.

Dach Das ganz in Kupfer gedeckte Dach hat eine Balustrade, die leicht nach innen geneigt ist.

Äußerer Schlosshof Er liegt an der Westseite und wird von zwei halbkreisförmigen Flügeltrakten umschlossen.

Museen Das Schloss beherbergt mehrere Museen: das Antiken- museum Gustavs III. (Foto), die Königliche Rüstkammer, das Museum Tre Kronor, die Schatzkammer und die Königlichen Apartments.

Fassaden Die Fassaden bestehen aus Backstein, teilweise auch aus Sandstein.

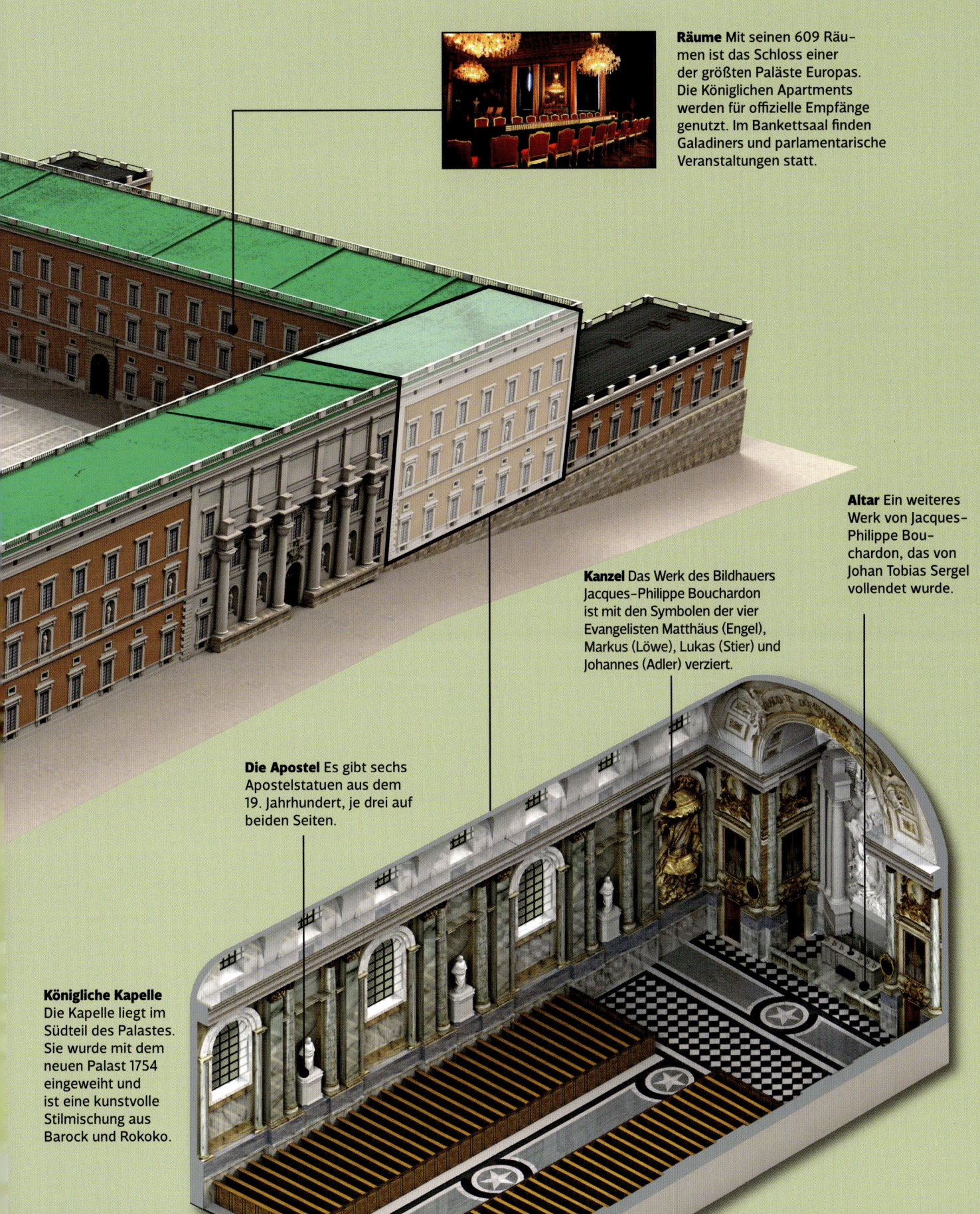

Räume Mit seinen 609 Räumen ist das Schloss einer der größten Paläste Europas. Die Königlichen Apartments werden für offizielle Empfänge genutzt. Im Bankettsaal finden Galadiners und parlamentarische Veranstaltungen statt.

Altar Ein weiteres Werk von Jacques-Philippe Bouchardon, das von Johan Tobias Sergel vollendet wurde.

Kanzel Das Werk des Bildhauers Jacques-Philippe Bouchardon ist mit den Symbolen der vier Evangelisten Matthäus (Engel), Markus (Löwe), Lukas (Stier) und Johannes (Adler) verziert.

Die Apostel Es gibt sechs Apostelstatuen aus dem 19. Jahrhundert, je drei auf beiden Seiten.

Königliche Kapelle Die Kapelle liegt im Südteil des Palastes. Sie wurde mit dem neuen Palast 1754 eingeweiht und ist eine kunstvolle Stilmischung aus Barock und Rokoko.

AMSTERDAM

Das Venedig des Nordens

Amsterdam ist etwas Besonderes: Die Stadt wird von 160 Grachten durchzogen und steht auf Land, das dem Meer abgerungen wurde.

Nord-
holland

Niederlande

Amsterdam

Verbindung zur Nordsee

Amsterdam ist über das IJ mit der Nordsee verbunden. Bei der Eindeichung des IJ zum Schutz der Stadt wurde der Nordseekanal geschaffen, der mit seinen Schleusen auch für große Schiffe eine direkte Verbindung quer durch Nordholland – vom Hafen Amsterdam zur Nordsee – ermöglicht.

1

Anne-Frank-Haus

Das Haus, in dem sich das jüdische Mädchen Anne Frank vor den National-sozialisten versteckte, ist heute ein Museum. Es berichtet von ihrem Leben in der Isolation und ihrem späteren Tod in einem Konzentrationslager.

NORDSEE

AMSTERDAM

Karten-
ausschnitt

MUSEUMPLEIN

N

1

4

3

2

NATIONAAL
MONUMENT

OPE

Dam (Hauptplatz)

Der Dam ist die Keimzelle und das Herz Amsterdams. Hier wurden die ersten Deiche aufgeschüttet, die den Bau der ersten Häuser ermöglichten. Um den unregelmäßig geformten Platz gruppieren sich wichtige Bauwerke wie der Königliche Palast, die Nieuwe Kerk (Neue Kirche) und das Nationalmonument.

2

Königlicher Palast

Der Mitte des 17. Jahrhunderts erbaute Palast diente bis 1808 als Rathaus, dann wurde er für König Ludwig (Louis Bona-parte) zur Residenz umgebaut.

3

Nieuwe Kerk

Die Neue Kirche er-richtete man zu Beginn des 15. Jahrhunderts. Auch beim Umbau im 17. Jahrhundert wurde der gotische Stil beibehalten.

⊕ FAKTEN UND ZAHLEN ÜBER AMSTERDAM

HAUPTSTADT DER NIEDERLANDE
Amsterdam ist die größte Stadt der Niederlande und auch die Hauptstadt; Regierung, Parlament und weitere wichtige Institutionen haben aber ihren Sitz in Den Haag.

Breite 52° 22' 0" N
Länge 4° 53' 0" O
Höhe -4 bis 14 m über dem Meeresspiegel

Fläche 219 km²
Einwohner 810 000 (2,3 Millionen in der Metropolregion)
Bevölkerungsdichte 3698 Einw./km²
Gründung 12. Jahrhundert

Mittelalterliche Wurzeln
Friesische Fischer, so wird berichtet, siedelten sich im 12. Jahrhundert in der Gegend an. Erstmals schriftlich erwähnt wird Amsterdam im Jahr 1275. Heute gehört die Stadt mit Rotterdam, Utrecht und Den Haag zum Ballungsgebiet Randstad mit 6,5 Millionen Einwohnern.

Museumplein

Im Viertel Oud-Zuid findet man im Museumsquartier die bedeutendsten Kulturinstitutionen Amsterdams: das Rijksmuseum mit Werken der niederländischen Meister, das Van Gogh Museum, das Stedelijk Museum, das Diamant Museum und das Konzerthaus, Het Concertgebouw.

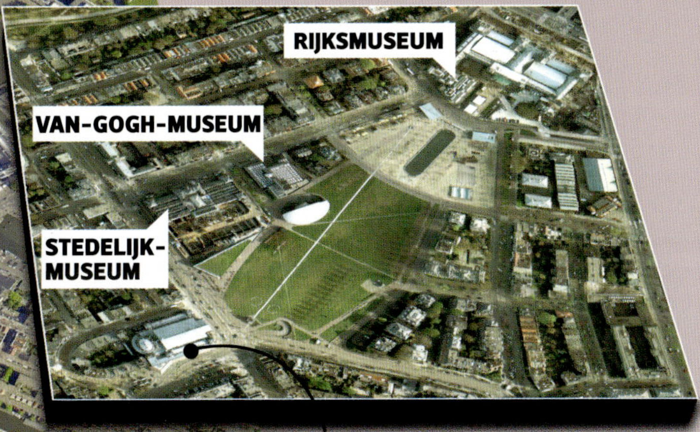

OPENBARE BIBLIOTHEEK

5

SCHEEPVAARTMUSEUM

RIJKSMUSEUM

VAN-GOGH-MUSEUM

STEDELIJKMUSEUM

NATURA ARTIS MAGISTRA

HORTUS BOTANICUS

Het Concertgebouw
Das 1888 eröffnete Haus gilt wegen seiner außergewöhnlichen Akustik als bester Konzertsaal der Welt.

4

Oude Kerk
Die Alte Kirche im Viertel De Wallen ist das älteste Gebäude Amsterdams. Sie wurde 1306 eingeweiht und im Zuge der Reformation 1578 zu einer protestantischen Kirche.

5

NEMO-Wissenschaftsmuseum
Das fünfstöckige Technologiemuseum wurde 1997 am Ende eines Hafenpiers nach Plänen des italienischen Architekten Renzo Piano erbaut.

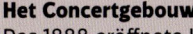

Leben am Wasser

Offen, tolerant und liberal – Amsterdam ist die dynamische Hauptstadt eines der ungewöhnlichsten Länder der Erde.

Die Niederlande sind in vielerlei Hinsicht einzigartig. Die Hälfte der Landesfläche etwa liegt unterhalb des Meeresspiegels. Die Hauptstadt Amsterdam ist ein gutes Beispiel für diese spezielle Situation: Die Häuser des ursprünglichen Zentrums stehen auf Holzpfählen, die als Fundamente in den Sandboden gerammt wurden – ein Beleg für den Wagemut und Einfallsreichtum der Stadtbewohner.

Amsterdam wurde im 12. Jahrhundert von Fischern und Kleinbauern gegründet. Sie bauten Deiche und legten das sumpfige Land trocken. Auf den sogenannten Poldern konnten sie Feldfrüchte anbauen. Der Dam, der Hauptplatz der Stadt, liegt dort, wo der erste Damm zur Eindämmung des Flusses Amstel errichtet wurde. So kam die Stadt auch zu ihrem Namen. Dank der günstigen, von der Nordsee abgeschirmten Lage wuchs Amsterdam rasch. 1300 erhielt es die Stadtrechte und im 16. Jahrhundert nahm es zahlreiche aus Spanien und Portugal vertriebene Juden auf, neben aus Flandern geflohenen Protestanten und Hugenotten aus Frankreich.

Die Ankunft dieser dynamischen Gruppen bedeutete für die Stadt gesellschaftlich, kulturell, aber auch wirtschaftlich einen großen Schritt nach vorn und begründete eine bis heute bestehende Tradition der Toleranz. Es ist kein Zufall, dass die Niederlande als erstes Land die Sterbehilfe erlaubten und angesichts der aktiven und mächtigen Schwulenbewegung die gleichgeschlechtliche Ehe einführten. Weiche Drogen wie Haschisch und Marihuana können legal in den Coffeeshops konsumiert werden. Auch die Prostitution wird toleriert und ist im berühmten Rotlichtviertel östlich des Dam institutionalisiert.

Amsterdam erlebte im 17. Jahrhundert eine Blütezeit, als die Spanier die Stadt Antwerpen eroberten – die große Rivalin an der Schelde – und Amsterdam zum führenden Hafen Europas wurde. Nun ohne Konkurrenz, intensivierte Amsterdam den Seehandel mit den Ostseestaaten, Nordamerika, Brasilien, Afrika und Indonesien, bis es sich eine Vormachtstellung gesichert hatte. Das dynamische Wachstum der Stadt in jenen Jahren veranlasste die Stadtverwaltung zu einer tiefgreifenden Umgestaltung. Ein System konzentrischer Kanäle wurde halbkreisförmig um das mittelalterliche Zentrum angelegt, um Platz für die Neuankömmlinge zu schaffen. Dank einer strengen Schutzpolitik sind das Zentrum und der im 17. Jahrhundert entstandene Grachtengürtel fast unversehrt erhalten. Über 7000 Gebäude sind als schutzwürdig deklariert. Viele haben, wie das bekannte Huis Bartolotti, typische rote Backsteinfassaden, die sich im Wasser der Kanäle spiegeln.

Aufgeschlossen

Die Niederländer, traditionell aufgeschlossen und liberal, haben sich in den letzten Jahren mehr dem Konservativismus zugewandt. Amsterdam bleibt aber eine gastfreundliche Stadt, die auch nicht-westeuropäischen Einwanderern gute Chancen bietet. Rund 35 Prozent der Bevölkerung gehören zu diesem Kreis. Sie kommen vor allem aus ehemaligen niederländischen Kolonien wie Surinam und Indonesien, aber auch aus Marokko und der Türkei.

Die Amsterdamer lieben ihr exzellentes lokales Bier und sind leidenschaftliche Fans des Fußballklubs Ajax, der viermal den Europapokal holte und den brillanten Johan Cruyff zu seinen Spielern zählte. Und sie genie-

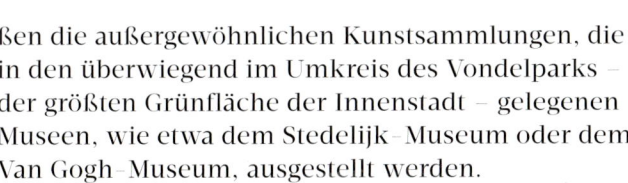

1. De Waag
Dieses Gebäude aus dem Mittelalter, die alte Stadtwaage, steht am Nieuwmarkt, auf dem verschiedenste Märkte stattfinden.

2. Leben auf dem Kanal
Amsterdams Kanäle und Grachten haben eine Gesamtlänge von über 1000 km. An ihren Ufern liegen Lastkähne und auch Hausboote vertäut.

3. Fahrräder, wohin man auch schaut
Ob im Verkehrsgetümmel oder geparkt auf Gehwegen und entlang der Grachten, Fahrräder findet man hier überall.

4. Typische Häuser
Die Häuser aus dem 17. Jahrhundert sind extrem schmal und haben auffällige Giebelformen.

5. Freizügigkeit
Verkauf und Konsum von Marihuana und Haschisch sind straffrei – auch das zieht Touristen an.

6. Koningsdag
Der Königstag, der niederländische Nationalfeiertag, wird am 27. April auf den Grachten mit Bootsparaden und viel Musik gefeiert.

ßen die außergewöhnlichen Kunstsammlungen, die in den überwiegend im Umkreis des Vondelparks – der größten Grünfläche der Innenstadt – gelegenen Museen, wie etwa dem Stedelijk-Museum oder dem Van Gogh-Museum, ausgestellt werden.

Die Amsterdamer gehen gerne shoppen, in den Neun Straßen (De 9 Straatjes) im Viertel Jordaan, in den großartigen Antiquitätenläden der Nieuwe Spiegelstraat und auf dem Markt der Waterlooplein. Das typische Fortbewegungsmittel in Amsterdam ist das Fahrrad. Auf die gut 800 000 Einwohner kommen rund 700 000 Räder. Viele sind in einem sehr schlechten Zustand, ein nicht immer wirksamer Schutz vor Diebstahl. Jährlich werden etwa 80 000 Räder entwendet, die Hälfte davon findet man später verrostet in den Kanälen wieder. Die Stadtverwaltung hat noch keinen Weg zur Lösung dieses Problems gefunden.

Beginenhof

In dem im 14. Jahrhundert erbauten Begijnhof lebte die katholische Schwesternschaft der Beginen, die sich karitativ betätigte.

Engelse Kerk Die 1419 erbaute Englische Kirche eigneten sich 1578 zunächst die Calvinisten an, später fiel sie an die Presbyterianer. Die Beginen bauten sich deshalb eine geheime Kirche in den Häusern 28 und 29 der Anlage.

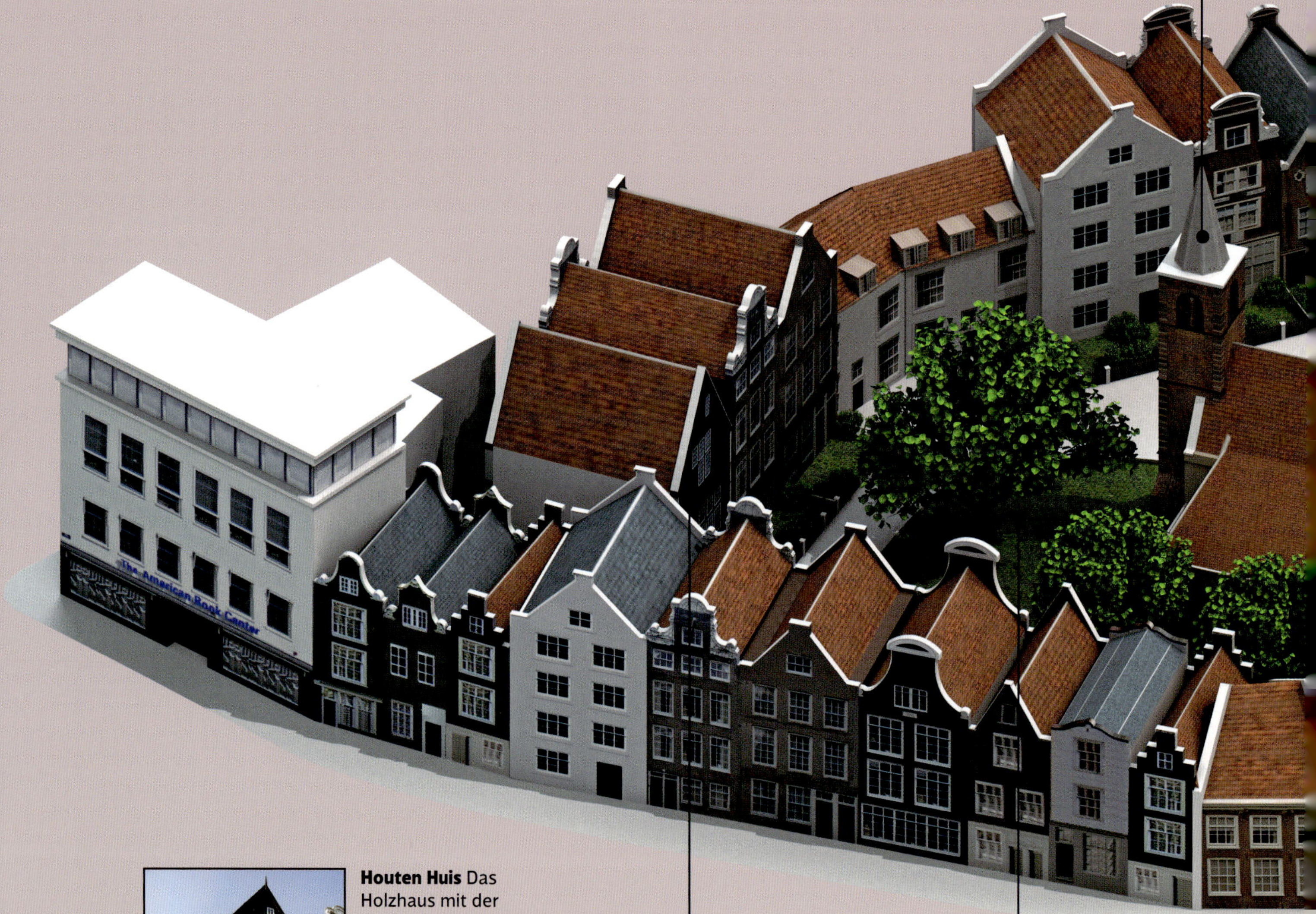

Houten Huis Das Holzhaus mit der Nummer 34 wurde 1470 erbaut. Es ist das älteste Haus Amsterdams und eines von lediglich zwei erhaltenen Holzhäusern der Stadt.

Innenhof
Die Gebäude gruppieren sich um einen sorgfältig gestalteten, zentralen Innenhof.

Eingänge Der Beginenhof liegt halb versteckt in der Mitte der Stadt; der Zugang erfolgt über ein Tor am Gedempte Begijnensloot. Die Anlage befindet sich in Privatbesitz, kann aber besichtigt werden.

Bewohner
Die letzte Begine starb 1971. Heute wohnen hier rund 140 Studentinnen und alleinstehende ältere Damen.

Giebel
Die Fassaden vieler Amsterdamer Häuser enden in einem rechteckigen, gestuften oder glockenförmigen Giebel.

Häuser Der Beginenhof umfasst insgesamt 47 Häuser. Ursprünglich waren sie aus Holz, bis 1521 dieses Baumaterial aus Feuerschutzgründen verboten wurde. Die meisten der aktuellen Gebäude stammen aus dem 17. und 18. Jahrhundert, denn die älteren Holzbauten wurden bis auf das Houten Huis bei Bränden zerstört.

BRÜSSEL

Mittelalterlich

Der Name Brüssel leitet sich möglicherweise von der altniederländischen Bezeichnung für „Sitz im Sumpf" ab, die sich auf eine Kapelle in der Stadt bezieht.

Belgien

Brüssel

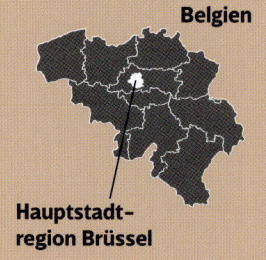

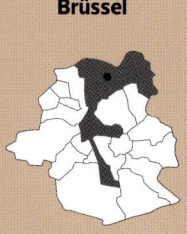

Hauptstadt-region Brüssel

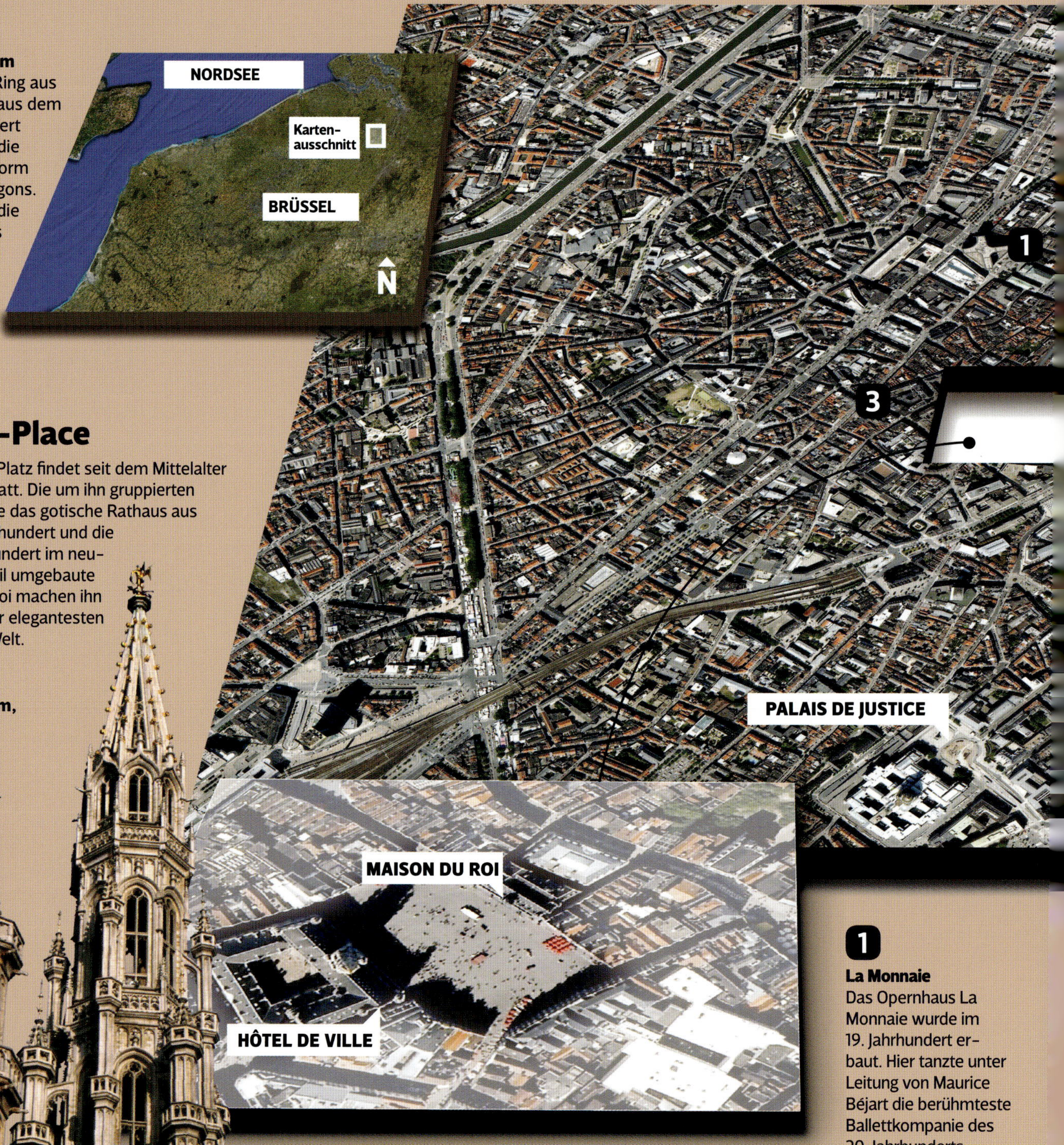

Stadtzentrum
Ein innerer Ring aus Boulevards aus dem 19. Jahrhundert umschließt die Altstadt in Form eines Pentagons. Er markiert die Grenzen des historischen Zentrums um die Grand-Place.

NORDSEE

Karten-ausschnitt

BRÜSSEL

N

1

3

Grand-Place

Auf diesem Platz findet seit dem Mittelalter der Markt statt. Die um ihn gruppierten Gebäude wie das gotische Rathaus aus dem 15. Jahrhundert und die im 19. Jahrhundert im neu-gotischen Stil umgebaute Maison du Roi machen ihn zu einem der elegantesten Plätze der Welt.

Rathausturm,
96 m hoch

PALAIS DE JUSTICE

MAISON DU ROI

HÔTEL DE VILLE

1

La Monnaie
Das Opernhaus La Monnaie wurde im 19. Jahrhundert er-baut. Hier tanzte unter Leitung von Maurice Béjart die berühmteste Ballettkompanie des 20. Jahrhunderts.

FAKTEN UND ZAHLEN ÜBER BRÜSSEL

HAUPTSTADT VON BELGIEN UND DER EU
Brüssel ist Hauptstadt des Königreichs Belgien sowie Sitz wichtiger EU-Institutionen und der NATO.

Breite 50° 51' 0" N
Länge 4° 21' 0" O
Höhe 50 m über dem Meeresspiegel
Fläche 161 km²
Einwohner 1125 000

Bevölkerungsdichte 6988 Einw./km²
Gründung Bronzezeit

Ungewisser Ursprung
Im Bereich des heutigen Brüssel fand man Siedlungsreste aus dem 3. Jahrtausend vor und dem 7. Jahrhundert nach Christi Geburt. Die Belgier feiern das Jahr 979 als Datum der Stadtgründung, in dem der Graf von Brabant angeblich auf Wunsch von Kaiser Otto II. dort zum Schutz des Stadtplatzes eine Festung errichtete.

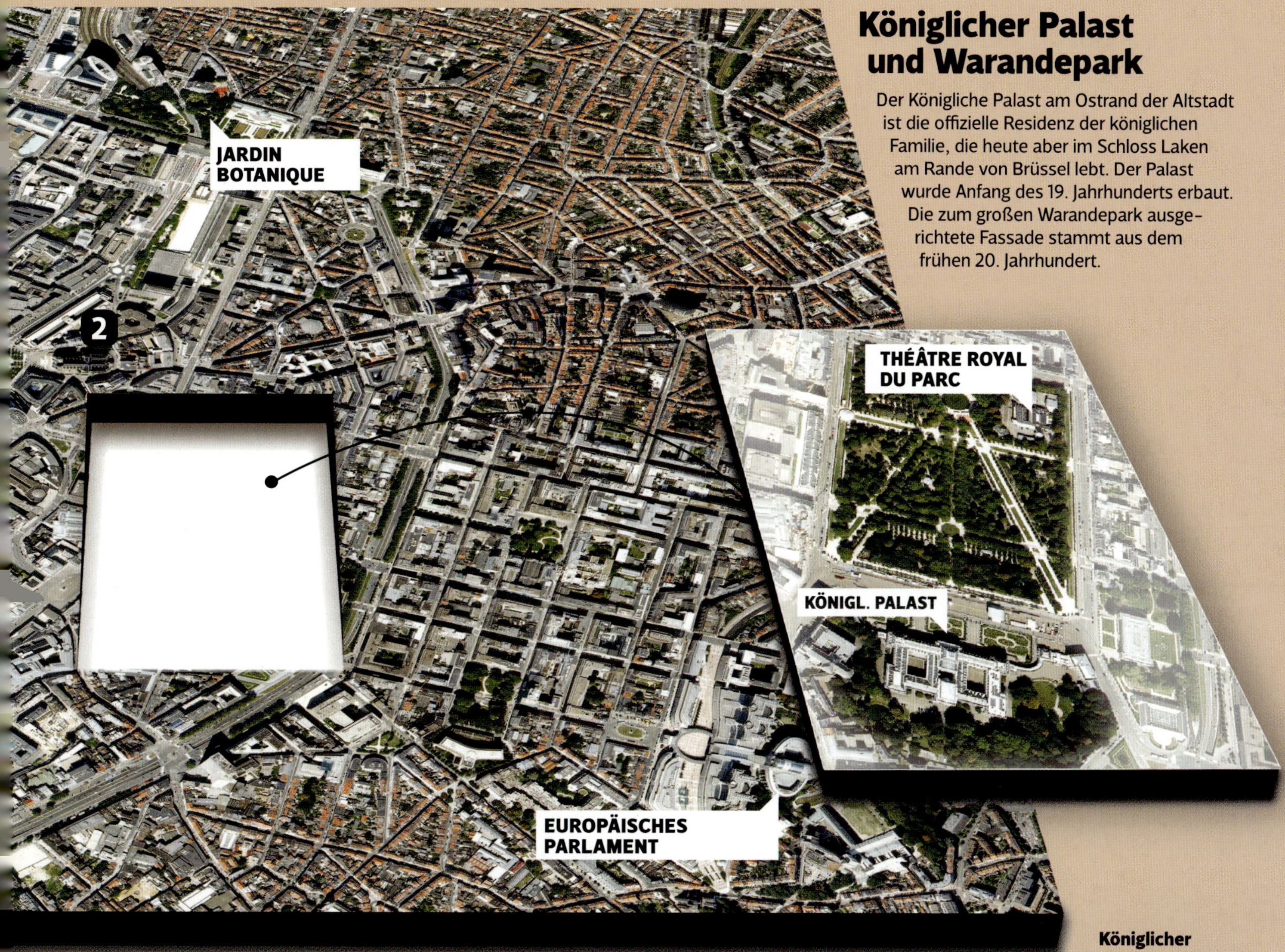

Königlicher Palast und Warandepark

Der Königliche Palast am Ostrand der Altstadt ist die offizielle Residenz der königlichen Familie, die heute aber im Schloss Laken am Rande von Brüssel lebt. Der Palast wurde Anfang des 19. Jahrhunderts erbaut. Die zum großen Warandepark ausgerichtete Fassade stammt aus dem frühen 20. Jahrhundert.

JARDIN BOTANIQUE

2

THÉÂTRE ROYAL DU PARC

KÖNIGL. PALAST

EUROPÄISCHES PARLAMENT

Königlicher Palast bei Nacht

2
Kathedrale
Die Kathedrale St. Michael und St. Gudula ist ein gotischer Kirchenbau aus der Zeit zwischen 1226 und 1500. Den offiziellen Status einer Kathedrale erhielt die Kirche erst 1962.

3
Manneken Pis
Die 61 cm hohe Figur eines urinierenden Knaben steht in einem Winkel der mittelalterlichen Altstadt und ist eines der Wahrzeichen von Brüssel.

Die Hauptstadt Europas

Brüssel fungiert als Bindeglied zwischen den Wallonen und Flamen in Belgien und als Hauptstadt der 28 Mitgliedsstaaten der Europäischen Union.

Als Hauptstadt eines kleinen Landes und eines großen Kontinents ist Brüssel mehr als nur Sitz der meisten EU-Institutionen: Es ist gleichzeitig ein Symbol für die europäische Idee. Als Brussel für die einen und Bruxelles für die anderen soll die Stadt den Zusammenhalt von Flamen und Wallonen im belgischen Staat bewerkstelligen – und das bei erheblichen kulturellen, sprachlichen und ökonomischen Unterschieden. Ähnliches passiert hier im großen Maßstab im Rahmen der EU mit ihren mittlerweile 28 Mitgliedsstaaten.

Die Hauptstadtregion Brüssel bildet zusammen mit der Flämischen und der Wallonischen Region den Staat Belgien. Hierin zeigt sich die 1993 eingeleitete politische Dezentralisierung, die das weitere Auseinanderdriften der Niederländisch sprechenden Flamen im Norden und der Französisch sprechenden Wallonen im Süden zu verhindern versuchte. 20 Jahre danach bestehen die Spannungen trotz der einigenden Rolle der Hauptstadt fort, die gleichzeitig auch Sitz der NATO (North Atlantic Treaty Organization) ist.

Obwohl offiziell zweisprachig, dominiert in Brüssel heute das Französische. Das war nicht immer so. Im Hochmittelalter auf einem kleinen Hügel inmitten eines Sumpfgebiets gegründet, war Brüssel über das gesamte Mittelalter und einen großen Teil der Neuzeit hinweg eine fast ausschließlich niederländische Stadt. Ab dem 18. Jahrhundert breitete sich dort das Französische aus, was die Situation grundlegend veränderte. Heute geben 57 Prozent der Einwohner Französisch als ihre Muttersprache an und nur 7 Prozent Niederländisch. Der übrige Teil der Bevölkerung stammt entweder aus dem Maghreb, der Türkei oder dem Kongo, einer ehemaligen Kolonie Belgiens, oder es sind EU-Beamte, die meist Französisch als Verkehrssprache benutzen und so das sprachliche Ungleichgewicht noch weiter verstärken.

In einem Punkt allerdings sind sich Wallonen, Flamen und ausländische Residenten einig: Alle lieben das Bier und die Schokolade, für die Brüssel weltweit bekannt ist. Es ist ein großes Vergnügen, in einer der exzellenten Brüsseler Kneipen unter den Hunderten Biersorten auszuwählen und dazu die Spezialität Moules et Frites (Miesmuscheln mit Pommes Frites) zu genießen. Dieses einfache Gericht wird hier in den Lokalen regelrecht zelebriert.

Das historische Zentrum

Das stets belebte Zentrum der Altstadt erstreckt sich um die Grand-Place im mittelalterlichen Stadtzentrum, das von einem Ring aus Boulevards (Petite Ceinture) umschlossen wird. Die Pflasterstraßen des Zentrums mit seiner schönen Architektur aus Gotik, Renaissance und Barock bieten viele Überraschungen wie das Manneken Pis, ein Wahrzeichen, mit dem die Einheimischen ihren speziellen Sinn für Humor demonstrieren. Dieser Humor zeigt sich täglich auf tausenderlei Weise, und Brüssel ist zu Recht die Hauptstadt des Comics. Hergé (Tim und Struppi), Morris (Lucky Luke), Franquin (Spirou), Peyo (Die Schlümpfe) oder Jacobs (Blake und Mortimer) sind international bekannte lokale Comiczeichner, deren Werk im Belgischen Comiczentrum an der Grand-Place präsentiert wird. Brüssel ist zudem die Geburtsstadt vieler berühmter Persönlichkeiten wie der Schauspielerin Audrey Hepburn oder des Schriftstellers Julio Cortázar.

📷

← ←Stadt der Comics
In Brüssel, der Heimat einiger der größten Comiczeichner, sind viele Fassaden der Altstadt mit Comicfiguren dekoriert.

←Maison du Roi
In dem ehemaligen Amtssitz von Herzögen, Königen und Steuereintreibern an der Grand-Place ist heute das Brüsseler Stadtmuseum untergebracht.

↓Atomium – Brüssels Wahrzeichen
Die 103 m hohe Konstruktion wurde für die Weltausstellung 1958 erbaut. Sie stellt die Atomstruktur eines Eisenkristalls dar.

Mitte des 19. Jahrhunderts brachte der Bau des Quartier Léopold die erste Stadterweiterung über den mittelalterlichen Kern hinaus nach Südosten, verbunden mit der Eingliederung der Stadt Ixelles. Einige Jahrzehnte später, gegen Ende des 19. Jahrhunderts, schuf der geniale belgische Architekt Victor Horta hier die ersten Gebäude des Jugendstils. Zwei seiner schönsten Werke, das Hôtel Tassel und das Hôtel Solvay, stehen in diesem Viertel. Nur 1 km entfernt liegt im Norden um die Place Schuman das Europaviertel mit den Gebäuden der EU-Kommission, des EU-Ministerrats und des Europäischen Parlaments. Hier wird über die Zukunft von 500 Millionen Bürgern des alten Kontinents Europa entschieden, eine große Herausforderung, neben der die Probleme zwischen Wallonen und Flamen winzig erscheinen.

Grand-Place

Der Große Platz ist eine Kollektion architektonisch herausragender Bauwerke der verschiedensten Stilrichtungen mit dem Rathaus als besonderem Schmuckstück.

Turm Der im gotischen Stil 1449–1455 erbaute Belfried ist 96 m hoch. Auf seiner Spitze steht eine 5 m hohe vergoldete Statue des Erzengels Michael, dem Patron der Stadt, der einen Drachen tötet.

Innenhof
Den Innenhof fügte man hinzu, nachdem das Gebäude 1695 bei einem Bombardement durch die Franzosen teilweise zerstört worden war.

Hôtel de Ville Das Brüsseler Rathaus ist ein prächtiges gotisches Bauwerk, das zwischen 1401 und 1449 entstand und die Finanzkraft der Stadt zu jener Zeit demonstrierte.

Statuen Die 137 Skulpturen an der Fassade sind Nachbildungen; die Originale werden im Stadtmuseum (Maison du Roi) an der Grand-Place aufbewahrt.

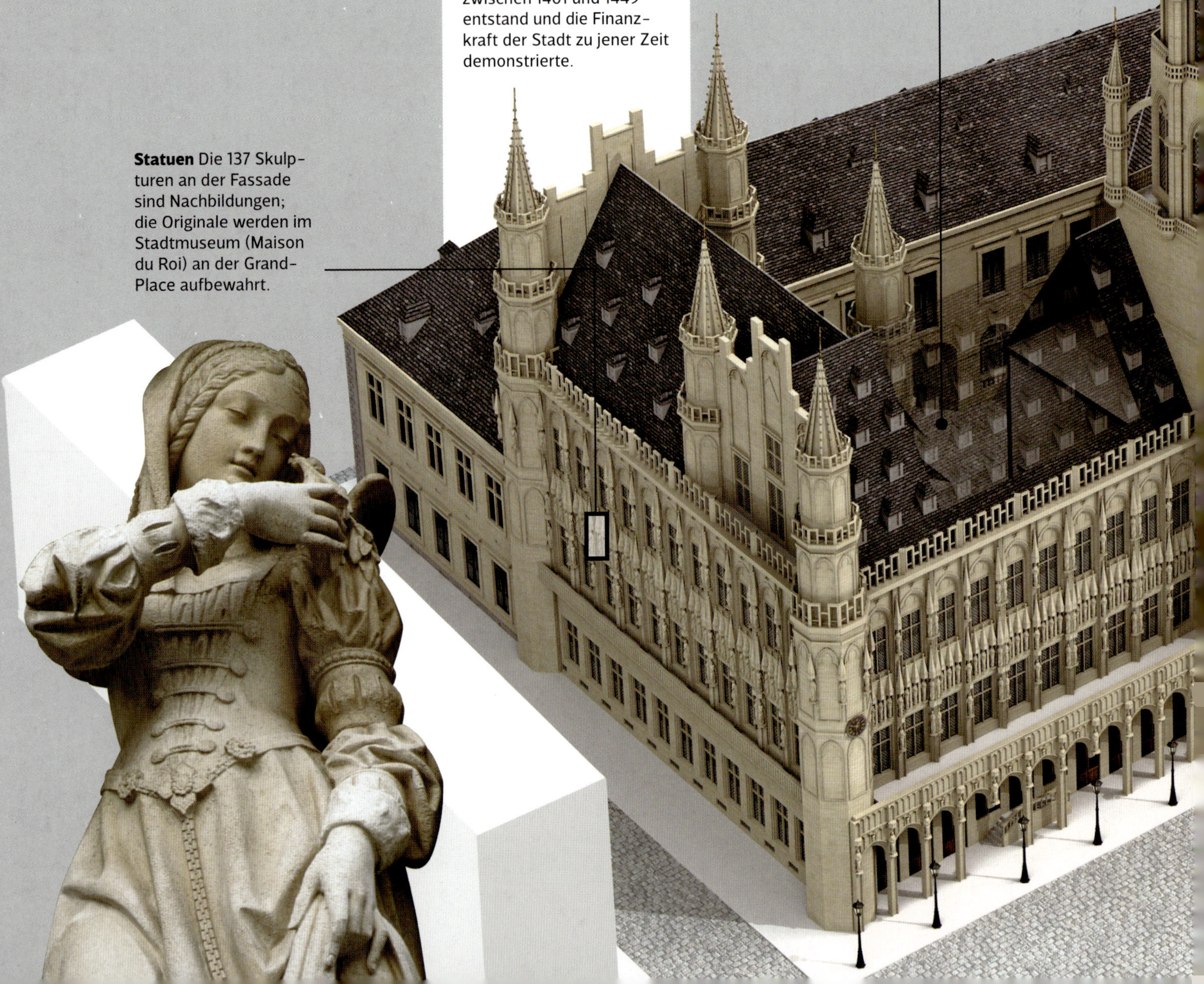

Maison de la Louve (Wölfin)
Das ehemalige Gildehaus der Bogenschützen zeigt über dem Eingangsportal Romulus und Remus, die von der Wölfin gesäugt werden, und trägt einen Phönix.

Maison du Renard (Fuchs)
Ein Fuchs über dem Eingang schmückt das Zunfthaus der Kurzwarenhändler.

Maison du Sac (Sack)
Das Zunfthaus der Schreiner und Fassbinder wird von einem Relief mit zwei Sackträger-Figuren geschmückt.

Dach Unter dem Satteldach gibt es zahlreiche Mansarden mit kleinen Dachfenstern.

Maison du Cornet (Füllhorn)
Die Fassade des Zunfthauses der Flussschiffer erinnert an das Heck einer Galeone und zeigt im Erdgeschoss ein Füllhorn.

Zunfthäuser Die Gildehäuser an der Grand-Place waren die Versammlungsorte der früheren Zünfte. Die meisten der Gebäude stammen vom Ende des 17. und Beginn des 18. Jahrhunderts. Sie wurden bei einem Bombardement durch französische Truppen (1695) stark beschädigt und danach Rekordzeit wieder neu errichtet.

Portikus Wie damals üblich, hat die Fassade einen integrierten offener Bogengang, in dem der Stadtmarkt untergebracht war.

Modernisierung Einige Gebäude haben sich in den letzten 200 Jahren kaum verändert, andere wurden modernisiert und beherbergen nun Geschäfte, Cafés und Restaurants.

Maison de la Brouette (Schubkarren)
Das Zunfthaus der Fettmacher schmückt eine Schubkarre, da sie ihre Waren mit Schubkarren transportierten.

Maison a Roi d'Espagne (König von Spanien)
Das Zunfthaus der Bäcker hat seinen Namen von der Büste des spanischen Königs Karl II. an der Fassade.

BERLIN

Zwei Städte in einer

Berlin dehnt sich großflächig beiderseits der Spree im Flachland aus. Das Zentrum bildet der Bezirk Mitte.

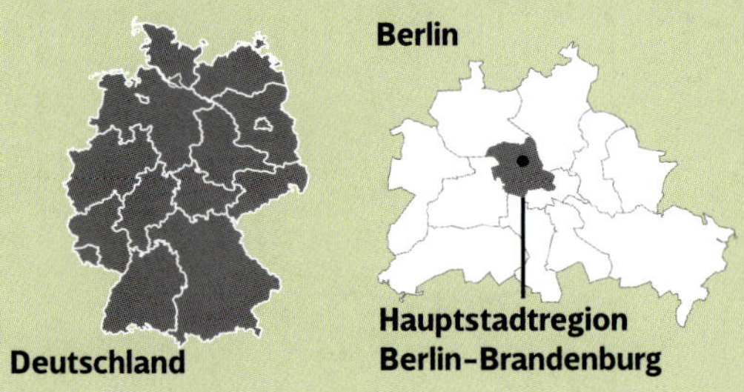

Berlin

Deutschland

Hauptstadtregion Berlin-Brandenburg

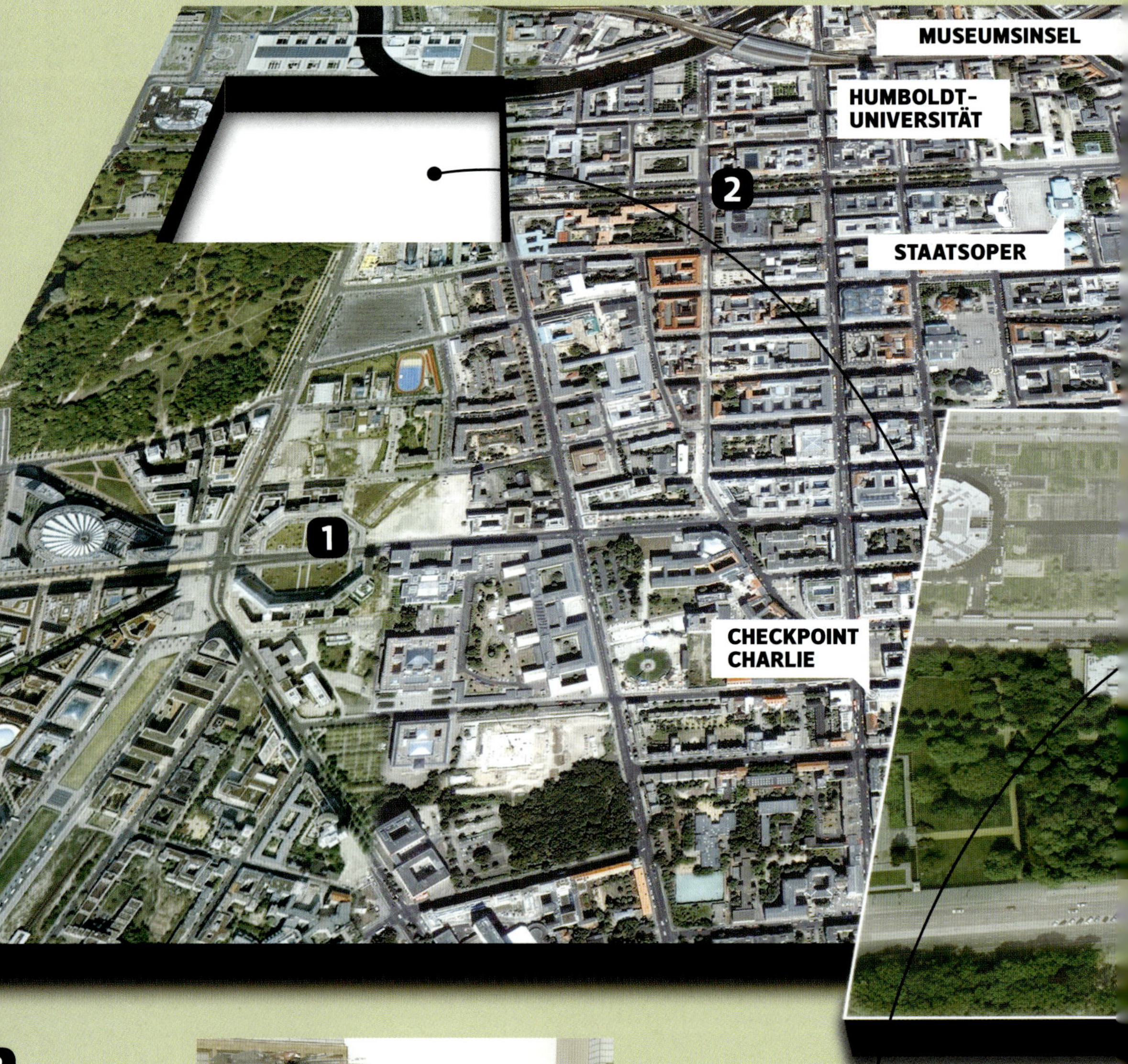

MUSEUMSINSEL

HUMBOLDT-UNIVERSITÄT

2

STAATSOPER

1

CHECKPOINT CHARLIE

1

Potsdamer Platz

Der fast 30 Jahre durch die Mauer geteilte Platz hat seine alte Rolle als Verkehrsknotenpunkt wiedergefunden, die er Anfang des 20. Jahrhunderts innehatte.

2

Komische Oper

Die Komische Oper ist ein kleines, 1892 erbautes Theater mit Platz für 1300 Besucher. Hinter der modernen Fassade verbirgt sich ein neobarockes Innenleben.

3

Alexanderplatz

Der Platz ist ein typisches Beispiel für die sozialistische Stadtplanung. Unter seiner Oberfläche hat man vor einigen Jahren einen alten Luftschutzbunker entdeckt.

Deutscher Bundestag

Das Reichstagsgebäude stammt ursprünglich aus dem ausgehenden 19. Jahrhundert, der Zeit der Einigung der deutschen Länder. Im Zweiten Weltkrieg wurde es weitgehend zerstört und nach Plänen von Paul Baumgarten wieder aufgebaut. Bevor der Deutsche Bundestag dort einziehen konnte, wurde es 1995–1999 von dem britischen Architekten Norman Foster neu gestaltet.

🌐 FAKTEN UND ZAHLEN ÜBER BERLIN

HAUPTSTADT DER BUNDESREPUBLIK DEUTSCHLAND
Nach der Wiedervereinigung wurde Berlin wieder zur Bundeshauptstadt. Es ist als Stadtstaat

auch eines der 16 Bundesländer.

Breite 52° 31' 0" N
Länge 13° 24' 0" O
Höhe 34 m über dem Meeresspiegel

Fläche 892 km^2
Einwohner 3 445 000
Bevölkerungsdichte 3862 Einw./km^2
Gründung 1237
Gründer Markgraf Otto III.

Ursprünge
Die beiden zu Beginn des 13. Jahrhunderts gegründeten Städte Berlin und Cölln – eine Siedlung auf der heutigen Museumsinsel – schlossen sich

1307 zu einer Stadt mit dem Namen Berlin zusammen.

3

SCHLOSSPLATZ

OSTSEE

Ň

BERLIN

Kartenausschnitt

Das Zentrum
Das geografische und historische Zentrum der Hauptstadt ist der neue Bezirk Mitte, in dem auch viele der Touristenattraktionen liegen. Er wurde aus dem Ostberliner Bezirk Mitte und den Westberliner Bezirken Tiergarten und Wedding geschaffen.

Siegessäule
Das 69 m hohe Nationaldenkmal steht am Schnittpunkt von fünf großen Straßen im Stadtpark Großer Tiergarten. Die Säule wurde 1873 zum Gedenken an die preußischen Siege über Dänemark, Österreich und Frankreich eingeweiht.

Brandenburger Tor
Carl Gotthard Langhans ließ sich bei seinem Entwurf für dieses Bauwerk im klassizistischen Stil von den Propyläen der Athener Akropolis inspirieren. Das 1791 fertiggestellte Monument diente bis zur Erweiterung der Stadt im 19. Jahrhundert als majestätisches Stadttor.

Sehenswürdigkeiten

Am Südufer der Spree findet man viele der bedeutenden Bauwerke der Stadt Berlin. Das Reichstagsgebäude ist der Sitz des Deutschen Bundestags. Das benachbarte Brandenburger Tor markiert den Abschluss des großen Berliner Boulevards Unter den Linden.

Erinnerung an die Mauer

Nach fast 30 Jahren Teilung und Isolation erlebte Berlin 1989 die Wiedervereinigung und wurde zur Hauptstadt der Bundesrepublik Deutschland.

„Ständige Ausreisen können über alle Grenzübergangsstellen der DDR zur BRD bzw. West-Berlin erfolgen. Das trifft nach meiner Kenntnis … ist das sofort, unverzüglich." Dies waren die entscheidenden Worte von Günter Schabowski, SED-Funktionär und ZK-Mitglied, in einer Pressekonferenz am 9. November 1989. Sie bedeuteten das Ende der seit 28 Jahren stehenden Berliner Mauer, die die alte deutsche Hauptstadt in zwei Hälften teilte. Während des Kalten Kriegs war sie ein Sinnbild für die schmerzhafte Teilung Europas und ab jenem Novembertag ein Symbol der Wiedervereinigung der Stadt, des Landes und Europas.

Der glücklichste Tag

Der Fall der Mauer war eine Folge des Zerfalls des kommunistischen Ostblocks und ihrer Satellitenstaaten – und es war für unzählige Berliner der glücklichste Tag ihres Lebens. Viele hatten den Bau der Mauer noch selbst miterlebt. Die später Geborenen mussten damit leben, dass es kaum möglich war, ihre durch diese Grenze getrennten Verwandten und Freunde zu treffen oder den jeweils anderen Teil Deutschlands zu bereisen. Allen Berlinern waren die schmerzhafte Teilung und die damit verbundenen Schicksale bewusst.

Einige Monate später war die Wiedervereinigung vollzogen und Berlin wieder die deutsche Hauptstadt. Bereits im Mittelalter war es Residenz der Markgrafen von Brandenburg gewesen, später Hauptstadt Preußens, dann des deutschen Kaiserreichs, der Weimarer Republik und schließlich des „Dritten Reichs", bei dessen Ende die Stadt weitgehend in Trümmern lag. Nach dem Mauerfall stand Berlin vor einer großen Herausforderung. Für die staatlichen Institutionen mussten neue Gebäude errichtet oder alte umgebaut werden. Der Abriss der Mauer, an dem sich die Berliner als „Mauerspechte" mit allen möglichen Werkzeugen bewaffnet eifrig beteiligten, hinterließ einen oft Hunderte Meter breiten Streifen Brachland, der sich von Norden nach Süden quer durch das Stadtzentrum zog. Ein Drittel des Stadtgebiets, der ehemalige Sowjetische Sektor, öffnete sich plötzlich für den Kapitalismus, mit gravierenden Veränderungen für die Wirtschaft und den Bausektor.

Bautätigkeit nach dem Fall der Mauer

Unter diesen Bedingungen entwickelte sich das Berlin der Nachwendezeit zu einem echten Labor für stadtplanerische Experimente. Die Aktivitäten betrafen alle Bezirke, doch die tiefgreifendsten Veränderungen erfuhren die Viertel rund um den Reichstag. Das Reichstagsgebäude im Stil der Neorenaissance wurde als Parlamentsgebäude für den Bundestag umgebaut. Man belebte den Potsdamer Platz wieder, der nach seiner Glanzzeit in den 1920er-Jahren im Zweiten Weltkrieg zerstört und danach durch den Bau der Mauer zum Niemandsland verkommen war. Nach dem Abriss der Mauer wies man eine Fläche von 60 ha zur Neubebauung aus. Verschiedene Stararchitekten wie Arata Isozaki, Renzo Piano, Rafael Moneo, Helmut Jahn

1. East Side Gallery
Die Reste der Berliner Mauer wurden in eine Open-Air-Galerie umgewandelt, in der zahlreiche Künstler ihre Visionen der Welt nach dem Mauerfall entwickelt haben.

2. Sony Center
Dieses komplexe Gebäude mit zahlreichen Geschäften und Büros am Potsdamer Platz wurde im Jahr 2000 fertiggestellt.

3. Tiergarten
Winterstimmung in dem zentral gelegenen, bei den Berlinern sehr beliebten Park mit der Siegessäule im Hintergrund.

4. Checkpoint Charlie
Die Rekonstruktion eines Grenzübergangs der Alliierten an der Berliner Mauer ist heute eine Touristenattraktion.

5. Holocaust-Mahnmal
Das begehbare Denkmal in der Nähe des Brandenburger Tors erinnert an die ermordeten Juden Europas. Es besteht aus 2711 Betonstelen.

und andere schufen dort atemberaubende Bauten, die das neue Berlin prägen.

Doch nach den euphorischen Anfangsjahren gerieten Berlin und alle neuen Bundesländer in eine gefährliche Phase der wirtschaftlichen Stagnation. Bis heute, mehr als 20 Jahre nach dem Mauerfall, sind die Folgen der langen Teilung noch nicht überwunden, obwohl der Staat durch Solidarpakt und Solidaritätszuschlag erhebliche Mittel zum Anschub der Wirtschaft zur Verfügung stellte.

Die Berliner, gebildet und liberal, betrachten diese neue Situation mit der Gelassenheit, die sie aus der Erfahrung gewonnen haben, fast drei Jahrzehnte von der Welt abgeschnitten gewesen zu sein. Und sie sind stolz auf das hauptstädtische Kulturleben und eine lebendige Klub- und Musikszene. Berlin ist eine multikulturelle Stadt: Zehn Prozent der Einwohner sind ausländischer Herkunft, darunter ein hoher Anteil Türken. Berlin wäre gerne die Hauptstadt Europas, doch die Bürger blicken auch mit Sorge in die Zukunft. Sie sorgen sich um den Erhalt ihrer unmittelbaren Umwelt, speziell des vor einem Jahrhundert angelegten Grüngürtels, den sie wie einen privaten Garten schätzen und pflegen.

Reichstagsgebäude

Das Gebäude wurde 1884–1894 im Stil der Neorenaissance errichtet und Ende der 1990er-Jahre umgestaltet. Heute hat hier der Deutsche Bundestag seinen Sitz.

Hauptfassade Sie wurde von Paul Wallot im Stil der Neorenaissance entworfen. Eine Treppe führt zum mit korinthischen Säulen geschmückten Hauptportal.

Innen

Innen wurde der Bau zwischen 1995 und 1999 unter Einsatz von Beton, Glas und Stahl völlig neu gestaltet. Helligkeit, Energieeffizienz und Modernität prägen die durch Farben gegliederten Bereiche und Räume.

Plenarsaal

Der Saal im Zentrum des Gebäudes hat eine Fläche von rund 1200 m². Er wurde unter Berücksichtigung seines historischen Erbes komplett umgestaltet. An der Stirnseite hängt der Bundesadler. Besucher können die Sitzungen von der Tribüne aus verfolgen.

Kuppel
Die von Norman Foster entworfene Kuppel aus Glas und Stahl hat einen Durchmesser von 40 m. An ihr sind ein Ventilationssystem und 360 Spiegel befestigt, die Tageslicht in den Plenarsaal lenken.

Rampen
Besucher können über spiralförmige Rampen zur Aussichtsplattform emporsteigen.

Photovoltaik
Zu einer der Vorgaben für Foster bei der Planung gehörte die Energieeffizienz. 300 m² des Daches sind mit Solarzellen bedeckt, und das ganze Gebäude ist auf einen möglichst sparsamen Umgang mit Energie ausgelegt.

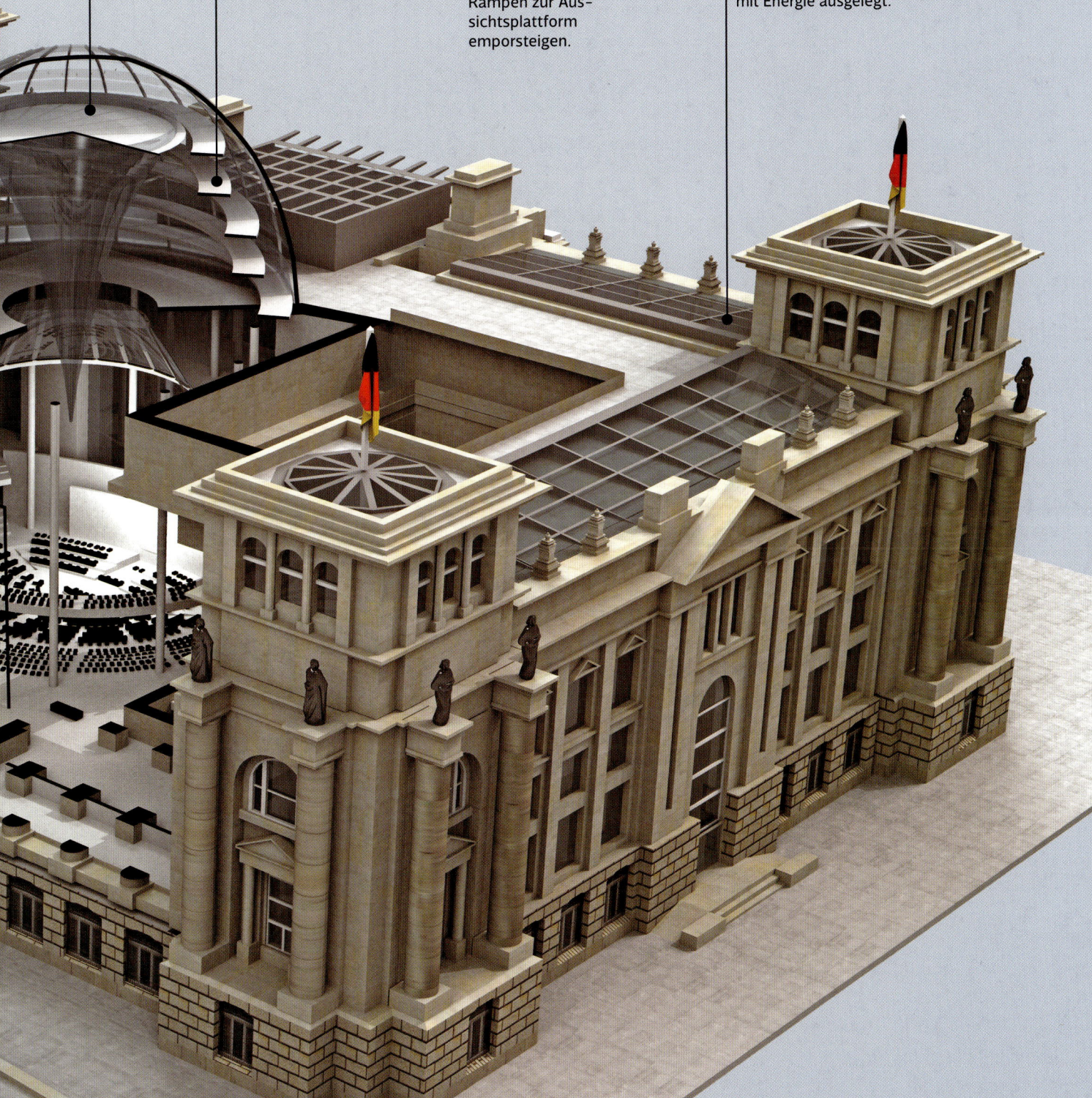

PRAG

Am Fuß der Burg

Prag, die Stadt an den Ufern der Moldau (Vltava), bietet eine der größten Ansammlungen historischer Bauwerke in Europa.

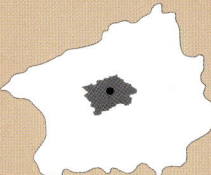

**Mittelböhmische Region
Tschechische Republik**

Prag

Prager Burg

Die Prager Burg, die größte mittelalterliche Festung Europas, wurde im 9. Jahrhundert erbaut, im gotischen Stil erweitert und zwischen 1920 und 1934 restauriert. Sie bedeckt eine Fläche von 78 000 m², was rund 100 Fußballfeldern entspricht. Das Areal auf dem Hradschin ist 570 m lang und im Durchschnitt 130 m breit. Innerhalb des Burgbereichs stehen der gotische Veitsdom, die St. Georgs-Basilika und der Königspalast.

VEITSDOM

St.-Nikolaus-Kirche
Die Kirche, ein barockes Schmuckstück, wurde zwischen 1673 und 1752 für die Jesuiten erbaut. Vom 79 m hohen Kirchturm hat man einen schönen Blick über die Malá Strana (Kleinseite), eines der ältesten Viertel Prags.

1

Karlsbrücke
Die Brücke im gotischen Stil ist die älteste Brücke Prags und verbindet die Kleinseite mit der Altstadt. Kaiser Karl IV. ordnete 1357 ihren Bau an.

Statue von Johannes dem Täufer
Sie gehört zu den 30 überwiegend barocken Statuen, die die Karlsbrücke schmücken.

FAKTEN UND ZAHLEN ÜBER PRAG

HAUPTSTADT TSCHECHIENS
Seit 1918 Hauptstadt der Tschechoslowakei, seit 1. Januar 1993 Hauptstadt der neuen Tschechischen Republik.

Breite 50° 5' 0" N
Länge 14° 25' 0" O
Höhe 179–399 m über dem Meeresspiegel
Fläche 498 km²
Einwohner 1 300 000
Bevölkerungsdichte 2610 Einw./km²

Gründung
Im Süden der Stadt fand man Spuren der keltischen Siedlung Závist aus dem 6. Jahrhundert v. Chr. Prag selbst wurde aber erst Ende des 9. Jahrhunderts im Zusammenhang mit dem Bau der Burg an der Moldau gegründet.

Die Legende
Der mythische Ursprung der Stadt wird der Prinzessin Libussa zugeschrieben, die im 8. Jahrhundert über einen in Vyšehrad (südlich der Prager Innenstadt gelegen) ansässigen slawischen Stamm herrschte. Sie sagte den Glanz der Stadt voraus und ließ eine Burg bauen.

TEYN-KIRCHE

PRAG

Karten-ausschnitt

N

TANZENDES HAUS

2 Alter Jüdischer Friedhof
Auf diesem ungewöhnlichen Friedhof im Jüdischen Viertel gibt es 12 000 Gräber, in denen über 100 000 Menschen begraben wurden.

3 Uhrenturm
Im unteren Bereich des Rathausturms ist die berühmte astronomische Uhr aus dem Mittelalter angebracht, die neben der Zeit auch den jeweiligen Stand von Sonne und Mond anzeigt.

4 Nationaltheater
Das Nationaltheater mit den Sparten Oper, Ballett und Schauspiel wurde zwischen 1868 und 1881 im Stil der Neorenaissance erbaut. Nur zwei Monate nach der Eröffnung zerstörte ein Brand das Haus. Es wurde wieder aufgebaut und 1883 erneut eröffnet.

Majestätisch und aufrüttelnd

Als Zeugen seiner glanzvollen Vergangenheit kann Prag zahlreiche gut erhaltene Sehenswürdigkeiten vorweisen.

Alle, die es nicht selbst erlebt haben, können sich nur schwer vorstellen, wie das Prag der 1970er-Jahre aussah. Heute ist die Hauptstadt der Tschechischen Republik eine schöne, lebenswerte Stadt voller Bauwerke aus verschiedensten Epochen und romantischen Ecken. Prag gehört zu den 20 meistbesuchten Städten der Welt, und die Immobilienpreise und Mieten sind in die Höhe geschossen.

Noch vor 40 Jahren war Prag eine triste, graue und schmutzige Stadt, die unter historischen Konflikten und den Konsequenzen der strategisch wichtigen Lage im Zentrum des Kontinents litt. Nach 1914 wurde die Stadt an der Moldau von zwei Weltkriegen schwer getroffen und musste dann über 40 Jahre unter einer kommunistischen Diktatur leben. In der Zeit zwischen 1939 und 1945 wurde Prag zum Opfer der drei größten Militärmächte des Zweiten Weltkriegs: Zunächst war die Stadt sechs Jahre von den Nationalsozialisten besetzt. Dann traf sie das Bombardement der US-Luftwaffe, deren Piloten glaubten, Dresden zu bombardieren. Und schließlich rückte die Rote Armee ein und blieb als Besatzungsmacht.

Konflikte und Revolutionen

Der Charakter der Prager lässt sich aber nicht so leicht brechen. Angesichts der Lebensfreude in den Straßen der tschechischen Hauptstadt vergisst man leicht deren konfliktreiche Geschichte, die mit den Hussitenkriegen im 15. Jahrhundert begann. Damals kämpften die Anhänger des Reformators Jan Hus, einem Vorläufer Martin Luthers, gegen den deutschen König Sigismund, einen treuen Gefolgsmann Roms. Vor diesem

Hintergrund erstaunt es nicht, dass Prag durch drei sogenannte Fensterstürze berühmt wurde, bei denen 1419, 1483 und 1618 angesehene Vertreter der Stadt einfach aus dem Fenster eines öffentlichen Gebäudes geworfen wurden. Die Gewaltakte waren Auslöser für schwere Konflikte wie den Dreißigjährigen Krieg (1618–1648), in den fast alle europäischen Großmächte der Zeit verwickelt wurden.

Kaum verwunderlich, dass es die Prager gelernt haben, schwierigen Situationen mit bemerkenswertem Bürgerstolz zu begegnen. Nach zwei Jahrzehnten sowjetischer Vorherrschaft kam es 1968 zum sogenannten Prager Frühling. Alexander Dubček, der Generalsekretär der KPČ, begann Reformen, die einen „Sozialismus mit menschlichem Antlitz" anstrebten. Sechs Monate später wurde das Experiment durch den Einmarsch der Truppen der Warschauer-Pakt-Staaten beendet und Dubček durch einen moskautreuen Politiker abgelöst. 1989 dann demonstrierten die Prager erneut ihre staatsbürgerliche Reife: Die Samtene Revolution beendete die Herrschaft der KP und ermöglichte freie Wahlen. Mit der Slowakei einigte man sich 1992 auf die Auflösung der Tschechoslowakei und die Gründung zweier souveräner Staaten.

📷

← Malá Strana
Blick von der Karls-
brücke auf die Burg
und die typischen
Renaissance- und
Barockgebäude der
Kleinseite.

**↓ Das Tanzende
Haus**
Dieses 1994 bis
1996 errichtete
dekonstruktivis-
tische Gebäude
ist ein Symbol des
modernen Prag.

↓↓ Karlsbrücke
Der majestätische,
monumentale
Charakter Prags
manifestiert sich
in der gotischen
Brücke über die
Moldau.

Doch Prag erlebte auch Phasen des Wohlstands und der Stabilität. Im 13. Jahrhundert gründete König Ottokar II. das Stadtviertel Malá Strana (Kleinseite) am Fuß der Burg, am Ufer gegenüber der Staré Město (Altstadt). Ein Jahrhundert später ordnete Kaiser Karl IV., einer der wichtigsten Herrscher in der Geschichte Prags, zur Erweiterung der Altstadt den Bau der Nové Město (Neustadt) an. Er ließ die links und rechts der Moldau gelegenen Viertel mit einer steinernen Brücke verbin-den, die heute als Karlsbrücke ein Wahrzeichen der Stadt Franz Kafkas ist.

Architektur, ein Zeichen der Identität

Eine weitere glanzvolle Zeit brach im 18. Jahrhundert an, als die meisten der barocken Plätze und Kirchen geschaffen wurden. Die Kirche St. Nikolaus auf der Klein-seite ist das berühmteste Beispiel aus dieser Periode.

In den 1990er-Jahren dann, vom Eisernen Vorhang befreit, hielt die moderne Architektur Einzug in Prag. Der amerikanische Architekt Frank O. Gehry und der tschechische Architekt Vlado Milunić etwa entwarfen das spektakuläre Tanzende Haus. Diese Entwicklung, verbunden mit einem glorreichen Erbe, lässt die Stadt Prag optimistisch in die Zukunft blicken.

Veitsdom

Der Bau der Kathedrale auf dem Areal der Prager Burg wurde im 14. Jahrhundert begonnen, wegen verschiedener Unterbrechungen aber erst im 20. Jahrhundert vollendet.

Hauptfassade
Die nach Westen zeigende Fassade im neugotischen Stil wurde erst im 20. Jahrhundert fertiggestellt. Die beiden Türme sind jeweils 80 m hoch.

Innen
Die Kathedrale hat ein großes Mittelschiff mit kleinen Seitenschiffen, in denen sich Kapellen befinden. Berühmt ist die reich geschmückte Wenzelskapelle.

Fensterrose
Die Rosette mit Szenen aus der Schöpfung hat einen Durchmesser von über 10 m. Sie wurde 1925–1927 von František Kysela ausgeführt.

Hauptportal
Die dargestellten Szenen beziehen sich auf den Bau der Kathedrale.

Hauptturm
Dieser Turm von Peter
Parler stammt aus dem
14. Jahrhundert. Er ist der
höchste Teil der Kirche und
wird von einer Balustrade
im Neorenaissancestil und
einer barocken Haube (1770)
gekrönt.

Uhr
Sie wurde 1552 am Glockenturm
angebracht und gibt seither die
Zeit in der Stadt vor.

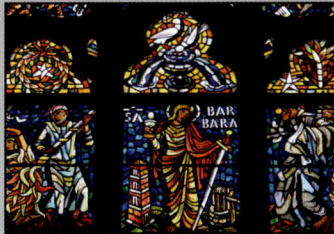

Bunte Glasfenster
Die beeindruckenden Fenster
stammen aus der Zeit der Ersten
Republik und wurden überwiegend
von František Kysela und seinen
Schülern an der Schule für dekorative Kunst Prag geschaffen.

Goldene Pforte
Sie verdankt ihren Namen
den goldfarbenen, von
venezianischen Kunst-
handwerkern geschaf-
fenen Mosaikdarstel-
lungen des Jüngsten
Gerichts. Über Jahrhun-
derte war sie der Haupt-
eingang zur Kathedrale.

ACROPOLIS

ATHEN

Klassisches Erbe

Athen, auf der griechischen Halbinsel Attika gelegen, kann ein reiches antikes Erbe aus seiner Glanzzeit vor 2500 Jahren vorweisen.

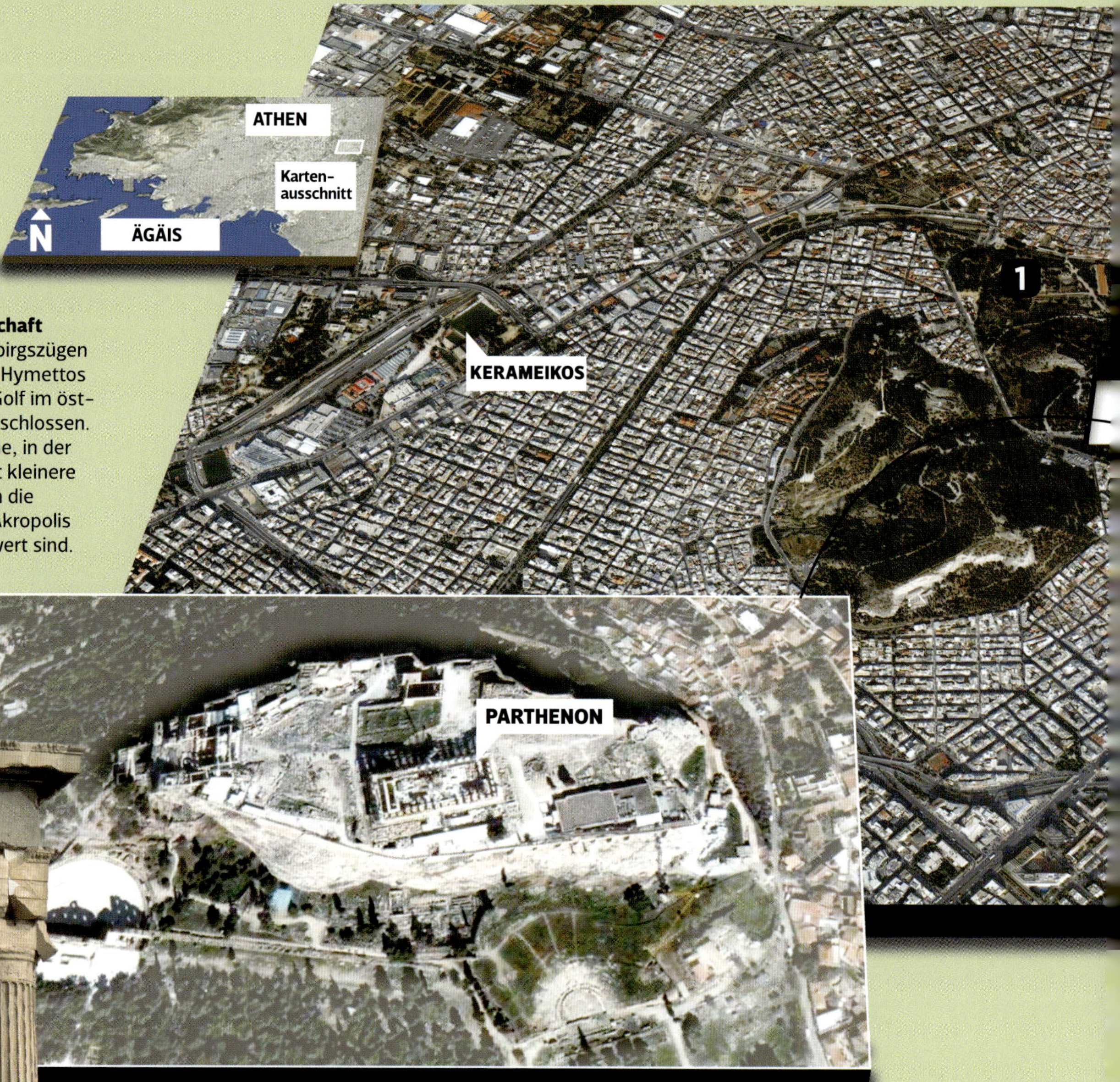

Griechen-land

Athen

ATHEN

Karten-ausschnitt

ÄGÄIS

N

KERAMEIKOS

PARTHENON

Eine zerklüftete Landschaft
Athen wird von den Gebirgszügen Pentelikon, Parnes und Hymettos und dem Saronischen Golf im östlichen Mittelmeer eingeschlossen. In der besiedelten Ebene, in der Athen liegt, gibt es acht kleinere Erhebungen, von denen die Hügel Lykabettus und Akropolis besonders erwähnenswert sind.

Erechtheion
Ionische Säulen des Erechtheion–Tempels auf der Akropolis.

Die Akropolis

Der zweithöchste Hügel im Zentrum der Stadt hat eine Höhe von 156 m. Auf der Akropolis stehen Gebäude aus dem antiken Athen wie der Parthenon, der Niketempel, die Propyläen und andere typische Bauten aus der klassischen Zeit. Charakteristische Architekturmerkmale sind die drei Säulenordnungen – dorisch, ionisch und korinthisch – und die Verwendung des Sturzes.

🌐 FAKTEN UND ZAHLEN ÜBER ATHEN

HAUPTSTADT VON GRIECHENLAND
Die Stadt Athen selbst ist relativ klein, doch die Metropolregion umfasst insgesamt 54 Gemeinden,

wodurch sich die Einwohnerzahl fast versechsfacht.

Breite 37° 58' 40" N
Länge 23° 43' 40" O
Höhe 70–338 m über dem Meeresspiegel

Fläche 39 km², Metropolregion 2928 km²
Einwohner 750 000 (3,8 Millionen in der Metropolregion)
Bevölkerungsdichte 19 230 Einw./km² (im Stadtgebiet)

Gründung
Jungsteinzeit

Lange Geschichte
Das Gebiet nördlich des Saronischen Golfs ist möglicherweise seit rund

10 000 Jahren (Jungsteinzeit) besiedelt. Athen ist seit mykenischer Zeit, etwa 1400 v. Chr., eine Stadt von Bedeutung, die ihre Blütezeit dann im

5. Jahrhundert v. Chr., in der klassischen Epoche, erlebte.

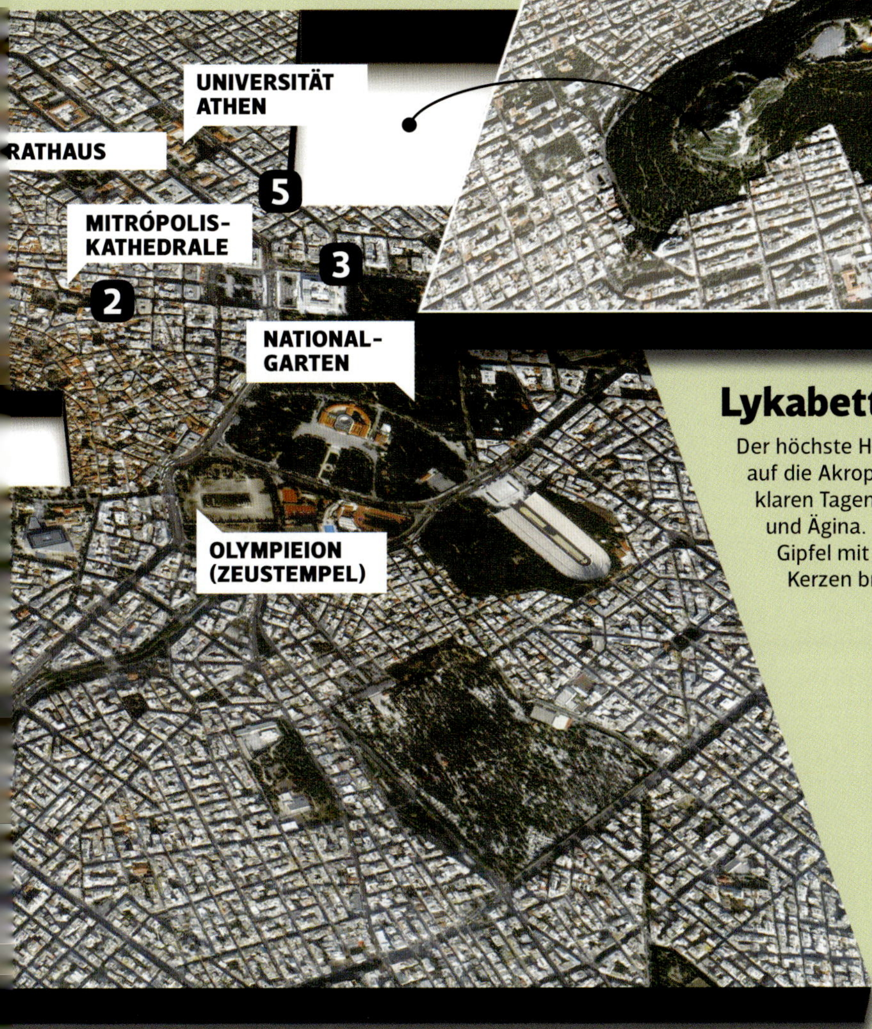

UNIVERSITÄT ATHEN

RATHAUS

5

MITRÓPOLIS-KATHEDRALE

2

3

NATIONAL-GARTEN

OLYMPIEION (ZEUSTEMPEL)

Lykabettus

Der höchste Hügel Athens bietet auch die beste Aussicht auf die Akropolis im Vordergrund und die an den seltenen klaren Tagen am Horizont erkennbaren Inseln Salamis und Ägina. Mit einer Standseilbahn kommt man zum Gipfel mit der St.-Georgs-Kapelle, in der Tausende Kerzen brennen.

1

Antike Agora
Auf diesem zentralen Platz wurden Märkte abgehalten, und die Bürger trafen sich dort, um zu debattieren und über Gesetze abzustimmen. Hier standen die den Göttern des Olymps geweihten Tempel.

2

Plaka
Als Athen 1834 zur Hauptstadt des modernen Griechenland wurde, hatte es in etwa die Größe dieses osmanisch geprägten Viertels im Zentrum.

3

Griechisches Parlament
Das Parlamentsgebäude am Syntagma-Platz wurde nach der Unabhängigkeit 1830 im Stil des Neoklassizismus erbaut. Bis zur Abschaffung der Monarchie diente es als Königspalast.

4

Nationales Historisches Museum
In diesem neoklassizistischen Bau war von 1875 bis 1935 das Parlament zu Hause. Heute präsentiert man hier die Geschichte Griechenlands von der Antike bis zum 20. Jahrhundert.

5

Syntagma-Platz
Das Viertel um den Syntagma-Platz („Platz der Verfassung") bildet das Zentrum der Stadt und beherbergt das Bankenviertel. Am Platz stehen das Grabmal des unbekannten Soldaten und das Parlamentsgebäude.

Die Bürde der Geschichte

In der wechselvollen Geschichte der Akropolis spiegelt sich auch die Entwicklung jener Stadt, in der die Demokratie geboren wurde.

Die meisten großen Städte, die vor unserer Zeit ihre Blüte erlebt haben, sind heute bestenfalls Ruinen. Nur wenige Städte – überwiegend in Asien gelegen – können Ruinen vorweisen, die älter als 3000 Jahre sind und ganz in der Nähe moderner Plätze und Straßen liegen. Das griechische Athen ist eine dieser Ausnahmen. Nicht ohne Schwierigkeiten meisterte die attische Stadt den Übergang vom mächtigen Stadtstaat der Antike, dem wir neben der Demokratie viele Leistungen in Philosophie, Kunst, Wissenschaft und Medizin verdanken, zur Hauptstadt des Griechenlands unserer Tage.

Der monumentale Komplex der Akropolis ist ein einzigartiges Symbol für den mühsamen Weg, den Athen vom Glanz des Zeitalters des Perikles vor 2500 Jahren bis in die Neuzeit zurückgelegt hat. Die Akropolis, auf Altgriechisch „Oberstadt", war zur Verteidigung auf einem der acht Hügel der Region erbaut worden, verwandelte sich aber bald in ein religiöses und zeremonielles Zentrum. Nachdem die Perser unter König Xerxes die kurz zuvor errichteten Tempel zerstört hatten, ordnete Perikles den Bau des Parthenon an. Die weiteren im 5. Jahrhundert v. Chr. dort ausgeführten Bauten zeigen die Entwicklung der klassischen Architektur. Sie blieben über 2000 Jahre relativ gut erhalten, bis die Türken im 16. Jahrhundert den Parthenon in eine Moschee, das Erechtheion in ein Gynäkeion und die Propyläen in ein Munitionslager umwandelten. Als die Venezianer dann 1687 die Akropolis belagerten, explodierte ein Pulvermagazin, der Parthenon wurde teilweise zerstört und sein Dach stürzte ein.

Wie Rom erlebte Athen eine kritische Phase, in der Stadt und Akropolis vor sich hin dämmerten. Im späten Mittelalter wechselte die 2000 Jahre alte griechische Stadt, die nur noch 4000 Einwohner zählte, mehrfach den Besitzer. Nach dem Byzantinischen Reich fiel sie in die Hände der Osmanen, dann zwischenzeitlich an verschiedene südeuropäische Herrschaften. Ende des 17. Jahrhundert war die Stadt fast entvölkert.

Hauptstadt des unabhängigen Griechenlands

Athens Schicksal erlebte mit dem Griechischen Unabhängigkeitskampf gegen die Türken zwischen 1821 und 1829 eine Wende: Athen wurde zur Hauptstadt eines neuen Staates. Der Zuzug vieler Griechen, speziell im 20. Jahrhundert, gab der Stadt ihre wirtschaftliche und demografische Dynamik zurück. Das unorganisierte Wachstum der Metropole jedoch, vor allem an den Rändern, führte zu Umweltverschmutzung und chaotischen Verkehrsverhältnissen, unter denen die Athener viele Jahrzehnte litten.

Seit Mitte des 20. Jahrhunderts war die Migration ein verlässlicher Index für Athens Entwicklung. Obwohl Griechenland traditionell eher ein Land der Emigranten mit starken griechischen Gemeinschaften in Australien,

📷

←Karyatide
Der berühmte Eingang zum Erechtheion auf der Akropolis.

↙Leibgarde
Die Evzonen, die in traditionelle Tracht gekleideten Soldaten der Präsidialgarde, sind auf dem Syntagma-Platz zu sehen.

←Plaka
Schmale Straßen, Tavernen unter freiem Himmel und eine Ruhe, die eher an ein Dorf als an eine europäische Hauptstadt erinnert, so präsentiert sich dieses in eine Fußgängerzone umgewandelte Viertel.

↓Kirche der heiligen Apostel
Sie ist eine der elf erhaltenen byzantinischen Kirchen in Athen, stammt aus dem 11. Jahrhundert und steht in der Nähe der antiken Agora.

Kanada, Argentinien und Südafrika ist, kehrte sich diese Entwicklung in den Jahren nach den Olympischen Spielen 2004 in Athen um. Gleichzeitig bescherte der Beitritt zum Euro der griechischen Hauptstadt billige Kredite und einen ungeahnten Boom. Albaner, Türken, Rumänen und Bulgaren strömten als Arbeitskräfte in die Stadt. Die Folgen der Wirtschaftskrise zwangen sie ab 2008 zur Rückkehr in ihre Heimatländer. Auch viele junge Athener wurden arbeitslos und leben in Armut.

Doch unbeeindruckt von allen Krisen genießen die Athener auch im 21. Jahrhundert ihren Kaffee auf einer der Terrassen in den Fußgängerzonen und auf den Plätzen. Hier sucht man unter Orangenbäumen Zuflucht vor der Hitze, wie es schon die Vorfahren vor 2500 Jahren auf der Agora im antiken Athen taten. Westlich des Monastiraki-Platzes kann man die Reste der Agora besichtigen, ein offener, geselliger Treffpunkt, der Geburtsort der Demokratie.

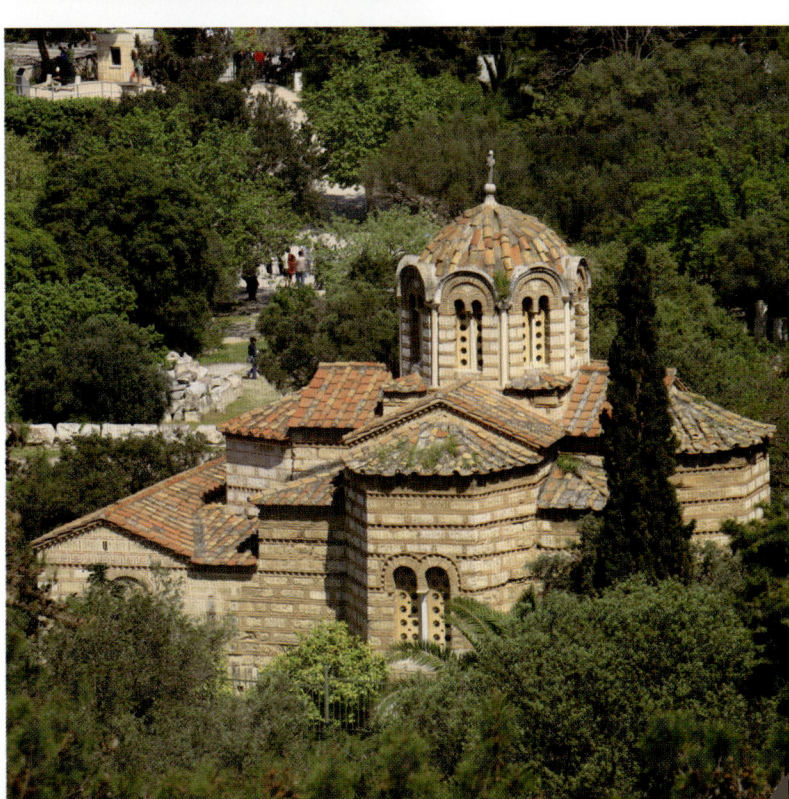

Akropolis

Akropolen waren eigentlich als Festungen gedacht, wurden dann aber zu religiösen Zentren griechischer Städte. Die Akropolis in Athen ist aufgrund ihrer spektakulären Architektur etwas Besonderes.

Erechtheion Der Tempel im ionischen Stil war sehr komplex ausgelegt, damit gleichzeitig verschiedene Götter und Helden wie Athene und Erechtheus verehrt werden konnten.

Athena Promachos
An dieser Stelle stand eine Bronzeskulptur der Athene, der Göttin der Weisheit und der Kriegskunst. Nach Angaben des Historikers Pausanias (2. Jahrhundert n. Chr.) diente die 9 m hohe Statue den Seeleuten als Orientierungspunkt.

Propyläen
Der monumentale Eingang zur Akropolis im dorischen Stil blieb aufgrund des des Peloponnesischen Kriegs unvollendet.

Niketempel
Der Tempel der Athena Nike wurde um 420 v. Chr. auf den Fundamenten eines mykenischen Schreins errichtet. Ein Marmorfries stellt Szenen aus Schlachten zwischen Griechen und Persern dar.

Karyatiden
Die eindrucksvolle Vorhalle mit sechs Karyatiden – Säulen in Frauengestalt – wurde für das Grab von König Kekrops I. im Erechtheion erbaut.

Athena Parthenos Diese Skulptur ist nur aus antiken Beschreibungen bekannt. Der Körper war aus Elfenbein geschnitzt, ihre Rüstung war aus Gold und die Augen bestanden aus Edelsteinen.

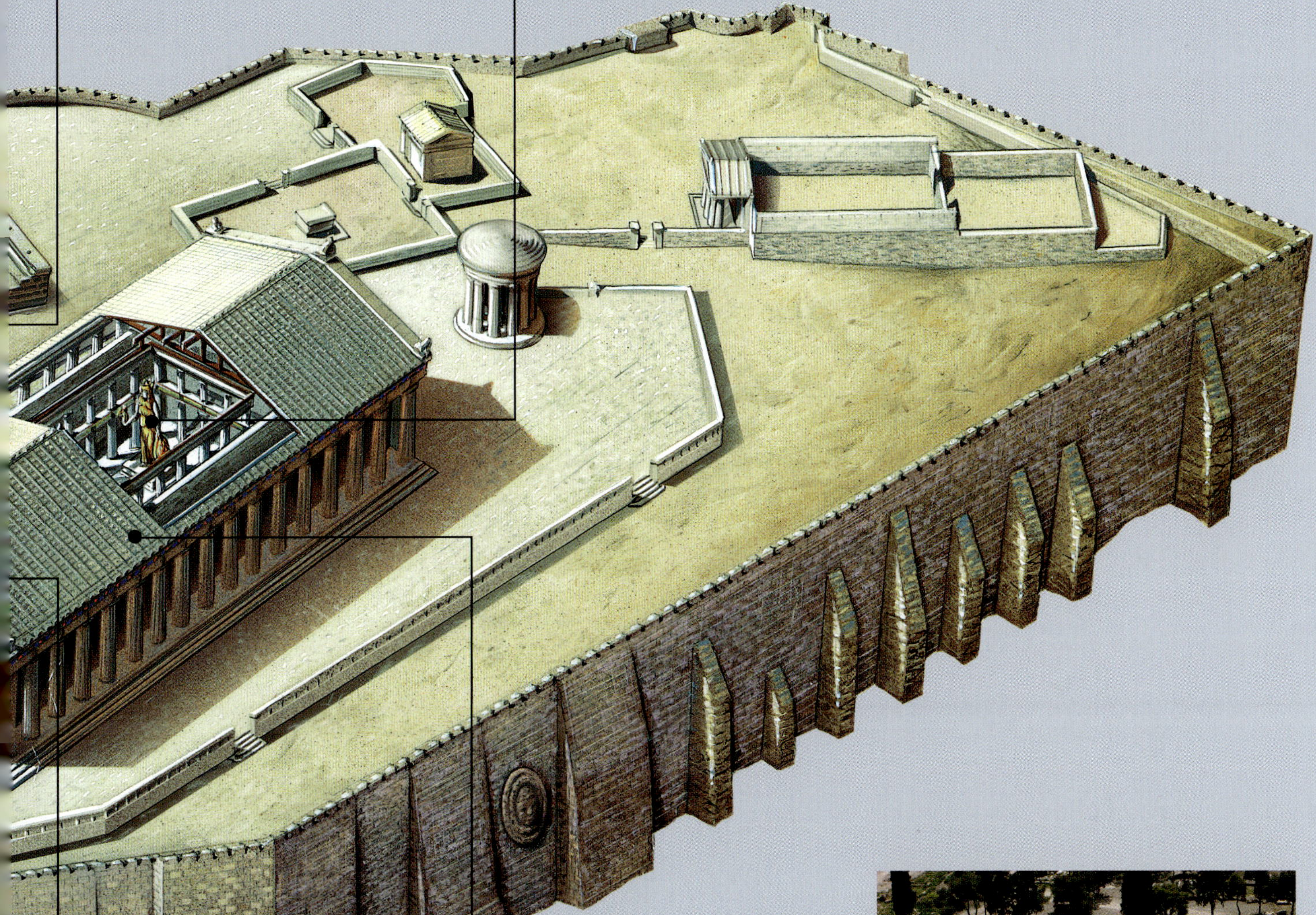

Parthenon Der gewaltige dorische Tempel wurde auf dem höchsten Punkt der Akropolis erbaut, um darin die Statue der Athena Parthenos und den Staatsschatz von Athen aufzubewahren.

Reliefs In Marmor gemeißelte mythologische Szenen zierten die Giebelfelder des Parthenon, Siege der Griechen die äußeren Friese und die Prozession der panathenäischen Spiele den inneren Fries.

Weitere Gebäude
An der Südseite der Akropolis errichtete man weitere Gebäude wie das Odeon des Herodes Atticus für Musikdarbietungen, die Stoa des Eumenes als Versammlungsort und das hier abgebildete Dionysostheater.

MOSKAU

Europäisches Russland

Roter Platz und Kreml, die wichtigsten Referenzpunkte in Moskau, liegen im historischen Zentrum der an den Ufern der Moskwa gegründeten Stadt.

Moskau

Moskau

Russland

Große europäische Stadt

Die riesige Stadt Moskau, die größte Metropolregion Europas, wird durch mehrere breite Ringstraßen in konzentrische Kreise gegliedert. Im Zentrum dieser Verkehrsringe liegen der Rote Platz, der Kreml und ein Bogen der durch die Stadt fließenden Moskwa.

Kartenausschnitt

Ñ

MOSKAU

Staatliches Historisches Museum

Das im neorussischen Stil zwischen 1875 und 1881 entstandene rote Backsteingebäude trennt den Roten Platz vom Manege-Platz. Die Sammlung des Staatlichen Historischen Museums umfasst in Russland entstandene Kunst und Objekte aus der Vorgeschichte bis zur Gegenwart.

PUSCHKIN-DENKMAL

Roter Platz
In der Nachbarschaft von Kreml, Basilius-Kathedrale, dem Staatlichen Historischen Museum und dem Lenin-Mausoleum sind am Roten Platz in der Kremlmauer die Urnen von Juri Gagarin, Josef Stalin und anderen beigesetzt.

STAATS-BIBLIOTHEK

STADTTEIL ARBAT

PUSCHKIN-MUSEUM FÜR BILDENDE KUNST

Basilius-Kathedrale
Diese orthodoxe Kirche am südöstlichen Ende des Roten Platzes ist durch ihre bunten Zwiebeltürme bekannt. Iwan IV., der Schreckliche, ließ sie zwischen 1555 und 1561 erbauen, um damit an die Eroberung des Khanats Kasan zu erinnern.

FAKTEN UND ZAHLEN ÜBER MOSKAU

HAUPTSTADT DER RUSSISCHEN FÖDERATION
Bis 1712 Hauptstadt des Zarenreichs, dann machte Peter der Große Sankt Petersburg zur

Hauptstadt. Ab 1918 wieder als Hauptstadt eingesetzt.

Breite 55˚ 48' 8" N
Länge 37˚ 37' 56" O
Höhe 150 m über dem Meeresspiegel

Fläche 2500 km²
Einwohner 11 500 000 (16 Millionen in der Metropolregion)
Bevölkerungsdichte 4600 Einw./km²
Gründung unbekannt

Gründer slawische Wjatitschen

Erste Erwähnung
Das Gebiet Moskaus war seit der Jungsteinzeit besiedelt, und man weiß,

dass dort im späten Mittelalter gut ausgebaute Siedlungen bestanden. Die erste schriftliche Erwähnung Moskaus geht auf das Jahr 1147 und den Fürsten Juri

Dolgoruki zurück. Stalin nutzte dieses Datum, um 1947 den 800. Geburtstag der Stadt zu feiern.

Hauptgebäude des Kremls

Der Kreml ist ein gewaltiges befestigtes Areal mit mittelalterlichen Ursprüngen zwischen dem Roten Platz und der Moskwa. Innerhalb seiner Mauern gibt es vier Plätze und vier Kathedralen aus unterschiedlichen Epochen.

Großer Kremlpalast
Der Palast steht auf einer kleinen Anhöhe und wurde im 19. Jahrhundert von Nikolaus I. erbaut. Aktuell dient er als offizieller Amtssitz des Präsidenten der Russischen Föderation.

Mariä-Entschlafens-Kathedrale
In der 1479 vollendeten weißen Kirche mit goldenen Kuppeln sind viele Kirchenpatriarchen beigesetzt. Hier fand die feierliche Krönung der Zaren statt.

BOLSCHOI-THEATER

1

2

3

Glockenturm Iwan der Große
Dieser 81 m hohe Glockenturm am Kathedralenplatz ist das höchste Bauwerk innerhalb des befestigten Kreml-Komplexes. Er gilt als Schlüsselwerk der Architektur des 16. Jahrhunderts und diente später als Vorlage für viele Kirchen.

Blick nach Westen

Die Kehrtwende vom strikten Kommunismus zum wilden Kapitalismus hat das Bild Moskaus innerhalb weniger Jahre verändert.

Doch unverändert prägen eisige Winter und der gewundene Lauf der Moskwa die Stadt. Die farbigen Kuppeln der Basilius-Kathedrale sind ebenso präsent wie die abschreckenden Mauern des Lenin-Mausoleums beim Kreml. Alles andere erfuhr jedoch einen derart schnellen und radikalen Wandel, wie man ihn sich in einer solch kurzen Zeit für eine Stadt kaum vorstellen kann. Die schummrig beleuchteten Straßen der Sowjetzeit wurden abgelöst von wahren Beleuchtungsorgien, die deprimierenden Schaufenster der kommunistischen Läden präsentieren heute Chanel-Kleider, und die gemächliche Schlange alter Ladas wurde von Staus mit Luxusmodellen der Marken Mercedes und Lexus verdrängt.

Nach Monaten voller Spannungen trat der Reformer Michail Gorbatschow, der letzte Staatschef der Sowjetunion, am 25. Dezember 1991 zurück. Die Symbole von Hammer und Sichel verschwanden von allen offiziellen Gebäuden. Innerhalb weniger Wochen verabschiedete man neue Gesetze, die das Kollektiveigentum an den Produktionsmitteln abschafften und Privatbesitz und freien Handel erlaubten. Ein radikales Privatisierungsprogramm verwandelte Moskau innerhalb weniger Jahre von einem Musterbeispiel der Planwirtschaft in ein extremes Modell des Ultraliberalismus, ohne Platz für einen alternativen Mittelweg.

Jeder, der heute, nach 20 Jahren wieder nach Moskau reist, findet eine Stadt vor, die kaum an die ehemalige Hauptstadt der UdSSR erinnert. Moskau ist gegenwärtig – vor London, Zürich, Genf und Oslo – die teuerste Stadt Europas und weltweit die fünftteuerste Stadt. Das gilt speziell für die Immobilienpreise und die Mieten für Luxusbüros, die multinationale Unternehmen aller Branchen belegen. Dieser enorme Kostenanstieg – zu Sowjet-

zeiten war das Wohnen kostenfrei – und die rasche Anhäufung beträchtlicher Vermögen in den Händen weniger Unternehmer führten zu einer signifikanten Ungleichheit. Die superreiche Elite lebt in permanentem Luxus – in keiner Stadt der Welt fahren mehr Oberklasselimousinen –, während der bereits zu Zeiten des Sozialismus bescheidene Lebensstandard der übrigen in nur geringem Ausmaß gewachsen ist.

Hier werden Millionäre gemacht

Moskau hat inzwischen New York den Rang als Stadt mit dem höchsten Anteil an Millionären abgelaufen. Diese Entwicklung wurde durch die Politik Boris Jelzins und Wladimir Putins gefördert, den Hauptakteuren des postsowjetischen Russlands. Ende des 20. Jahrhunderts konzipierte man im Stadtviertel Presnenski das Moskauer Internationale Geschäftszentrum, allgemein Moskwa City genannt. Dort soll eine Stadt innerhalb der Stadt entstehen, mit Büros, Wohnungen und Unterhaltungsangeboten für eine neue Generation russischer Manager. Exemplarisch für diese neue gesellschaftliche Gruppe steht Michail Chodorkowski, der als Chef des Ölkonzerns Yukos zu einem der reichsten Männer der Welt wurde, dann aber bei Präsident Putin in Ungnade fiel und inhaftiert wurde.

📷
← **Moskwa City**
Dieses 60 ha große Geschäftsviertel wurde 1992 von der Moskauer Stadtverwaltung konzipiert. Es soll bis 2020 fertiggestellt sein.

↓ **Barocke Metro**
Die Station Komsomolskaja mit ihrem majestätischen gelben Barockgewölbe gilt als eine der schönsten Metrostationen.

↓↓ **Kaufhaus GUM**
Das in einem großen Gebäude aus dem 19. Jahrhundert untergebrachte Kaufhaus ist das größte der Stadt und eine Touristenattraktion.

Die auf ihre Art sehr interessante stalinistische Architektur wird von den lokalen Behörden allmählich beseitigt. Nur zu gerne reißen sie ganze Blocks des Architekturerbes aus dem 20. Jahrhundert ab, um dort neue Wolkenkratzer hochzuziehen. Perspektivisch wird so ein von den großen nordamerikanischen Metropolen bekanntes Stadtbild geschaffen. Glücklicherweise blieb das als „Sieben Schwestern" bekannte, in den 1930er- bis 1950er-Jahren erbaute Hochhausensemble im Zuckerbäckerstil der Stalin-Ära bis jetzt erhalten. Auch der Rote Platz im Zentrum der Stadt, gleichsam das Zentrum ganz Russlands, hat sich seinen Charakter bewahrt, den nur wenige Orte innerhalb dieser sich rasant verändernden Stadt besitzen. Der 2,3 ha große, imposante Platz bildet den Zugang zum Kreml, der ehemaligen Festung der Fürsten, zur im 16. Jahrhundert erbauten Basilius-Kathedrale und zum prächtigen Kaufhaus GUM, das Ende des 19. Jahrhunderts entstand. Es ist heute ein Anziehungspunkt für alle gut betuchten Moskowiter und Touristen, die sich für exklusive Designermode interessieren. Die weniger wohlhabenden Einwohner der Stadt können sich damit trösten, das außergewöhnlichste Metronetz der Welt zu haben. Die höchst elegant ausgestatteten Metrostationen im Stil des Historismus, des Art déco und der Moderne hat man nicht umsonst als „Paläste für das Volk" bezeichnet.

Basilius–Kathedrale

Die von Iwan dem Schrecklichen in Auftrag gegebene Kirche gehört mit ihrem opulenten Dekor und ihrer Farbenpracht zu den schönsten Gotteshäusern der Christenheit.

Zentralturm
Der mittlere Turm ist 47,5 m hoch und eint das gesamte Ensemble.

Zwiebelform
Die Kuppeln der Kathedrale symbolisieren Kerzenflammen, in Anlehnung an das Christuswort „Ihr seid das Licht der Welt".

Gruppe von Kapellen
Die Basilius-Kathedrale besteht insgesamt aus zehn unabhängigen Kapellen oder Kirchen, die jeweils himmlischen Mächten und Heiligen geweiht sind.

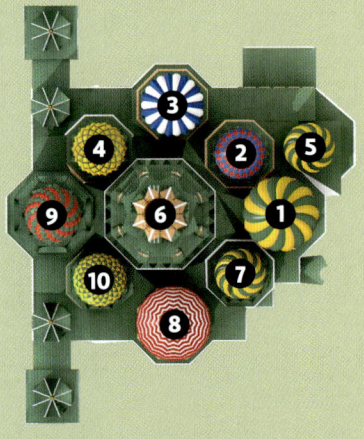

Farbige Kuppeln
Jede Farbe hat eine besondere Bedeutung: Gold steht für die himmlische Glorie, Blau für die Jungfrau Maria und Grün für die Heilige Dreifaltigkeit.

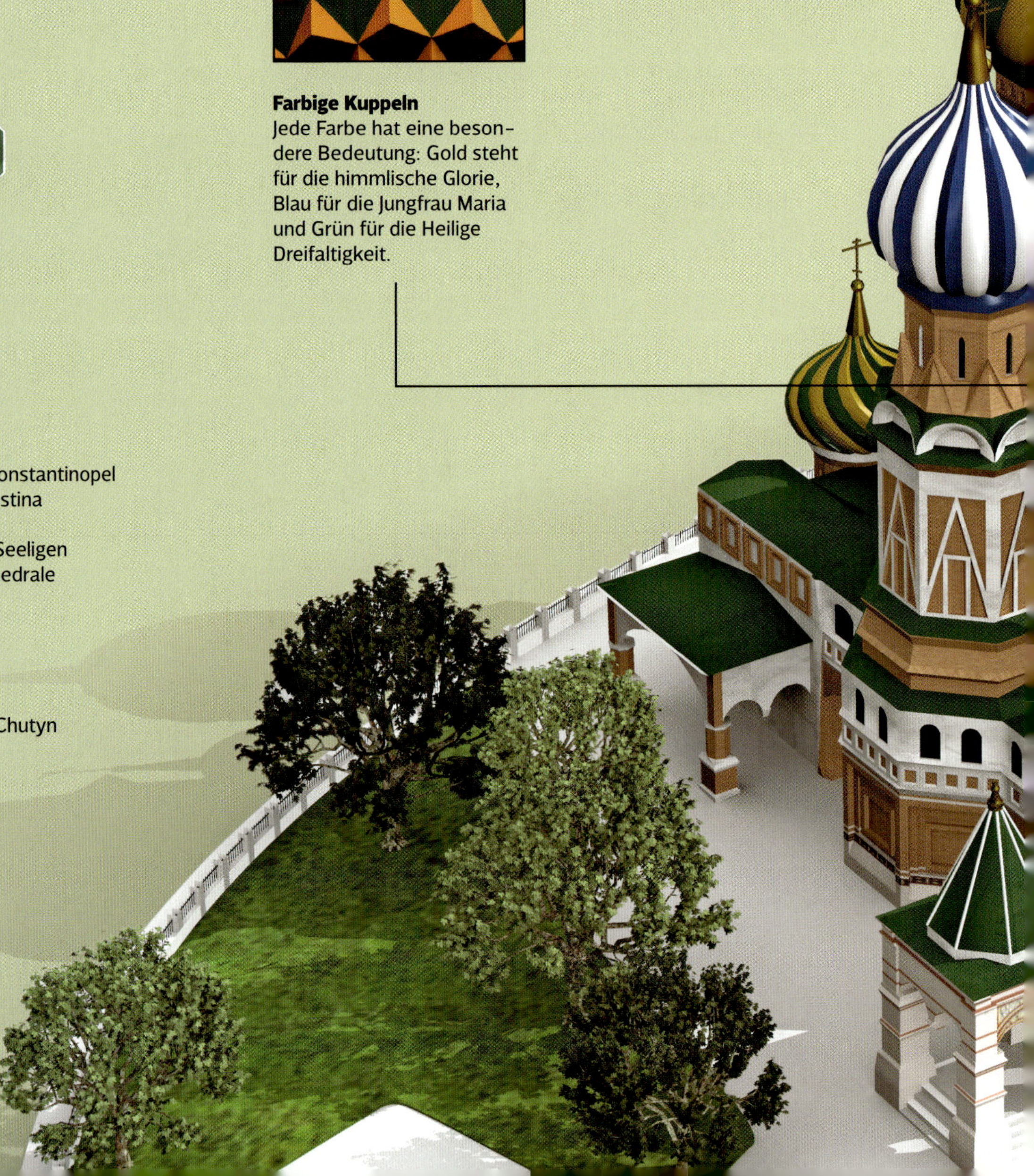

1. Kirche der Heiligen Dreifaltigkeit
2. Kirche der Drei Patriarchen von Konstantinopel
3. Kirche der Heiligen Cyprian und Justina
4. Kirche Gregors des Erleuchters
5. Kapelle des Heiligen Basilius des Seeligen
6. Mariä–Schutz–und–Fürbitte–Kathedrale am Graben
7. Kirche Alexander Swirskis
8. Kirche des Heiligen Nikolaus des Wundertäters
9. Kirche des Einzugs in Jerusalem
10. Kirche des Heiligen Varlaam von Chutyn

Achteckiger Glockenturm
Der Glockenturm wurde im 17. Jahrhundert auf den Fundamenten eines älteren Glockenturms errichtet, über den es kaum Informationen gibt.

Kriegsnarben Die Kirche des Einzugs in Jerusalem zeigt Spuren eines Granattreffers, der während der Oktoberrevolution 1917 das Gebäude beschädigte.

Patrioten Gegenüber der Kathedrale steht das populäre Bronzedenkmal für Dmitri Poscharski und Kusma Minin, die 1612 polnische Invasoren vertrieben.

Innen Alle Kapellen werden durch eine Galerie verbunden, die um die Zentralkirche verläuft. Im Inneren, das deutlich nüchterner gestaltet ist als die Fassade, findet man Ikonen, Mosaiken und orthodoxe Gemälde.

Fassade Die von rotem Backstein geprägten Fassaden wurden anlässlich der 450-Jahr-Feier der 1561 gegründeten Kathedrale frisch renoviert.

ISTANBUL

Zwischen Orient und Okzident

Istanbul, zwischen zwei Kontinenten gelegen und 1500 Jahre imperiale Hauptstadt, verbindet das Erbe östlicher und westlicher Kulturen.

Türkei **Provinz Istanbul**

Transkontinentaler Ballungsraum
Der Bosporus trennt das westliche Istanbul von Kadıköy (in der Antike Chalcedon) und Üsküdar (Chrysopolis) im Osten, die Teil des Ballungsgebiets sind, obwohl sie zu einem anderen Kontinent gehören.

BOSPORUS

ISTANBUL

Karten-ausschnitt

MARMARAMEER

N

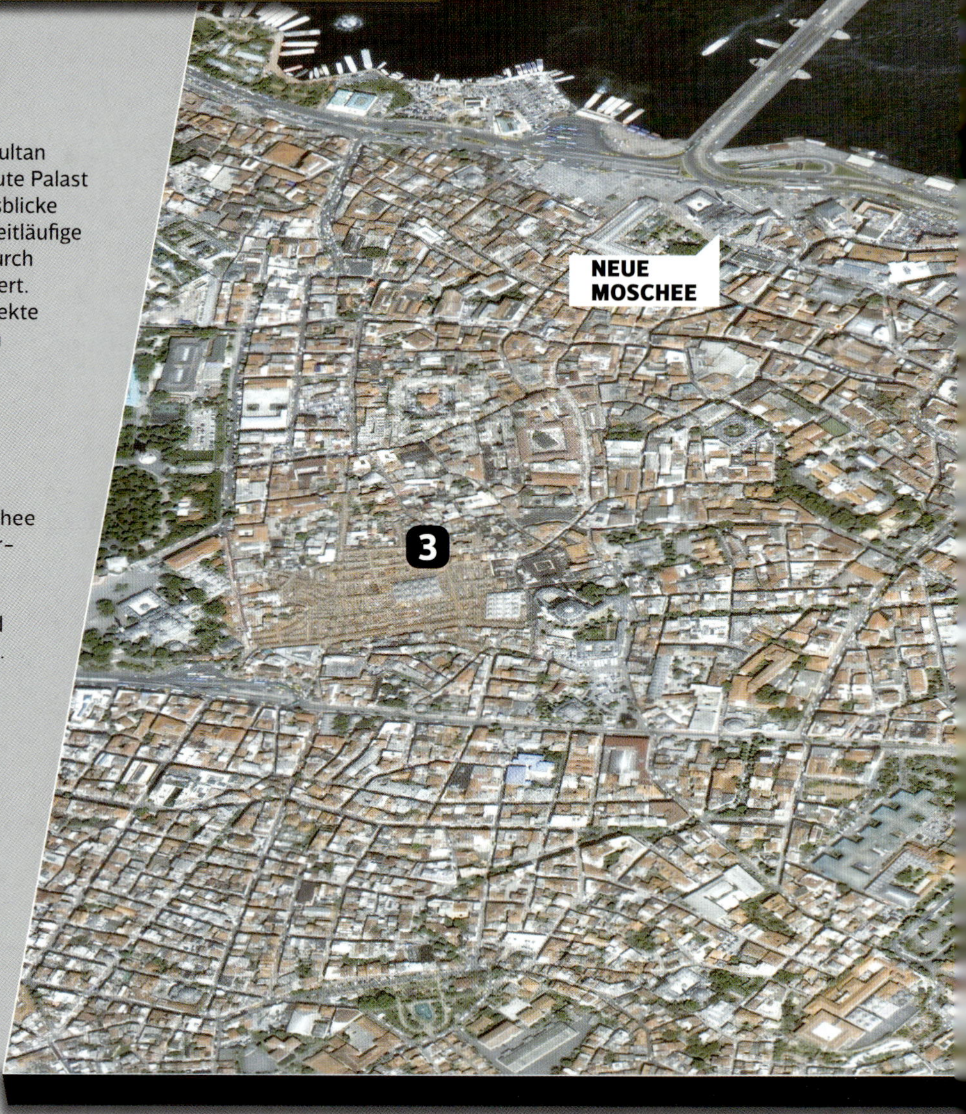

1

Topkapi-Palast
Der auf Anordnung von Sultan Mehmed II. ab 1459 erbaute Palast bietet hervorragende Ausblicke auf den Bosporus. Der weitläufige Gebäudekomplex wird durch Gartenanlagen aufgelockert. Heute zeigt man hier Objekte und Kunstwerke aus dem Osmanischen Reich.

2

Blaue Moschee
Die Sultan-Ahmed-Moschee wurde Anfang des 17. Jahrhunderts gegenüber der Hagia Sophia erbaut. Sie vereint byzantinische und osmanische Stilelemente. Die blauen Fliesen im Inneren schaffen eine besondere Atmosphäre.

3

Großer Basar
Der nach der osmanischen Eroberung am Standort des byzantinischen Markts erbaute Basar gehört zu den größten Märkten der Welt. Er hat 4000 Läden und umfasst 58 Straßen.

NEUE MOSCHEE

3

FAKTEN UND ZAHLEN ÜBER ISTANBUL

REICHSHAUPTSTADT Hauptstadt des Oströmischen Reichs, des Byzantinischen Reichs und des Osmanischen Reichs. Nach Gründung der Republik Türkei 1923 wurde Ankara deren Hauptstadt.

Breite 41° 1' 0'' N
Länge 28° 58' 0'' O
Höhe 40 m über dem Meeresspiegel
Fläche 1831 km²

Einwohner 14 300 000
Bevölkerungsdichte 7809 Einw./km²
Gründung 667 v. Chr.
Gründer Griechen aus Megara

Wechselnde Namen Obwohl die Region seit der Jungsteinzeit bewohnt war, schufen erst griechische Siedler aus Megara bei Athen hier die Siedlung Byzantion.

Im 4. Jahrhundert wurde Byzanz zur Hauptstadt des Oströmischen Reichs und in Konstantinopel umbenannt. Im 15. Jahrhundert eroberten die Osmanen die Stadt und nannten sie nun Istanbul.

Goldenes Horn

An dieser Bucht am Eingang zum Bosporus ließen sich die griechischen Siedler nieder und gründeten im 7. Jahrhundert v. Chr. Byzantion. Heute trennt die Bucht die alte Stadt Konstantinopel vom Stadtteil Beyoğlu, früher als Galata bekannt. Die Bucht bildet einen natürlichen Hafen und wird von vier Brücken überspannt.

GALATATURM

GALATABRÜCKE

GOLDENES HORN

Hagia Sophia

Die ursprünglich christliche Kirche wurde der Heiligen Weisheit geweiht und eines der bedeutendsten Beispiele byzantinischer Architektur. Sie wurde zwischen 532 und 537 unter Kaiser Justinian erbaut und von den Osmanen nach der Eroberung 1453 in eine Moschee umgewandelt.

1

STADTMAUER

Historische Kuppel
Die auf schmückenden Pendentifs ruhende Zentralkuppel misst 32 m im Durchmesser und erhebt sich 56 m über den Grund.

Die Hauptstadt der Welt

Ob unter dem Namen Byzanz, Neues Rom, Konstantinopel oder Istanbul, die Stadt am Bosporus hat eine beeindruckende Geschichte.

„Wenn die Welt aus nur einem Land bestünde, wäre Istanbul dessen Hauptstadt." – Der französische Kaiser Napoleon Bonaparte war ein großer Bewunderer alter Kulturen und entdeckte in der damals osmanischen Hauptstadt die jahrhundertealten Spuren mächtiger Reiche. Unter all den verschiedenen Namen, die Istanbul im Verlauf seiner fast 3000-jährigen Geschichte trug, war es eine einzigartige Stadt. Dies verdankt es seiner strategischen Lage an der Nahtstelle zweier Kontinente. Napoleon lag mit seiner Aussage also nicht falsch.

Manche Regionen spielten aufgrund ihrer einzigartigen geografischen Lage eine herausragende Rolle in der Geschichte. Im östlichen Mittelmeer verbinden die Meerengen des Bosporus und der Dardanellen das Schwarze Meer mit der Ägäis. Sie markieren gleichzeitig die Grenze zwischen Europa und Asien. Seit der Schlacht am Granikos, dem Auftakt zum Eroberungszug Alexanders des Großen durch Asien, bis zur Schlacht von Gallipoli im Ersten Weltkrieg weckte diese Region das Begehren vieler Völker und Imperien. Grund war die privilegierte Lage, die es erlaubte, den Handelsverkehr von Ost nach West und von Nord nach Süd zu kontrollieren.

Griechische Kolonie Byzantion

Istanbul wurde im 7. Jahrhundert v. Chr. am Eingang zum Bosporus gegründet. Der Ort erhielt den Namen Byzantion, weil die griechischen Siedler aus der Stadt Megara stammten, deren König Byzas hieß. Perser, Spartaner, Athener, Makedonier und sogar keltische Stämme von weit her attackierten und eroberten die Stadt, bis im 2. Jahrhundert v. Chr. mit der Ankunft der Römer eine lange Phase der Stabilität anbrach. 330 n. Chr. machte Konstantin der Große Byzanz zur Hauptstadt seines Reichs, weil Rom immer wieder von Völkern aus dem Norden und Osten Europas bedrängt

wurde. Der Kaiser gestaltete die Stadt nach römischen Vorstellungen um, installierte einen Senat und nannte sie Neues Rom. Seine Nachkommen gaben ihr dann den Namen Konstantinopel (Konstantinopolis – Stadt des Konstantin). Diese Bezeichnung hielt sich in Europa bis zum Beginn des 20. Jahrhunderts. Knapp ein Jahrhundert nach ihrer Neugründung war die Bevölkerung der neuen Reichshauptstadt von 40 000 auf 500 000 Einwohner angewachsen.

Das Oströmische Reich und sein unmittelbarer Erbe, das Byzantinische Reich, beherrschten nach dem folgenreichen Beschluss Konstantins mehr als 1000 Jahre den östlichen Mittelmeerraum. Die Stadt entfernte sich zunehmend von der römischen Kultur, übernahm Griechisch als Amtssprache und übte großen Einfluss auf die christliche Welt aus. Aus dieser Machtposition heraus entstand auch die Hagia Sophia, ein prächtiger Kirchenbau mit einmaligen Kuppeln, der 1500 Jahre wechselvoller Geschichte überstand: Dazu gehörten das Schisma im 11. Jahrhundert, das Konstantinopel zur Hauptstadt der Orthodoxie machte, verschiedene Plünderungen während der Kreuzzüge und die Umwandlung in eine Moschee nach der Eroberung durch die Osmanen 1453. Nach der Gründung der Republik Türkei wurde das Bauwerk 1935 in ein Museum umgestaltet.

📷
←Goldenes Horn
Diese mit dem Bosporus verbundene Bucht teilt den europäischen Teil Istanbuls in die Altstadt und den Stadtbezirk Galata.
↓Cisterna Basilica
Die Zisterne aus dem Jahr 532 ist der größte von 60 in byzantinischer Zeit erbauten Wasserspeichern. Sie ist 9800 m² groß und hat 336 Marmorsäulen.
↓↓İstiklal Caddesi
Im Viertel Beyoğlu führt eine 3 km lange Straßenbahnlinie durch die beliebteste Einkaufsstraße der Stadt.

Erholung

Unberührt von der langen Geschichte der gepflasterten Gassen im alten Viertel des Zentrums mit seinen typischen, mit schmiedeeisernen Balkonen verzierten Fassaden, genießen die Bewohner des modernen Istanbul heute die abendliche Atmosphäre der Kneipen in Nevizade Sokak, das exklusive Einkaufserlebnis in der İstiklal Caddesi (Straße der Unabhängigkeit) oder das Kommen und Gehen im Großen Basar. Hier entspannen sich die Menschen bei einem Glas Tee von der Hektik des Alltags und verbringen die Zeit mit einer angeregten Unterhaltung.

Durch die Zuwanderung vor allem aus dem asiatischen Teil der Türkei hat sich die Bevölkerung der Stadt in nur 25 Jahren vervierfacht, und entsprechend groß ist heute die Verkehrsbelastung. Die Istanbuler sind begeisterte Fußballfans. In ihrer Stadt spielen viele der erfolgreichsten türkischen Fußballvereine. Außerdem pflegen sie das Familienleben. Beliebt sind Ausflüge in die Viertel jenseits des Goldenen Horns, wo man die Restaurants am Fischmarkt von Beyoğlu besucht. Dieses Viertel hat sich etwas von dem kosmopolitischen und westlichen Flair bewahrt, das es zu Beginn des 20. Jahrhunderts durch die vielen in der Stadt tätigen Ausländer entwickelt hatte.

Hagia Sophia

Dieses Wunderwerk der byzantinischen Architektur und Ingenieurskunst war über 1000 Jahre die größte Kathedrale der Welt und beeinflusste viele spätere Kirchenbauten.

Pendentifs
Konstruktionselemente in Form sphärischer Dreiecke, die vom quadratischen Grundriss des Unterbaus zum Fußkreis der Kuppel überleiten.

Halbkuppeln Sie stützen die zentrale Kuppel.

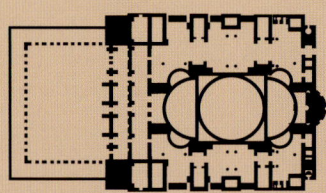

Mosaiken
Die zahlreichen byzantinischen Mosaiken im Inneren der Hagia Sophia sind besonders wertvoll.

Struktur
Die Hagia Sophia hat eine Fläche von circa 100 x 70 m und besitzt ein Mittelschiff und zwei Seitenschiffe.

Atrium In das von Säulengängen umgebene Atrium wurde ein großes Gefäß mit geweihtem Wasser gestellt.

Minarette Sie wurden im 15. und 16. Jahrhundert unter osmanischer Herrschaft hinzugefügt.

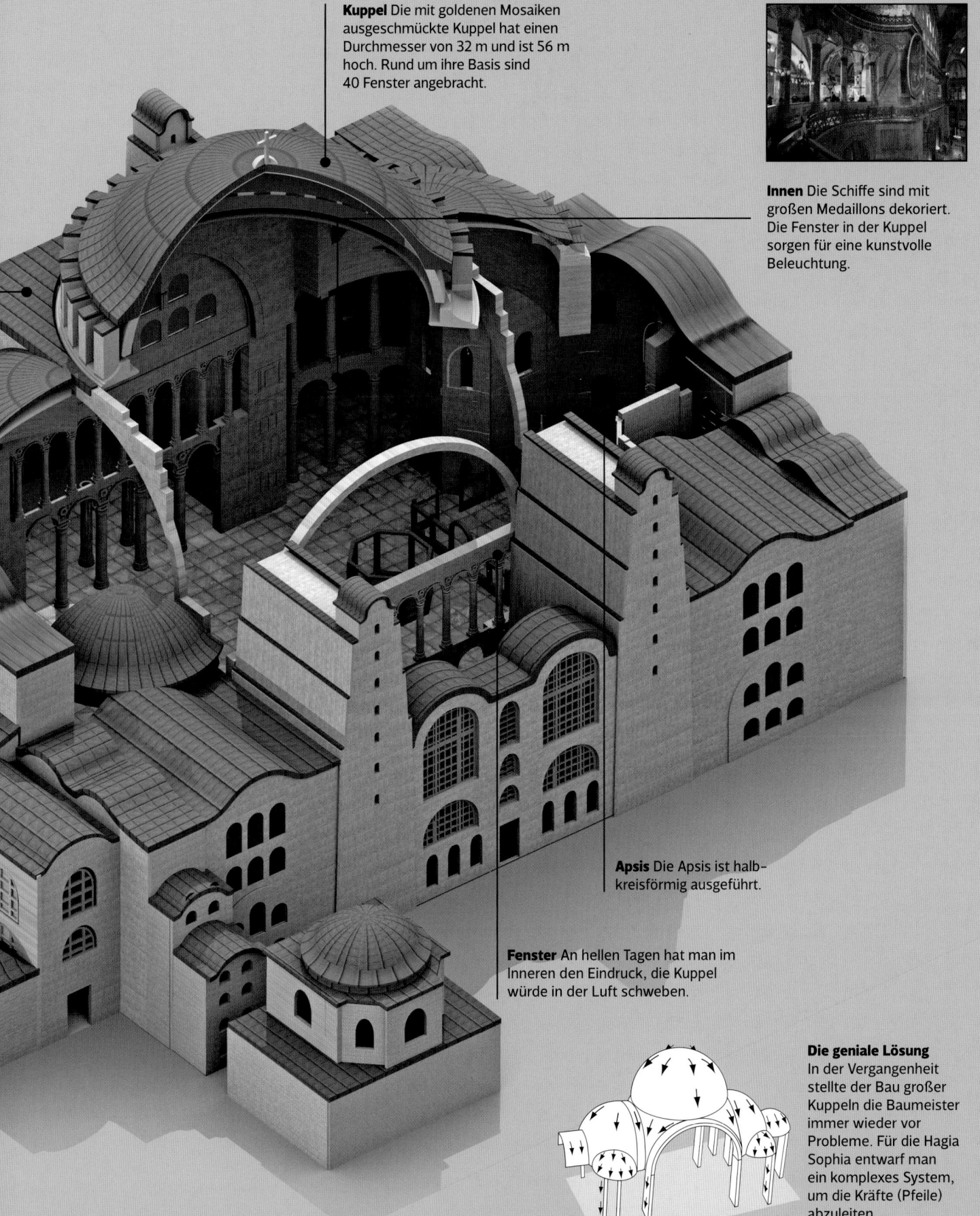

Kuppel Die mit goldenen Mosaiken ausgeschmückte Kuppel hat einen Durchmesser von 32 m und ist 56 m hoch. Rund um ihre Basis sind 40 Fenster angebracht.

Innen Die Schiffe sind mit großen Medaillons dekoriert. Die Fenster in der Kuppel sorgen für eine kunstvolle Beleuchtung.

Apsis Die Apsis ist halbkreisförmig ausgeführt.

Fenster An hellen Tagen hat man im Inneren den Eindruck, die Kuppel würde in der Luft schweben.

Die geniale Lösung
In der Vergangenheit stellte der Bau großer Kuppeln die Baumeister immer wieder vor Probleme. Für die Hagia Sophia entwarf man ein komplexes System, um die Kräfte (Pfeile) abzuleiten.

JERUSALEM

Heiliges Land

Die heilige Stadt der drei großen monotheistischen Religionen – Judentum, Christentum und Islam – umfasst viele Orte, deren Namen tief im kollektiven Gedächtnis der Menschheit verankert sind.

Jerusalem

Israel

Christen, Juden und Muslime

In Jerusalem können Christen über die Via Dolorosa pilgern, den Kreuzweg, über den Jesus Christus mit dem Kreuz auf der Schulter zum Kalvarienberg (Golgota) geführt wurde. Sie können die Grabeskirche, den Ölberg und die Stätte des letzten Abendmahls besuchen. Muslime bewundern den Felsendom und die Al-Aqsa-Moschee, und Juden können am Fuß der Klagemauer ein Gebet sprechen.

MITTELMEER

JERUSALEM Karten-ausschnitt

N

Knesset

Das israelische Parlament hat seinen Sitz in der Neustadt im Bereich des Sacher Parks. Das nach der Gründung des Staates Israel errichtete Gebäude wurde von der Bankiersfamilie Rothschild finanziert.

SACHER PARK

Israel-Museum

In dem 1965 gegründeten Museum sind Sammlungen zur Geschichte und Kultur Israels von der Prähistorie bis zur zeitgenössischen Kunst untergebracht. Hier werden einige Schriftrollen vom Toten Meer und ein Stadtmodell von Jerusalem zur Zeit von Jesus Christus (Foto) präsentiert.

Kreuzkloster

Das in einem Tal gelegene, festungsartige Bauwerk wurde im 11. Jahrhundert auf Befehl von König Bagrat IV. von Georgien errichtet. Nach der christlichen Überlieferung wurde es an der Stelle des Baumes erbaut, aus dem das Kreuz für Jesus Christus gemacht worden war.

FAKTEN UND ZAHLEN ÜBER JERUSALEM

DOPPELTE HAUPTSTADT
Der Konflikt zwischen Juden und Palästinensern ist eines der schwierigsten Kapitel in Jerusalems Geschichte, der Stadt,

die beide Seiten als ihre Hauptstadt beanspruchen.

Breite 31° 47' 0" N
Länge 35° 13' 0" O
Höhe 757 m über dem Meeresspiegel

Fläche 125,2 km²
Einwohner 987 400 (3,8 Millionen in der Metropolregion)
Bevölkerungsdichte 7886 Einw./km²
Gründung 2000 v. Chr.

Gründer König David machte Jerusalem zur Hauptstadt.

Tausendjährige Wurzeln
Seit der Jungstein- oder Kupferzeit

besiedelt, war Jerusalem Mitte des 2. Jahrtausends v. Chr. bereits eine befestigte Stadt. Um das Jahr 1000 v. Chr. eroberte König David Jeru-

salem und machte es zu seiner Hauptstadt.

Altstadt

Die Altstadt, das ursprüngliche Zentrum Jerusalems, liegt am Fuß des Tempelbergs und ist in ein jüdisches, christliches, armenisches und muslimisches Viertel aufgeteilt. Sie wird von einer Mauer mit sieben Toren (vier weitere sind verschlossen) begrenzt, die Mitte des 16. Jahrhunderts nach der Eroberung durch die Osmanen errichtet wurde.

Grabeskirche
Die Kirche vom heiligen Grab wurde im 4. Jahrhundert im Christlichen Viertel an jener Stelle des Kalvarienbergs erbaut, an der Jesus Christus vermutlich gekreuzigt und begraben wurde.

Felsendom
In diesem zwischen 687 und 691 entstandenen Bauwerk soll sich der Fels befinden, auf dem Abraham, Stammvater der Juden, Christen und Muslime, seinen Sohn Isaak zu opfern bereit war und von dem der Prophet Mohammed seine Himmelsreise antrat.

Klagemauer
Diese Mauer ist der Rest des Tempels von Jerusalem und eine heilige Stätte für Juden.

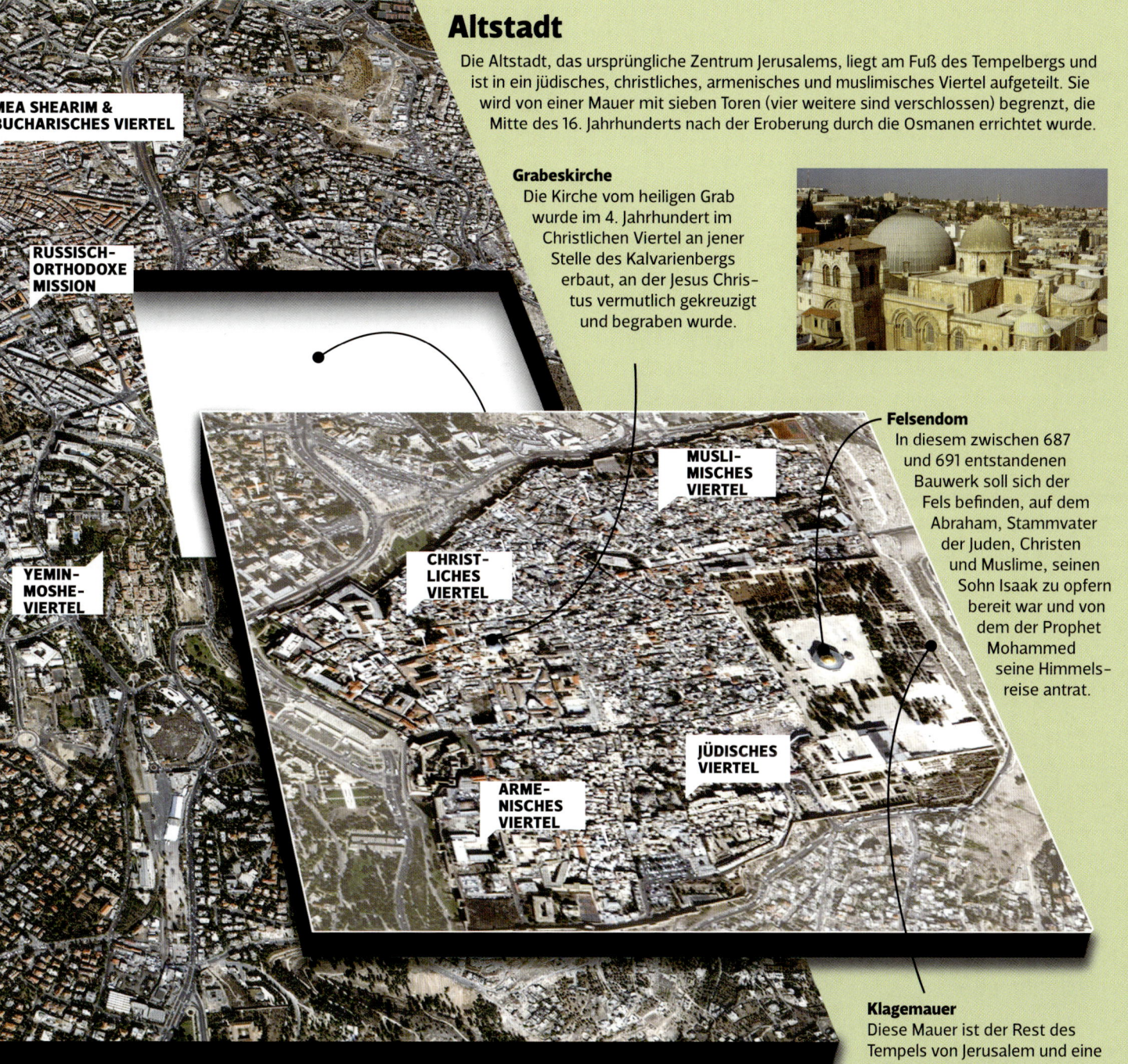

MEA SHEARIM & BUCHARISCHES VIERTEL
RUSSISCH-ORTHODOXE MISSION
YEMIN-MOSHE-VIERTEL
MUSLIMISCHES VIERTEL
CHRISTLICHES VIERTEL
ARMENISCHES VIERTEL
JÜDISCHES VIERTEL

Die begehrte Stadt

Juden, Muslime und Christen haben über drei Jahrtausende um dieses kleine Stückchen Land zwischen Mittelmeer und Totem Meer gekämpft.

Seit dem Altertum haben Menschen bis zum Letzten um das eigene Überleben, das ihrer Familien, ihres Stamms, ihres Königs oder um jenes Land gekämpft, das sie als ihres beanspruchten. Doch es gibt noch ein machtvolleres Motiv, um zu den Waffen zu greifen – die Religion. Obwohl sie den gleichen Gott verehren, haben die Völker der monotheistischen Religionen – Christen, Juden und Muslime – über Jahrhunderte um ein kleines, befestigtes Stück Land gerungen, das am Rande der fruchtbaren Ebene zwischen Mittelmeer und Totem Meer liegt. Besonders heftig umkämpft war der Tempelberg in der Altstadt von Jerusalem.

Dieses knapp 15 ha große Plateau war der Standort, den König Salomon vor 3000 Jahren für den Tempel auswählte, in dem die Bundeslade mit den Tafeln der Zehn Gebote aufbewahrt werden sollte. Die Juden nannten den Hügel Tempelberg und identifizierten ihn als jenen Ort, an dem Abraham fast seinen Sohn Isaak geopfert hätte. 1000 Jahre später, zu Beginn unserer Zeitrechnung, verbreitete in Jerusalem ein jüdischer Prediger namens Jesus seine Botschaft und wurde wegen seiner abweichenden Ansichten ans Kreuz geschlagen. Für seine Anhänger war er der Messias; sie griffen seine Lehre auf und gründeten das Christentum. Im 4. Jahrhundert übernahmen die Römer den neuen Glauben, der heute die größte Weltreligion ist.

Über 600 Jahre nach Jesus eroberten im 7. Jahrhundert die Anhänger des Propheten Mohammed die Stadt und errichteten am ehemaligen Standort von Salomons Tempel den Felsendom und die Al-Aqsa-Moschee. Auch die Muslime sahen in Abraham ihren Stammvater und verteidigten den Tempelberg als heiligen Ort, von dem Mohammed seine mystische Reise durch die sieben Himmel antrat. Aus Sorge um das Schicksal der heiligen Stätten der Christenheit unter dem Regime der Muslime riefen die römischen Päpste zu den Kreuzzügen auf. Gemeinsam zogen Truppen aus verschiedenen europäischen Ländern in Richtung Jerusalem, um die Stadt vom Islam zu befreien. Die Erfolge der Kreuzritter waren jedoch nur von kurzer Dauer. Jerusalem blieb bis zu Beginn des 20. Jahrhunderts in muslimischer Hand.

Hauptstadt von Israel

1948 wurde der Staat Israel mit Jerusalem als Hauptstadt gegründet. Die Bevölkerung war eine Mischung aus dort ansässigen Juden und arabischen Palästinensern sowie kurz zuvor aus allen Ecken der Welt zugezogenen Juden. Trotz der Erfahrung einer relativ harmonischen Koexistenz über Jahrhunderte im Maghreb, Nahen Osten

←←Christliches Viertel
Eine Straße des Ad-Dabbagha-Markts im Christlichen Viertel der Altstadt.

←Felsendom
Das älteste muslimische Bauwerk der Stadt ist durch seine goldene Kuppel bekannt.

↙Klagemauer
Orthodoxe Juden beten an der berühmten Klagemauer.

↓Via Dolorosa
Eine Passage auf dem „Leidensweg", den Jesus Christus vor seinem Tod beschritt.

und in Europa erwiesen sich gute Beziehungen zwischen Juden und Muslimen, zwischen Israel und seinen arabischen Nachbarn als unmöglich. Dieser Konflikt ist bis heute ungelöst.

Ein Blick auf eine Karte der Jerusalemer Altstadt bestätigt die Vorstellung, dass es lange Phasen des friedlichen Zusammenlebens der drei Religionen gab. Auf einem knapp 1 km² großen Areal unterhalb der Klagemauer die Westwand des einstigen Tempelareals liegen die traditionellen Viertel von Juden, Muslimen, Christen und Armeniern dicht nebeneinander. Beim Gang durch die Straßen der Stadt jedoch werden die Spannungen zwischen den jüdischen und arabischen Bevölkerungsgruppen sichtbar. Und auch innerhalb der

jüdischen Bevölkerung wachsen die Konflikte zwischen Ultraorthodoxen, die eine strenge Einhaltung des Sabbats fordern, und säkularen Israelis, die sich an westlichen Moden orientieren.

Obwohl ein Palästinenserstaat noch nicht existiert, ist Jerusalem faktisch die einzige Stadt der Welt, die gleichzeitig von zwei Staaten als Hauptstadt beansprucht wird. Es gibt zwei nur rund 1 km voneinander entfernte Zentren. Westjerusalem ist die moderne, jüdische Stadt mit den Amtsgebäuden des Staates Israel. Ostjerusalem – die muslimischen Viertel inklusive der Altstadt – ist ärmer und chaotischer als der Westteil. Seit 2003 trennt eine von der israelischen Armee errichtete Sperrmauer Jerusalem vom Palästinensergebiet.

Grabeskirche

Bereits 335 ließ Konstantin der Große an dem Ort, an dem Jesus Christus den Märtyrertod starb, ein Heiligtum errichten, das die Kreuzfahrer dann im 12. Jahrhundert komplett umgestalteten.

Kuppel
Die Kuppel hat eine Höhe von 34 m und einen Durchmesser von 20,5 m. Nach der Zerstörung durch ein Erdbeben 1927 wurde sie neu aufgebaut.

Salbungsstein Dieser Stein links neben dem Haupteingang stammt aus dem Jahr 1808 (sein Vorläufer wurde zerstört) und erinnert an jenen Stein, auf dem der Leichnam von Jesus Christus nach jüdischem Ritual vor der Bestattung gesalbt wurde.

Mauern Die inneren Wände sind aus Naturstein errichtet, die äußeren aus Backstein, um das Gewicht zu reduzieren.

Kloster Das Kloster wurde im 11. Jahrhundert von der koptischen Kirche eingerichtet, die nach dem Konzil von Chalcedon 451 eigenständig geworden war. Der Tradition verbunden, haben sich hier Glaube und Lehre der Orthodoxie in der ursprünglichen Form erhalten.

Haupteingang Er wurde im 12. Jahrhundert von Kreuzfahrern erbaut.

Mönchszellen Sie wurden im Laufe der Geschichte in das Bauwerk integriert und sind teilweise gut versteckt.

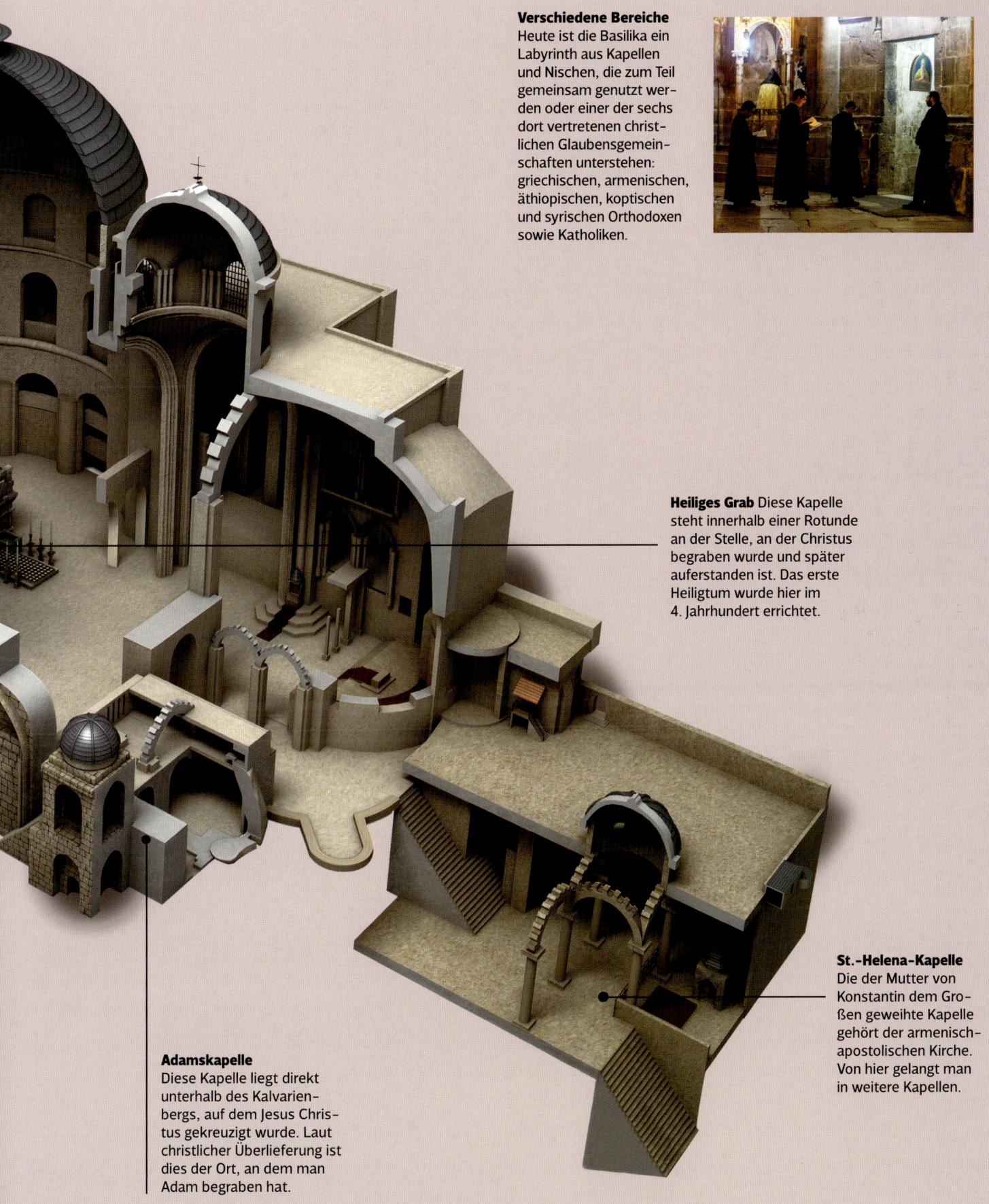

Verschiedene Bereiche
Heute ist die Basilika ein Labyrinth aus Kapellen und Nischen, die zum Teil gemeinsam genutzt werden oder einer der sechs dort vertretenen christlichen Glaubensgemeinschaften unterstehen: griechischen, armenischen, äthiopischen, koptischen und syrischen Orthodoxen sowie Katholiken.

Heiliges Grab Diese Kapelle steht innerhalb einer Rotunde an der Stelle, an der Christus begraben wurde und später auferstanden ist. Das erste Heiligtum wurde hier im 4. Jahrhundert errichtet.

St.-Helena-Kapelle
Die der Mutter von Konstantin dem Großen geweihte Kapelle gehört der armenisch-apostolischen Kirche. Von hier gelangt man in weitere Kapellen.

Adamskapelle
Diese Kapelle liegt direkt unterhalb des Kalvarienbergs, auf dem Jesus Christus gekreuzigt wurde. Laut christlicher Überlieferung ist dies der Ort, an dem man Adam begraben hat.

DUBAI

Künstliches Paradies

Durch die rasante Urbanisierung sind die historischen Zentren – Deira im Norden und Dubai im Süden – inzwischen verschmolzen.

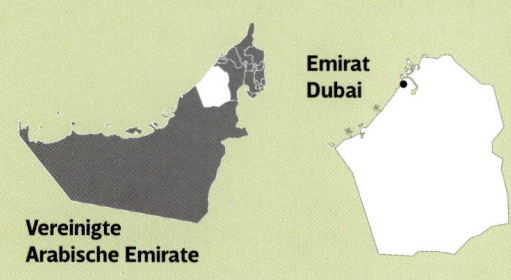

Emirat Dubai

Vereinigte Arabische Emirate

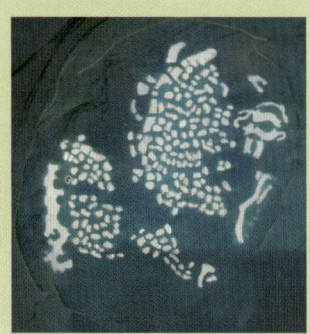

The World

Zu den extravagantesten Mega-projekten in Dubai gehört die Planung von vier künstlichen Inselgruppen im Meer, die durch Aufschütten von Sand geschaffen werden sollen. Besonders spektakulär ist das Projekt „The World" mit 300 kleinen Inseln, die rund 5 km vor der Küste als Ganzes die Silhouette der fünf Kontinente nachbilden und eine Fläche von 6 x 9 km belegen. Wegen der 2008 einsetzenden Finanzkrise sind aber bisher weniger Inseln, als ursprünglich geplant, aufgeschüttet worden.

ATLANTIS

Palm Jumeirah

Zu den künstlichen Archipelen vor der Küste Dubais gehört auch Palm Jumeirah. Hier bilden die Inseln die Form einer riesigen Palme, die über Stamm und Wurzeln mit dem Ufer verbunden ist. Jeder Palmwedel ist eine Straße, die an beiden Seiten von Geschäften und Einrichtungen für Freizeit und Entspannung gesäumt wird.

Atlantis Hotel
Eines der besten Hotels in Dubai steht auf Palm Jumeirah.

THE WORLD

DUBAI

Karten-ausschnitt

PALM JUMEIRAH

N

⊕ FAKTEN UND ZAHLEN ÜBER DUBAI

EMIRAT DUBAI
Die Stadt Dubai ist das Zentrum des gleichnamigen Emirats, das seit 1971 mit sechs anderen Emiraten die Vereinigten Arabischen Emirate mit der Hauptstadt Abu Dhabi bildet.

Breite 25° 15' 0" N
Länge 55° 16' 0" O
Höhe 12 m über dem Meeresspiegel

Fläche 4114 km²
Einwohner 2 262 000
Bevölkerungsdichte 550 Einw./km²
Gründung Mittelalter

Perlen und Handel
Die ersten Siedlungen in dieser Küstenregion der Arabischen Halbinsel entstanden im Mittelalter im Zuge der Perlentaucherei und des intensiven Handels mit Indien über die Straße von Hormus. Im 19. Jahrhundert begann unter der Herrschaft der Familie Maktum die Expansion, als in der Bucht ein Handelshafen eingerichtet wurde, der sich schnell zum wichtigsten Hafen im Persischen Golf entwickelte.

Downtown

Nach dem Vorbild nordamerikanischer Städte entstand um das historische Zentrum Dubais die Downtown mit modernen Hochhäusern. Hier findet man einige der höchsten Gebäude der Stadt, eine monumentale Fontäne inmitten eines künstlichen Sees und die Dubai Mall, das größte Einkaufszentrum der Welt.

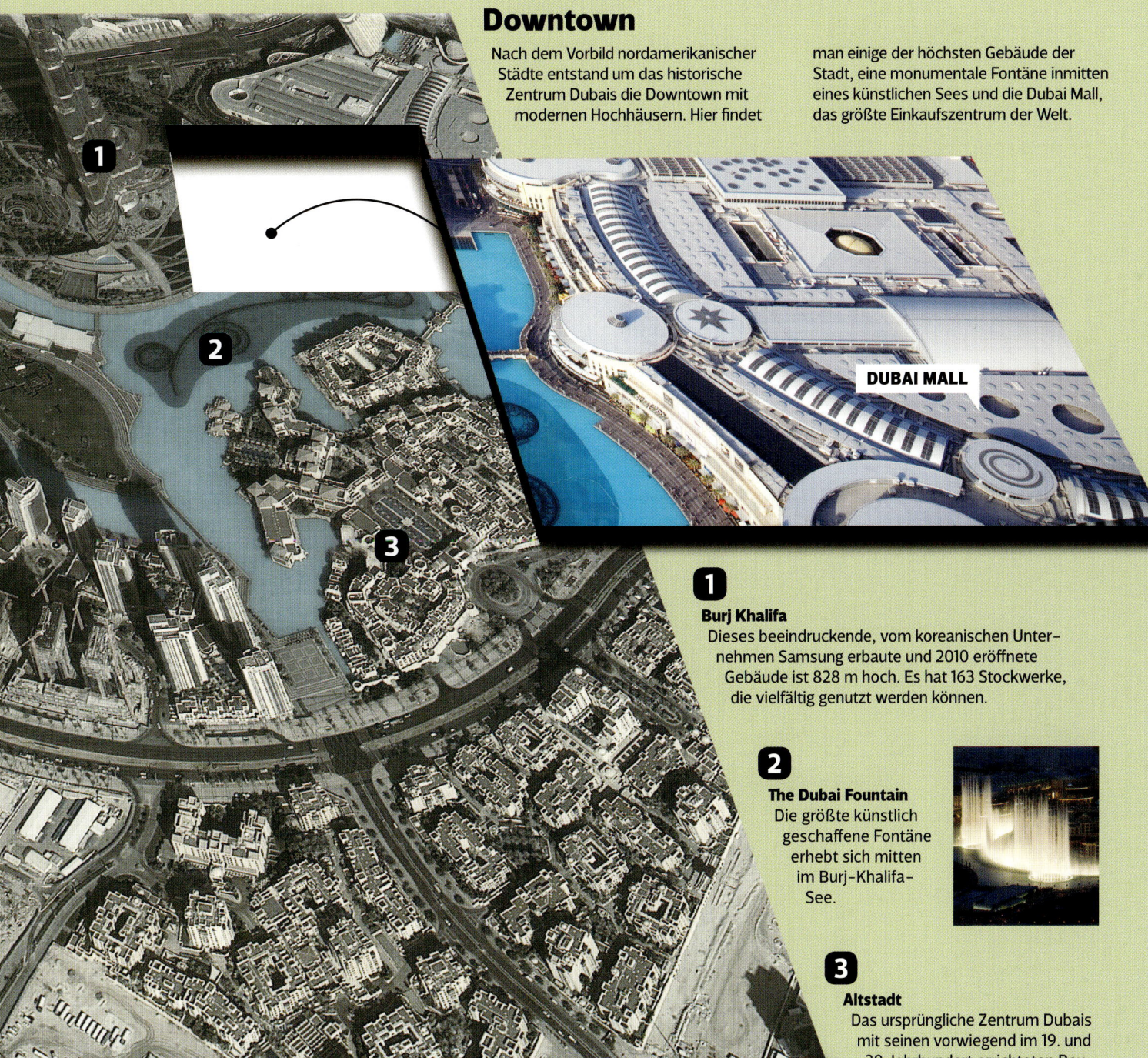

DUBAI MALL

1 Burj Khalifa
Dieses beeindruckende, vom koreanischen Unternehmen Samsung erbaute und 2010 eröffnete Gebäude ist 828 m hoch. Es hat 163 Stockwerke, die vielfältig genutzt werden können.

2 The Dubai Fountain
Die größte künstlich geschaffene Fontäne erhebt sich mitten im Burj-Khalifa-See.

3 Altstadt
Das ursprüngliche Zentrum Dubais mit seinen vorwiegend im 19. und 20. Jahrhundert errichteten Bauten liegt südlich des künstlich geschaffenen Sees.

Luxusoase am Persischen Golf

Dubai, an der Küste des Persischen Golfs, hat sich zur Stadt der Rekorde entwickelt. Die Einwohnerzahl stieg seit etwa 1950 auf das 75-Fache.

Weder London während der industriellen Revolution noch San Francisco beim Goldrausch oder das New York des 19. Jahrhunderts haben ein ähnlich rasantes Wachstum erlebt wie Dubai. Nur das chinesische Shenzhen wuchs als Planstadt noch schneller. Dubai entstand aus bescheidenen Anfängen als Küstenort am Rande der Arabischen Wüste. Nach dem Zweiten Weltkrieg hatte die Hafenstadt rund 30 000 Einwohner, doch die Zahl wuchs durch enorme wirtschaftliche Anstrengungen und Immigration auf fast 2,3 Millionen Einwohner im Jahr 2008.

Wolkenkratzerfieber

Überall auf der Welt ist die Zahl der Wolkenkratzer ein zuverlässiger Indikator für die Wirtschaftskraft einer Stadt. Bis zur Eröffnung des Burj Al Arab 1999, des berühmten Hotels mit der prägnanten Silhouette eines Segels, war das Hyatt Regency das höchste Gebäude der Stadt, das heute nur noch auf Platz 150 rangiert. Zur Hochzeit des Baubooms 2007 waren in Dubai 20 Prozent aller weltweit verfügbaren Baukräne eingesetzt. Das Musterbeispiel ist der Burj Khalifa, das einzige 7-Sterne-Hotel der Welt und weltweit höchste Gebäude. Mit 828 m ist es doppelt so hoch wie das Empire State Building in New York.

Diese Immobilienwelle, die weitgehend entlang der Sheikh Zayed Road an der Küste rollte, ist ein Indikator für Dubais jüngste Geschichte. Heute sind 80 Prozent der Einwohner Ausländer. Die Mehrheit bilden gering qualifizierte Arbeiter aus Vorder-, Süd- und Südostasien – Iraner, Inder, Pakistaner und Filipinos –, die dort unter Bedingungen des 19. Jahrhunderts eine Beschäftigung finden. Bei der Einreise in das Emirat müssen sie ihren Pass bei der Polizei abgeben. Sie bekommen wenig Lohn, leben wegen der hohen Mieten in überfüllten Unterkünften und dürfen sich nicht gewerkschaftlich organisieren.

Westliche Ausländer, vorrangig Briten, machen nur einen kleinen Anteil aus und bekleiden Führungsfunktionen in den Unternehmen des Emirats. Im Gegensatz zu den Arbeitern aus Asien bekommen diese Fachkräfte sehr hohe Gehälter, was viele ermutigt, das arabische Abenteuer zu wagen, oft zusammen mit der ganzen Familie. Diese gut situierten Ausländer und die Einheimischen (20 Prozent der Gesamtbevölkerung) sind der Grund, warum man auf Dubais Straßen die höchste Konzentration von Luxuslimousinen weltweit findet, obwohl der traditionelle arabische Rhythmus eigentlich der Hektik von Business und Konsum entgegensteht.

Wichtiges Finanzzentrum

Das Konzept „Weltspitze" zu sein, ist ein wiederkehrendes Thema dieser Stadt. Dubai liegt strategisch günstig zur Straße von Hormus und ist eine traditionelle Zwischenstation für Händler im Persischen Golf. Seit dem Mittelalter war die Region durch den Export von Perlen bekannt. In den 1960er-Jahren setzte mit der Entdeckung von Öl- und Gasvorkommen entlang der Küste eine erste grundlegende Veränderung ein. Doch die Maktum-Dynastie sah das Ende der Ölreserven voraus und verwandelte die Stadt unter dem Motto „Dubai, Do Buy" in ein Finanz-, Handels- und Tourismuszentrum.

Mit diesem Konzept als Vorgabe errichtete Dubai innerhalb eines knappen Jahrzehnts die höchsten Gebäude, das größte Hotel, den größten Hafen und das größte Einkaufszentrum der Welt. Das berühmte Dubai Shopping Festival mit Sonderangeboten aus der kurz zuvor abgelaufenen Modesaison ist jedes Jahr eine wahre Konsumorgie. Doch damit nicht genug: Hier findet man

📷

← ←**The Dubai Fountain**
Die 2009 eröffnete Fontänenanlage gilt als die größte der Welt. Sie ist 275 m lang und schleudert das Wasser 150 m hoch in den Himmel.

←**Sheikh Zayed Road**
Zu beiden Seiten dieser Prachtstraße, der Lebensader der Stadt, erheben sich die riesigen Wolkenkratzer des Finanzviertels.

↙**Mall of the Emirates**
In diesem beeindruckenden Einkaufszentrum findet man eine besondere Kuriosität: Ski Dubai, eine überdachte Skipiste.

das erste Unterwasserhotel und den ersten sich drehenden Wolkenkratzer der Welt. Direkt vor der Küste gibt es künstliche Inselgruppen und als Krönung in der Stadt eine Halle mit einer Skipiste – all das in einer der heißesten und trockensten Regionen der Welt.

Die Ausweitung der Finanzkrise der westlichen Ökonomien führte dann aber auch in Dubai zu erheblichen Problemen. 2009 fielen innerhalb von nur 6 Monaten die Immobilienpreise und Büromieten um 40 Prozent. Einige der Hauptinvestoren der Emirate häuften gewaltige Schulden an, weshalb die Zweifel an diesem ungewöhnlichen Wirtschaftsmodell wachsen. Es konnte bisher nur dank massiver Unterstützung mit Petrodollar seitens der Regierung der Vereinigten Arabischen Emirate am Laufen gehalten werden.

Burj Al Arab

Das Burj Al Arab, dessen Form an ein Schiffssegel erinnert, gilt als das beste Hotel der Welt. Das 321 m hohe Bauwerk wurde auf einer künstlichen Insel errichtet.

Atrium
Mit 182 m ist dies die höchste Hotellobby der Welt. Innen ist sie mit Marmor, Blattgold, Samt, Springbrunnen, Lichteffekten und Aquarien ausgeschmückt.

Lichter Stroboskoplichter sorgen für eine Beleuchtung mit 150 Farbwechseln. Die Lichtstrahlen werden auf das riesige Segel des Gebäudes projiziert.

Riesensegel
Das Segel besteht aus glasfaserverstärktem Kunststoff und ist mit Teflon beschichtet, um Wind, Schmutz und Wüstenhitze standzuhalten. Die Gesamtfläche von 15 000 m² verteilt sich auf ein Dutzend Paneele.

Insel Die dreieckige Insel hat eine Seitenlänge von 150 m. Das Gebäude ruht auf 250 Stützpfeilern, die bis 45 m in den Meeresuntergrund hinabreichen.

Heliport Der Hubschrauberlandeplatz befindet sich in 212 m Höhe. Im Februar 2005 lieferten sich Roger Federer und Andre Agassi hier ein spektakuläres Tennismatch.

Zugang Das Hotel liegt 250 m vor der Küste und ist über eine Brücke erreichbar.

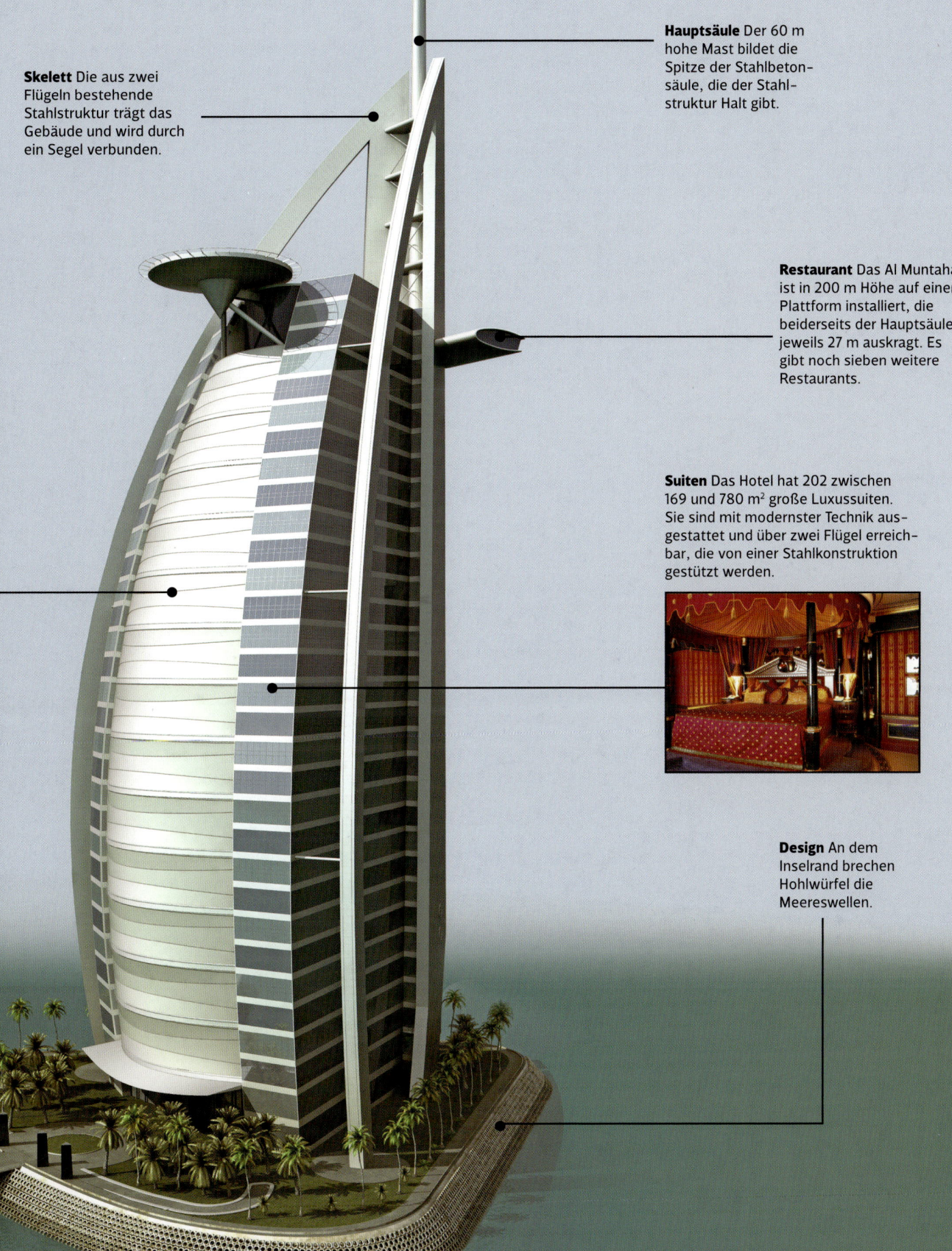

Hauptsäule Der 60 m hohe Mast bildet die Spitze der Stahlbetonsäule, die der Stahlstruktur Halt gibt.

Skelett Die aus zwei Flügeln bestehende Stahlstruktur trägt das Gebäude und wird durch ein Segel verbunden.

Restaurant Das Al Muntaha ist in 200 m Höhe auf einer Plattform installiert, die beiderseits der Hauptsäule jeweils 27 m auskragt. Es gibt noch sieben weitere Restaurants.

Suiten Das Hotel hat 202 zwischen 169 und 780 m² große Luxussuiten. Sie sind mit modernster Technik ausgestattet und über zwei Flügel erreichbar, die von einer Stahlkonstruktion gestützt werden.

Design An dem Inselrand brechen Hohlwürfel die Meereswellen.

SYDNEY

Die Stadt der Buchten

Das Stadtzentrum von Sydney ist im Vergleich zu seiner weitläufigen Metropolregion relativ klein.

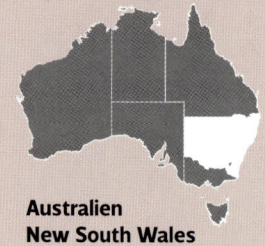

**Australien
New South Wales**

Sydney

Stadtzentrum

Das südlich von Port Jackson entstandene historische Zentrum von Sydney ist inzwischen zum Central Business District (CBD) geworden, den die Wolkenkratzer der multinationalen Unternehmen und Banken prägen. Der Hyde Park liegt im Süden, der Royal Botanic Garden im Osten und das Viertel The Rocks mit den ältesten Bauwerken der Stadt im Westen.

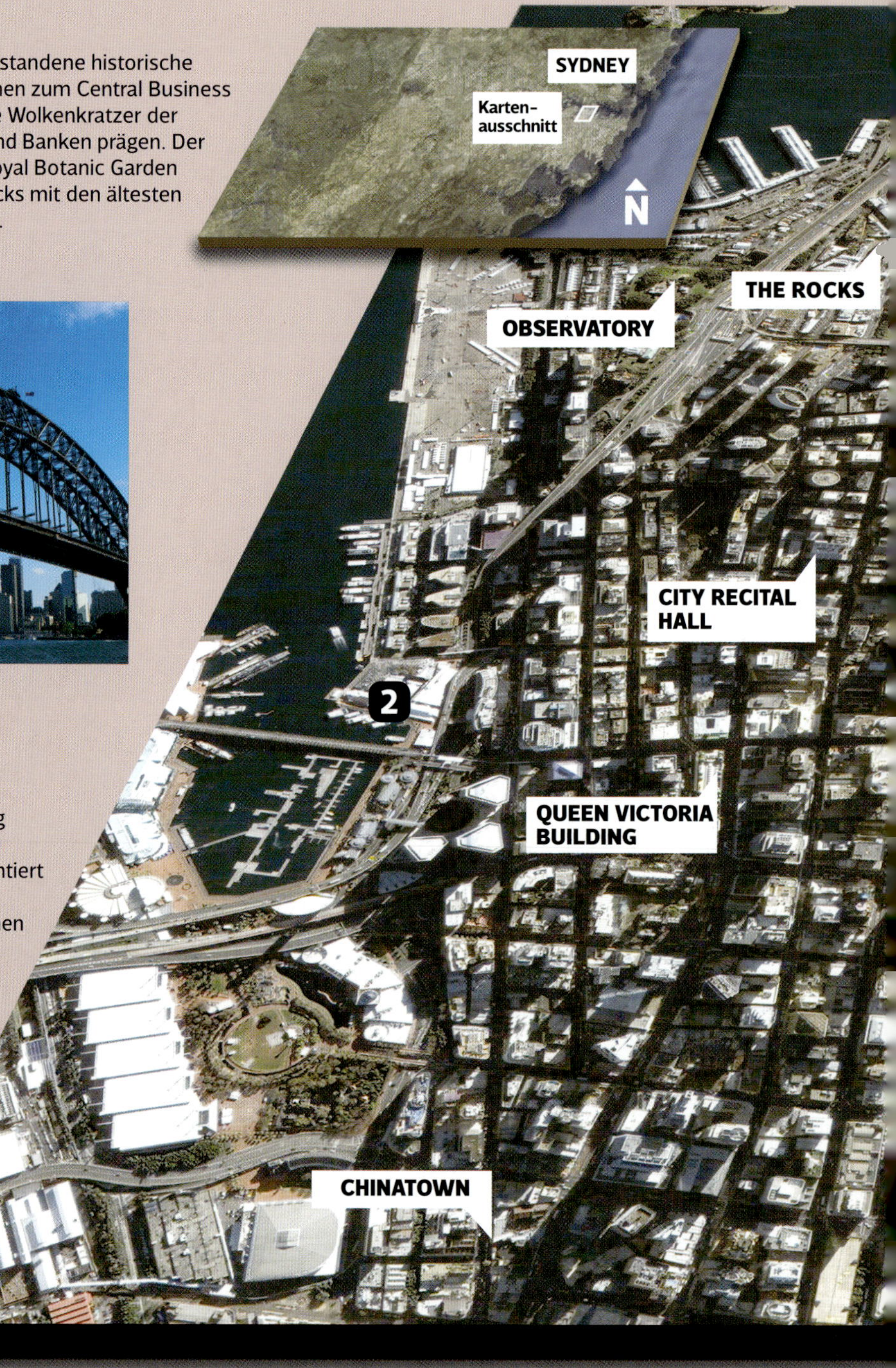

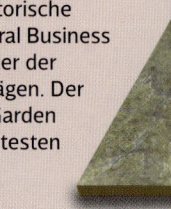

SYDNEY

Karten-
ausschnitt

N

THE ROCKS

OBSERVATORY

 1

Sydney Harbour Bridge

Die Arbeiten an der mit 1149 m längsten Bogenbrücke der Welt begannen 1924, eröffnet wurde sie 1932. Die Brücke verbindet das Zentrum der Stadt mit dem Nordufer.

CITY RECITAL HALL

2

2

Sea Life Sydney Aquarium

Das Sydney Aquarium am Darling Harbour, einem der beliebtesten Touristenviertel der Stadt, präsentiert mehr als 12 000 Fischarten und Meeresbewohner der australischen Küste, speziell des Great Barrier Reef, sowie der angrenzenden Regionen des Pazifiks und des Indischen Ozeans.

QUEEN VICTORIA BUILDING

 3

Hyde Park Barracks Museum

Das Gebäude wurde 1818 von dem Sträfling und Architekten Francis Greenway entworfen und von Häftlingen aus Großbritannien erbaut. Bis 1848 wurde es als Gefängnis genutzt; heute ist es ein Museum.

CHINATOWN

🌐 FAKTEN UND ZAHLEN ÜBER SYDNEY

HAUPTSTADT VON NEW SOUTH WALES
Sydney ist zwar die bevölkerungsreichste und berühmteste Stadt Australiens, aber nicht die Hauptstadt – dieses Privileg genießt Canberra. In Sydney sitzt jedoch die Verwaltung des Bundesstaats New South Wales.

Breite 33° 51' 0" S
Länge 151° 12' 0" O

Höhe
3 m über dem Meeresspiegel
Fläche 12 406 km²
Einwohner
4 340 000
Bevölkerungsdichte
349,8 Einw./km²

Gründung
26. Januar 1788
Gründer
Arthur Phillip

Sträflingskolonie
1788 ging eine britische Flotte unter dem Kommando von Captain Arthur Phillip in Port Jackson vor Anker, wo er eine Sträflingskolonie gründen sollte. Dies war die erste europäische Siedlung in Australien.

Über 30 Buchten

Die ins Land eingeschnittene Meeresbucht, an der Sydney gegründet wurde, besteht aus mehr als 30 großen und kleinen Buchten. Obwohl die Stadt mehr als zwei Jahrhunderte besteht und die gesamte Region inzwischen urbanisiert wurde, hat sie nichts von ihrer natürlichen Schönheit verloren.

ROYAL BOTANIC GARDENS

THE DOMAIN

3

ST. MARY'S CATHEDRAL

HYDE PARK

Sydney Opera House
Das 1957 von dem Dänen Jørn Utzon entworfene Opernhaus ist ein Wahrzeichen Sydneys und eines der berühmtesten Bauwerke des 20. Jahrhunderts. Aufgrund von Differenzen zwischen dem Architekten und den Bauherren wurde es erst 1973 eröffnet.

Concert Hall
Die Konzerthalle mit Platz für rund 2900 Besucher liegt unter der höchsten Schale des Bauwerks. Hier steht die größte Orgel der Welt mit rund 10 000 Pfeifen.

Wohlstand und Vielfalt

Sydney, eine offene und tolerante, etwas mehr als 200 Jahre alte Stadt, wurde von mehreren Immigranten-generationen erbaut.

Heute hat Australien eine strahlende Zukunft, doch vor gut zwei Jahrhunderten wurde der Kontinent von Europa unterschätzt. Portugiesische, spanische und niederländische Entdecker erkundeten zwischen dem 16. und 17. Jahrhundert die Region eher oberflächlich, erst die Briten begannen Ende des 18. Jahrhunderts mit der Kolonisierung.

1770 landete der Engländer James Cook in der Botany Bay im Süden der heutigen Metropolregion Sydney. Er nannte das Gebiet New South Wales. Die Regierung in London sah in dem neu entdeckten Land eine Möglichkeit, das Problem der überfüllten britischen Gefängnisse zu lösen. 1787 segelt eine Flotte aus elf Schiffen unter dem Kommando von Captain Arthur Phillip mit 1500 Menschen, die Hälfte davon Sträflinge, und 800 Rindern in die Neue Welt. Am 18. Januar 1788 traf sie in der Botany Bay ein, um dort ein Gefängnis für die Deportierten zu errichten. Nach einigen Tagen entschied Captain Phillip jedoch, das Gefängnis rund 20 km weiter nördlich an einer tief ins Land ein-geschnittenen Meeresbucht und idealen natürlichen Anlegestelle – Port Jackson – zu bauen. So entstand Sydney, die erste europäische Siedlung in Australien.

Die Wahl dieses Ortes durch Captain Phillip überrascht nicht. Obwohl die gesamte Bucht heute urbanisiert ist und eine der flächenmäßig größten Metropolregionen der Welt bildet, ist es noch immer ein unvergessliches Erlebnis, sich Sydney vom Meer her zu nähern. Viele halten Sydney für den besten Hafen der Welt mit seiner unvergleichlichen Lage zwischen den Blue Mountains und der Küste mit unzähligen Buchten, Riffen, Meeresarmen und Stränden. Doch auch die Natur birgt Gefahren, wie die verheerenden Busch-brände in den Wohngebieten am Stadtrand vor einigen Jahren zeigten. Das spektakuläre Panorama Sydneys wird seit 1973 durch eine Architekturikone des 20. Jahrhunderts bereichert. Der Entwurf für das Sydney Opera House stammt von dem dänischen Architekten

Jørn Utzon. Die markanten Betonschalen des Gebäudes sind mit Keramikfliesen verkleidet, die in der Sonne glänzen und sich im Wasser der Bucht spiegeln.

Wenige Jahrzehnte nach der Ankunft der Briten war ein Großteil der einst rund 8000 Aborigines, die hier gelebt hatten, tot. Sie wurden Opfer der aggressiven Siedler oder starben an eingeschleppten Krankheiten, der Rest wurde ins Outback vertrieben. Die ausgedehnte Küstenregion im Südosten Australiens wurde in der Folge durch die Europäer kolonisiert.

Multikulturalismus

Während des 19. Jahrhunderts trafen große Einwan-derungswellen britischer und irischer Siedler in New South Wales ein. Bis zur Unabhängigkeit Australiens 1901 kamen die Immigranten in Sydney fast aus-schließlich aus diesen Ländern. Im 20. Jahrhundert folgten dann vor allem griechische und italienische Siedler. Sie reisten um den Globus, um in diesem Land ihr Glück zu suchen. Heute ist Australien bekannt für die zähe Natur seiner Zuwanderer, die sich eine Identität unter dem Motto „Work hard – play hard" geschaffen hatten. Darin drückt sich auch ein gewisser Narzissmus aus, den man etwa in dem an den Stränden

1. Opera Bar
Die Terrasse der Bar auf der ersten Ebene des Opernhauses bietet großartige Ausblicke auf die Stadt und den Hafen von Sydney.

2. Queen Victoria Building
In dem 1898 eröffneten Gebäude mit seinen großen, glänzenden Kuppeln ist seit 1986 ein Einkaufszentrum untergebracht.

3. ANZ Stadium
In dem für die Olympischen Spiele 2000 erbauten Stadion fanden die Eröffnungs- und Schlussfeier statt.

4. Darling Harbour
Die Sydney Monorail verband bis Mitte 2013 über eine 3,6 km lange Rundstrecke das Viertel Darling Harbour mit dem Financial District und dem Stadtzentrum.

5. Bondi Beach
Eine Gruppe Schwimmer trifft sich zum Training am berühmtesten Strand der Stadt.

6. The Rocks
In diesem Viertel stehen die ältesten Gebäude der Stadt – ein Kontrast zu den vielen modernen Wolkenkratzern.

ausgelebten Körperkult erkennt. Auch die ebenso legere wie elegante Art, sich zu kleiden, gehört zu dieser Identität. Und schließlich das altertümliche Englisch, das an den Cockneydialekt des Londoner East End erinnert und von Besuchern gelegentlich als ungebildet fehlinterpretiert wird.

Die permanente Zuwanderung verhalf der Hauptstadt von New South Wales zu einer ausgesprochen multikulturellen Atmosphäre. Sydney, ausgezeichnet durch ein angenehmes Klima, hohe Lebensqualität und ebenso hohe Immobilienpreise, liegt weltweit auf Rang 7, was den Anteil an im Ausland geborenen Einwohnern betrifft. Es übertrifft damit Städte wie Paris oder London. Und 15 Prozent der Einwohner sprechen zu Hause eine andere Sprache als Englisch. Dieser Anteil ist in den letzten Jahrzehnten durch die Zuwanderung vieler Asiaten – vorrangig Chinesen, Vietnamesen, Libanesen, Inder und Filipinos – noch gewachsen. Sie bereichern das Leben in der Stadt nicht nur gastronomisch. Paradoxerweise stärkt eben diese Diversität den Zusammenhalt zwischen Sydneysidern und Australiern, die im Allgemeinen stolz darauf sind, in einem offenen, gastfreundlichen und sehr freien Land zu leben, das Unterschiede respektiert.

Sydney Opera House

Überraschend und innovativ – das 1973 eröffnete Bauwerk zählt zu den Architektur- ikonen des 20. Jahrhunderts. 2007 wurde es zum Weltkulturerbe erklärt.

Concert Hall Sie ist das größte der fünf im Sydney Opera House untergebrachten Theater. Aufgeführt werden symphonische Musik, Oper, Ballett und Schauspiel.

Utzon Room 2004 wurde die alte Halle in diesen nach dem Schöpfer des Opern- hauses benannten Raum umgewandelt. Er wurde im Design des dänischen Archi- tekten belassen, der sich 1966 im Streit aus dem unfertigen Projekt zurückzog.

Auditorium

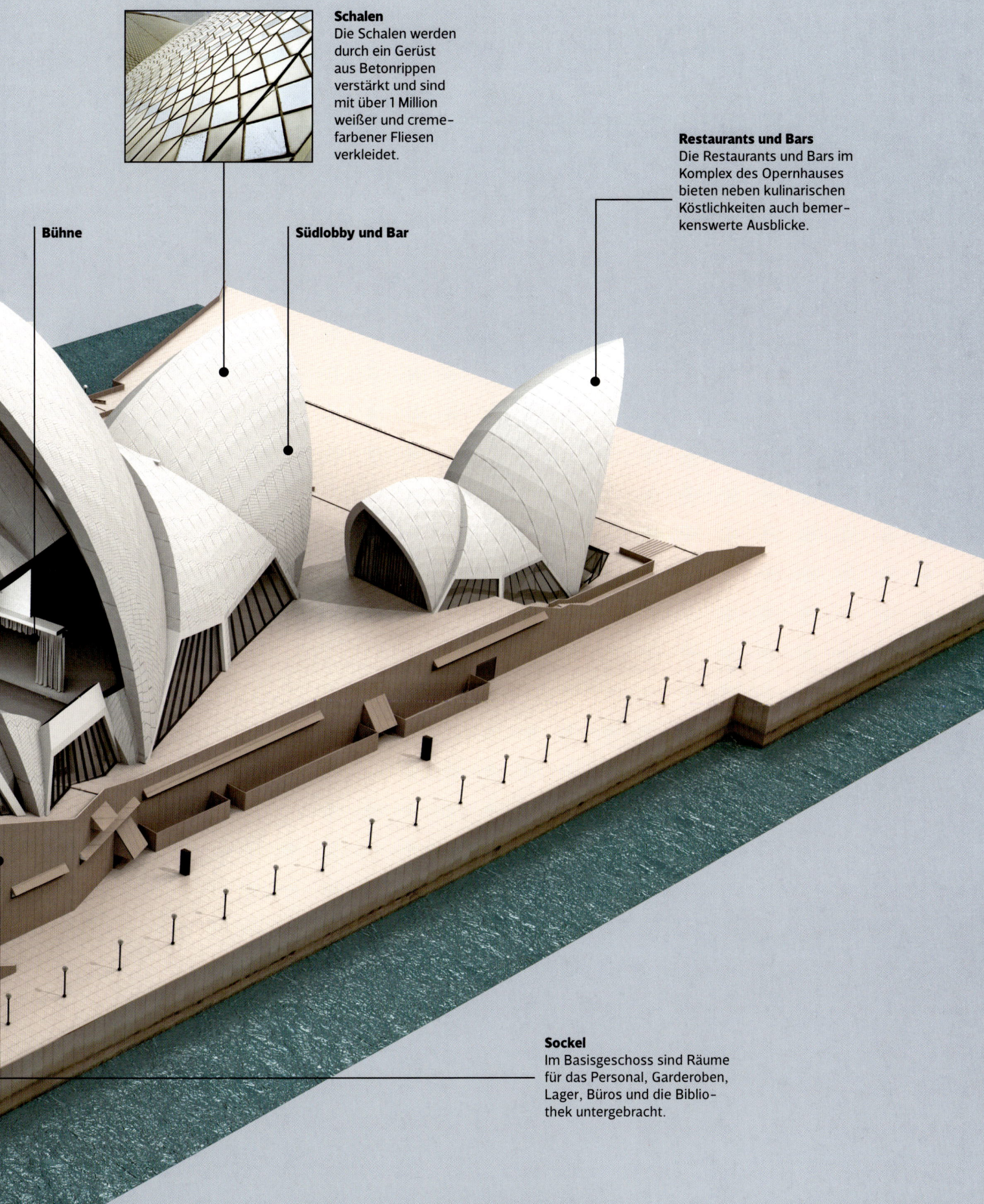

Schalen
Die Schalen werden
durch ein Gerüst
aus Betonrippen
verstärkt und sind
mit über 1 Million
weißer und creme-
farbener Fliesen
verkleidet.

Restaurants und Bars
Die Restaurants und Bars im
Komplex des Opernhauses
bieten neben kulinarischen
Köstlichkeiten auch bemer-
kenswerte Ausblicke.

Bühne

Südlobby und Bar

Sockel
Im Basisgeschoss sind Räume
für das Personal, Garderoben,
Lager, Büros und die Bibliothek untergebracht.

AUCKLAND

Land der Maori

Der Naturhafen von Waitemata legte den Standort von Auckland fest, dessen Stadtzentrum sich in der zweiten Hälfte des 19. Jahrhunderts entwickelte.

Neuseeland

Region Auckland

Historisches und wirtschaftliches Zentrum

Das ursprüngliche Stadtzentrum aus dem 19. Jahrhundert ist heute das Wirtschaftszentrum. Es zieht sich an den Docks des Haupthafens entlang bis zum Pazifik.

AUCKLAND

Kartenausschnitt

1

Aotea Square

Dieser zentrale, relativ junge Platz der Stadt Auckland wurde 1979 in der Nähe der Queen Street eröffnet. Er dient als Treffpunkt für Veranstaltungen, Musical- und Kulturevents und politische Versammlungen. 2008– 2010 wurde der Platz umgestaltet, um ihn an seine Rolle als Zentrum des Stadtlebens anzupassen.

2

Auckland Town Hall

Das alte Rathaus wird auch heute noch teilweise von der Stadtverwaltung genutzt, dient vor allem aber als Konzerthalle. Die 1911 eröffnete Town Hall ist im edwardianischen und Neorenaissancestil erbaut. Die dort installierte Orgel stammt aus derselben Epoche und gilt als das bedeutendste Musikinstrument Neuseelands.

VICTORIA PARK

3

Queen Street

Die von den Wohnvierteln in den Hügeln zum Hafen hinunter führende Queen Street kreuzt das Stadtzentrum. Bei Gründung der Stadt 1840 lag das Zentrum in der Shortland Street. Nach einem schweren Brand 1858 zogen Geschäfte und lokale Institutionen nach und nach in die Queen Street um.

4

Sky Tower

Der Sky Tower im Zentrum von Auckland, an der Ecke Federal Street und Victoria Street, ist das das auffälligste Bauwerk in der Skyline von Auckland. Mit 328 m ist dies der höchste Turm der südlichen Halbkugel – 5 m höher als der Q1 Tower im australischen Gold Coast.

⊕ FAKTEN UND ZAHLEN ÜBER AUCKLAND

ERSTE HAUPTSTADT
Auckland, fast am Ende der Nordinsel gelegen, ist Neuseelands bevölkerungsreichste Stadt und wichtigstes Wirtschaftszentrum.

Breite 36˚ 51' 0" S
Länge 174˚ 47' 0" O
Höhe 26 m über dem Meeresspiegel
Fläche 1086 km²
Einwohner 1290 000

Bevölkerungsdichte 1188 Einw./km²
Gründung 1840

Koloniale Enklave
William Hobson, der erste Generalgouverneur Neuseelands, wählte diesen Standort als Sitz der künftigen Hauptstadt der Kolonie. Zuvor hatte er mit den Häuptlingen der Maori-Stämme der Nordinsel den Vertrag von Waitangi (1840) geschlossen. 20 Jahre später verlegte man Regierung und Parlament nach Wellington, um einen – bezogen auf das gesamte Land – zentraleren Standort zu haben.

FREEMANS BAY

3

THE CIVIC

1

AUCKLAND DOMAIN

AUCKLAND WAR MEMORIAL MUSEUM

Maori-Kunst
Zu den besonders bemerkenswerten Sammlungen des Auckland War Memorial Museum zählt die Sammlung kunsthandwerklicher Holzobjekte der Maori. Sie umfasst verschiedene Ritualmasken, ein Kriegskanu von 1830 und diverse vor Ort rekonstruierte Maori-Häuser.

Auckland War Memorial Museum

Das Museum ist auf die Geschichte Neuseelands spezialisiert, einschließlich Naturkunde und Militärgeschichte, und verfügt über eine der bedeutendsten Sammlungen des Landes. Das neoklassizistische Gebäude gehört zu den berühmten Bauwerken der Stadt. Es wurde 1929 eröffnet und ab 1990 einer grundlegenden Renovierung unterzogen.

Zwischen zwei Meeren

Auckland erfreut sich einer privilegierten Lage, auch wenn es auf gefährlichem Vulkangebiet steht.

Gouverneur William Hobson, ein Ire im Dienst der britischen Krone, hatte einen guten Blick: Bei der Suche nach dem idealen Standort für die künftige Hauptstadt der Kolonie Neuseeland entschied er sich für einen ungewöhnlichen Standort im Nordteil der Nordinsel, wo das Klima gemäßigt und die Erde fruchtbar war. Der Ort bot einen hervorragenden Naturhafen, geschützt durch eine abgeschirmte, tiefe Bucht und umgeben von einer abwechslungsreichen Hügellandschaft. Ab 1840 entstand hier die Stadt Auckland. Auch wenn sie den Status der Hauptstadt bald an Wellington abtreten musste, gilt sie bis heute als das wichtigste Wirtschafts- und Finanzzentrum des Landes.

Die Standortvorteile, die Auckland genießt, sind fast einzigartig auf der Welt. Durch das demografische Wachstum im 20. Jahrhundert wurde es eine der wenigen Städte unseres Planeten, die zwei Häfen an verschiedenen Meeren besitzt. Im Norden öffnet sich der Hafen von Waitémata, der mit der ursprünglichen Stadt groß wurde, zum Pazifischen Ozean. Der südliche Hafen in Manukau, dem bedeutendsten Industriezentrum der Region, hat Zugang zur Tasmansee. Auckland liegt auf einer nur 7 km breiten Landenge dazwischen.

Vulkanische Bedrohung

Niemand ist perfekt. Hobson wusste nicht, dass dieser fast unberührte Landstrich mit fruchtbarer schwarzer Erde erst 50 000 Jahre alt war – geologisch gesehen extrem jung. Die Hügel, die die Stadt einrahmen und wunderschöne Panoramablicke bieten, sind vulkanischen Ursprungs. In der Metropolregion gibt es insgesamt 48 Krater. Nordwestlich von Auckland ragt die Rangitoto-Insel mit ihrem prägnanten Gipfel aus dem Meer, die erst vor 600 Jahren bei einer Eruption entstanden ist. Das

Risiko für die Bevölkerung ist relativ hoch, auch wenn die Menschen hier – umgeben von Vulkanen – an ein Leben mit tektonischen Phänomenen gewöhnt sind.

Auch die Maori ließen sich von dieser Gefahr kaum beeindrucken. Sie lebten schon lange vor der Ankunft der Europäer in der Region und gaben den geografisch markanten Orten exotische Namen, die heute Teil von Aucklands Identität sind. Die Maori waren einst recht zahlreich, doch die durch die Siedler aus Europa eingeschleppten Krankheiten und die Feuerwaffen, die sie in ihren Stammeskriegen einsetzten, führten innerhalb weniger Jahrzehnte nach dem Eintreffen der Briten zu einer deutlichen Reduzierung der indigenen Bevölkerung. Heute können rund 11 Prozent der Einwohner Aucklands auf eine Maori-Abstammung verweisen; 56 Prozent sind europäischer Abstammung – meist aus Großbritannien und Irland –, 14 Prozent Polynesier – die größte Polynesier-Kolonie der Welt – und 19 Prozent Asiaten, vor allem Chinesen.

Ökonomische und gesellschaftliche Dynamik

So entstand eine weltweit einzigartige, höchst originelle ethnische und kulturelle Mischung, die sich in den Gebräuchen und dem Alltag der Stadt spiegelt. Letzteren

📷

← Vulkane
Blick auf die Stadt mit dem Krater des Mount Eden im Vordergrund, einem von fünf erloschenen Vulkanen im Stadtgebiet.

↓ Viaduct Harbour
Der umgestaltete Handelshafen ist heute ein Viertel mit luxuriösen Büros und teuren Restaurants.

↓↓ Ponsonby
Luftaufnahme dieses malerischen Viertels mit seinen eigentümlichen Holzhäusern.

prägt auch der dichte Verkehr, denn der öffentliche Nahverkehr ist wenig entwickelt. Entspannt, selbstbewusst und direkt am Meer, die Jafas – so nennt man die Einwohner Aucklands im Rest Neuseelands – erfreuen sich eines hohen Lebensstandards. Dahinter steckt die Dynamik der multinationalen Unternehmen, die in Viaduct Harbour residieren, dem alten Handelshafen, der zu einem Viertel mit Büros und teuren Apartments für leitende Angestellte geworden ist.

Nach Feierabend zieht es viele zum Shoppen in die Queen Street, der Haupteinkaufsstraße im Stadtzentrum. Anschließend gönnt man sich ein Abendessen, dazu einen der exzellenten Weißweine aus der Region Marlborough und später einen Drink in der Fußgängerzone der Karangahape Road, von den Einheimischen kurz K Road genannt. Die wirklich Reichen aber verlassen das Luxusviertel Ponsonby Road nur selten; dort finden sie zahlreiche Edelrestaurants.

Die Wochenenden sind für ein Rugby-Match reserviert, den Nationalsport, oder für einen Ausflug nach Devonport am Nordufer der Bucht, wo man eine ganz eigene Mischung aus Stränden, Open-Air-Barbecues und Kunstgalerien vorfindet.

Sky Tower

Der 1997 eröffnete, 328 m hohe Fernmelde-
turm ist mit seinen Plattformen, Restaurants
und vielen Attraktionen einer der Haupt-
anziehungspunkte für Touristen in Auckland.

Lifts Die drei gläsernen Aufzüge –
einer besitzt sogar einen Glasboden – können alle 15 Minuten
rund 225 Personen bis zum Main
Observation Level befördern.

SkyJump Diese Attraktion ermöglicht einen Bungeesprung aus
192 m in die Tiefe. Adrenalinjunkies
stürzen dabei 16 Sekunden lang
mit einer Geschwindigkeit von bis
zu 75 km/h abwärts.

Fernmeldeantenne
Über die hohe Antenne
senden 17 Radio- und
mehrere Fernsehstationen.

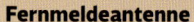

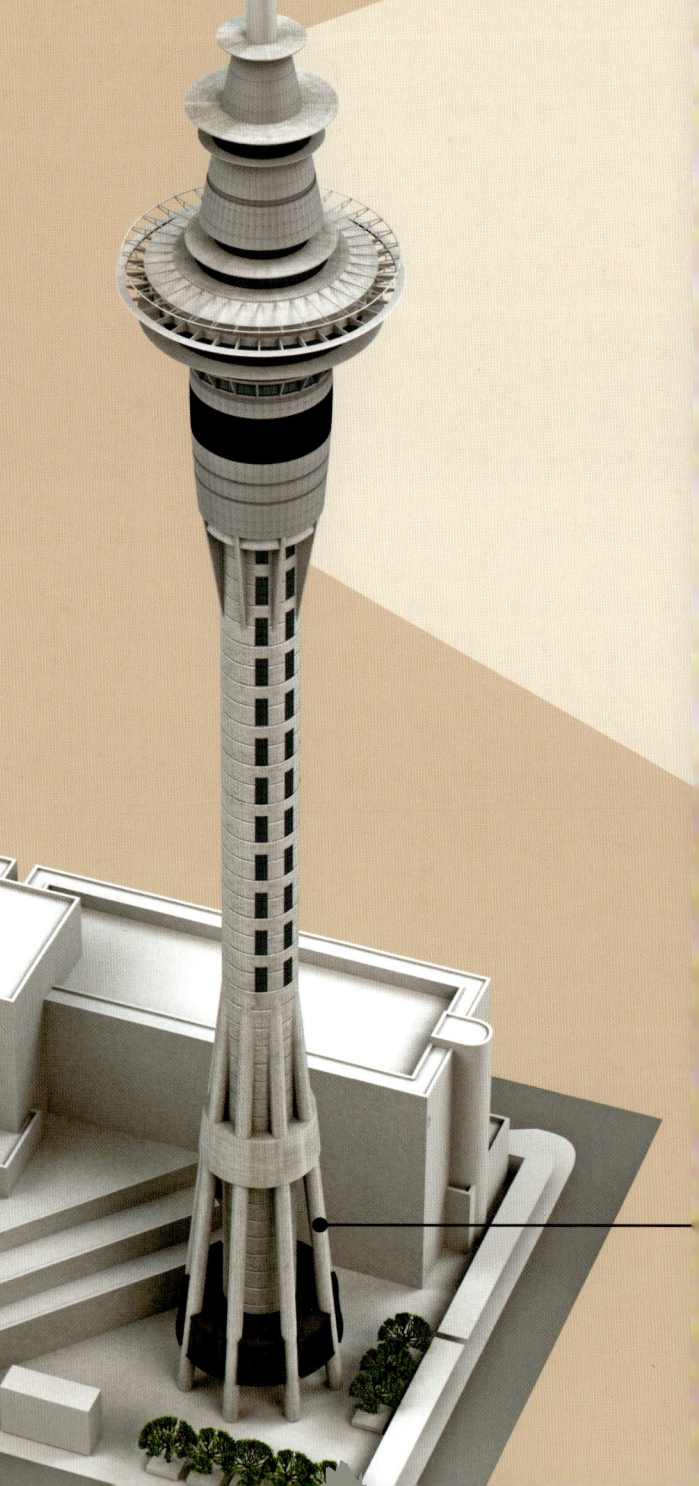

Sky Deck Die höchste Aussichts-plattform des Turms liegt auf 220 m Höhe und bietet einen Fernblick von bis zu 82 km.

Orbit Restaurant
Dieses Restaurant mit wunderbarer Aussicht dreht sich in einer Stunde einmal um die eigene Achse.

Main Observation Level Die Hauptaussichtsplattform in 186 m Höhe hat einen Glasboden und moderne, interaktive Infodisplays.

Sky Lounge Dies ist angeblich das höchstgelegene Café (182 m) der südlichen Hemisphäre.

Fundamente Ein Betongerippe mit einem Durchmesser von 12 m bildet die tragende Struktur. An der Basis sind zur Verstärkung acht ebenfalls aus Beton gefertigte „Beine" angebracht, die durch einen Betonring zusammengehalten werden.

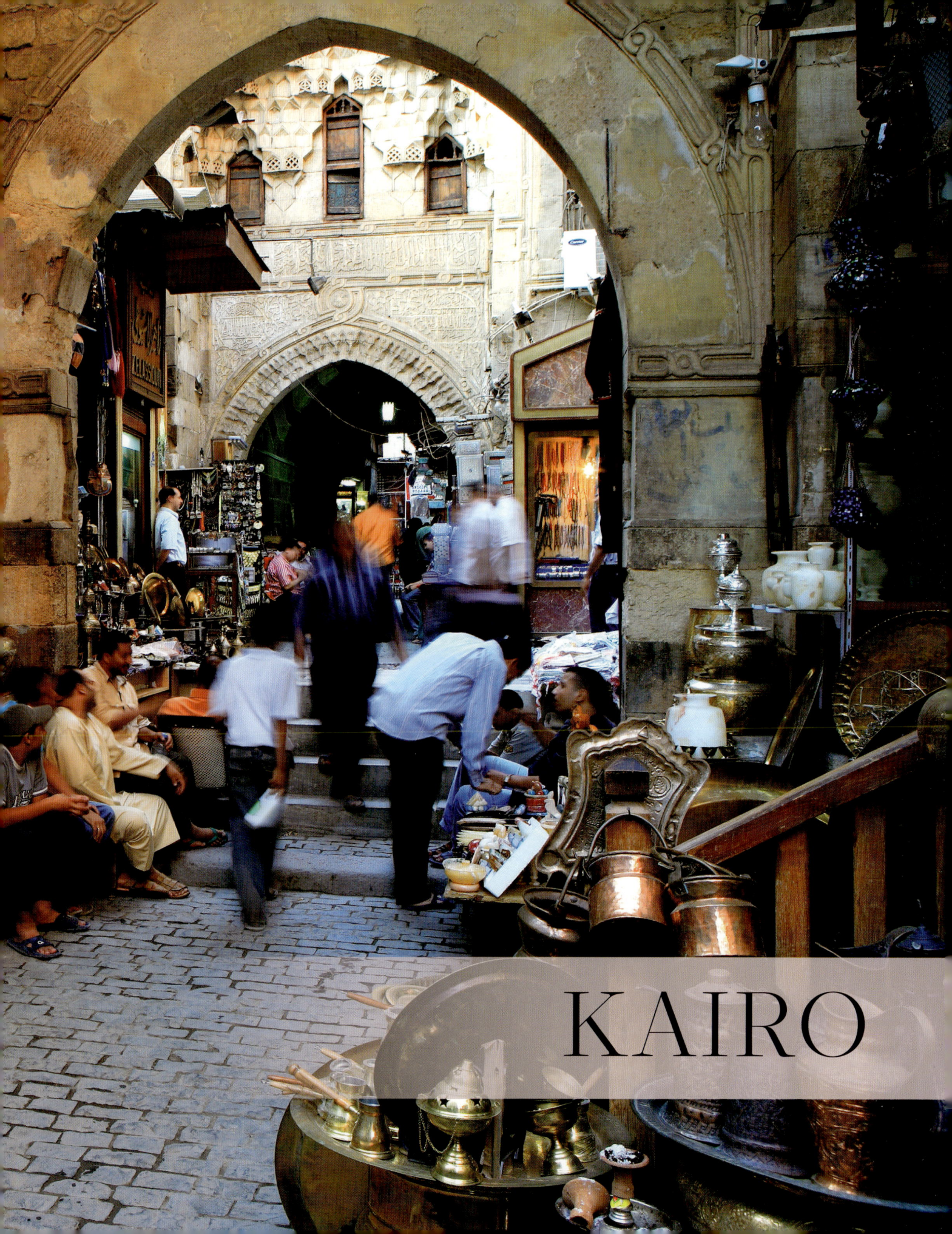

KAIRO

Am Nil gewachsen

Das moderne Kairo dehnt sich im Norden der alten muslimischen Stadt aus, die zwischen der befestigten Zitadelle und dem Nil liegt.

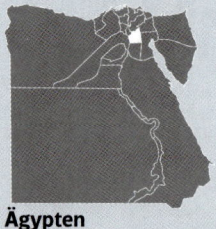

Ägypten

Gouvernement Kairo

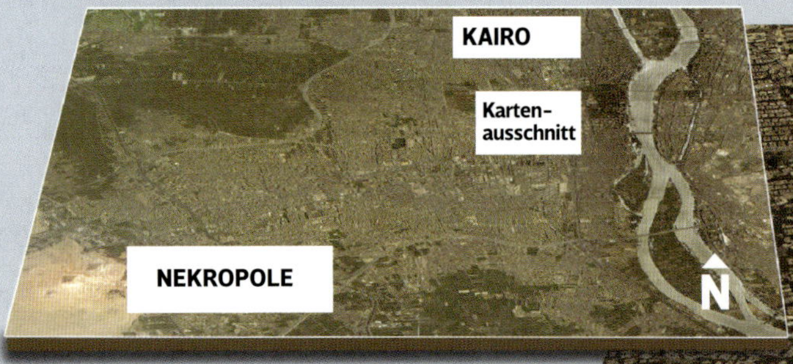

KAIRO

Karten-ausschnitt

NEKROPOLE

N

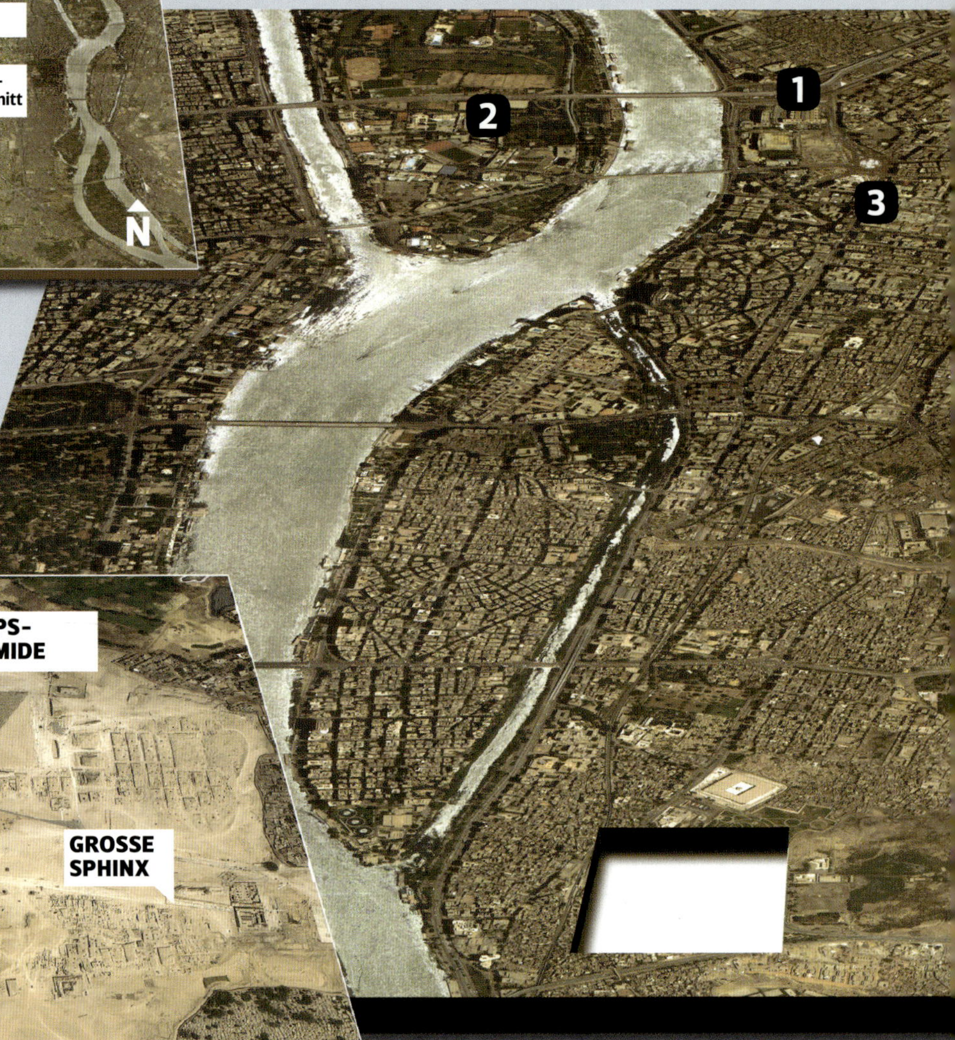

1

2

3

Nilinseln

Der Nil hat auf seinem Weg durch Kairo verschiedene Inseln geschaffen. Mitten in der Stadt liegen die Inseln Gezira im Norden und Roda weiter südlich. Auf Gezira erstreckt sich das Wohnviertel Zamalek mit dem Kairo Tower. Auf Roda, dicht bei der Altstadt, steht einer der berühmten Nilometer, ein begehbarer Schacht zur Messung des Flusswasserpegels.

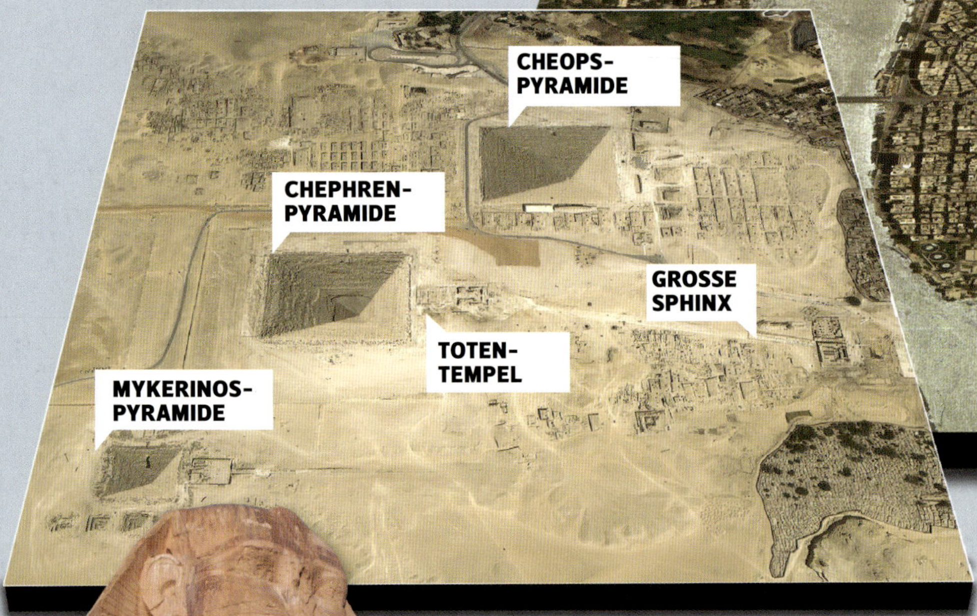

CHEOPS-PYRAMIDE

CHEPHREN-PYRAMIDE

GROSSE SPHINX

TOTEN-TEMPEL

MYKERINOS-PYRAMIDE

Die Große Sphinx und die Cheops-Pyramide

Die Große Sphinx von Gise wurde im 26. Jahrhundert v. Chr. aus dem Fels gehauen. Möglicherweise gehörte die Skulptur zum Grabkomplex des Pharao Chephren, der in der mittleren Pyramide der Nekropole bestattet wurde. Hinter ihr steht die um 2570 v. Chr. erbaute Große Pyramide des Cheops.

Nekropole

Am Rande der Stadt Gise, rund 20 km südlich von Kairo, liegt diese Nekropole mit den Pyramiden der Pharaonen Cheops, Chephren und Mykerinos – das einzige der sieben Weltwunder der Antike, das bis heute erhalten ist. Der Ort wurde erstmals als Nekropole von Memphis, der Hauptstadt des Alten Ägypten, unter der 2. Dynastie zwischen 2850 und 2700 v. Chr. genutzt. Die drei Pyramiden entstanden als monumentale Grabstätten dieser drei Pharaonen der 4. Dynastie.

FAKTEN UND ZAHLEN ÜBER KAIRO

HAUPTSTADT VON ÄGYPTEN
Kairo ist nicht nur die Hauptstadt von Ägypten, sondern auch die größte Stadt Afrikas und der arabischen Welt. Jeder

fünfte Ägypter lebt hier.

Breite 30° 3' 0" N
Länge 3° 22' 0" O
Höhe 116 m über dem Meeresspiegel
Fläche 453 km²

Einwohner 15 500 000
Bevölkerungsdichte 34 216 Einw./km²
Gründung 969 n. Chr.

Eroberung
Das Gebiet am Ostufer des Nil, wenige

Kilometer oberhalb der Aufspaltung in ein Delta, ist als strategischer Standort seit über 5000 Jahren bewohnt. 969 eroberte Dschauhar as-Siqilli es für

die Fatimiden; er gilt als Gründer der späteren Hauptstadt von Ägypten. Ihren Namen al-Qahira, „die Eroberin", erhielt sie dann von Kalif Abu Tamim al-Muizz.

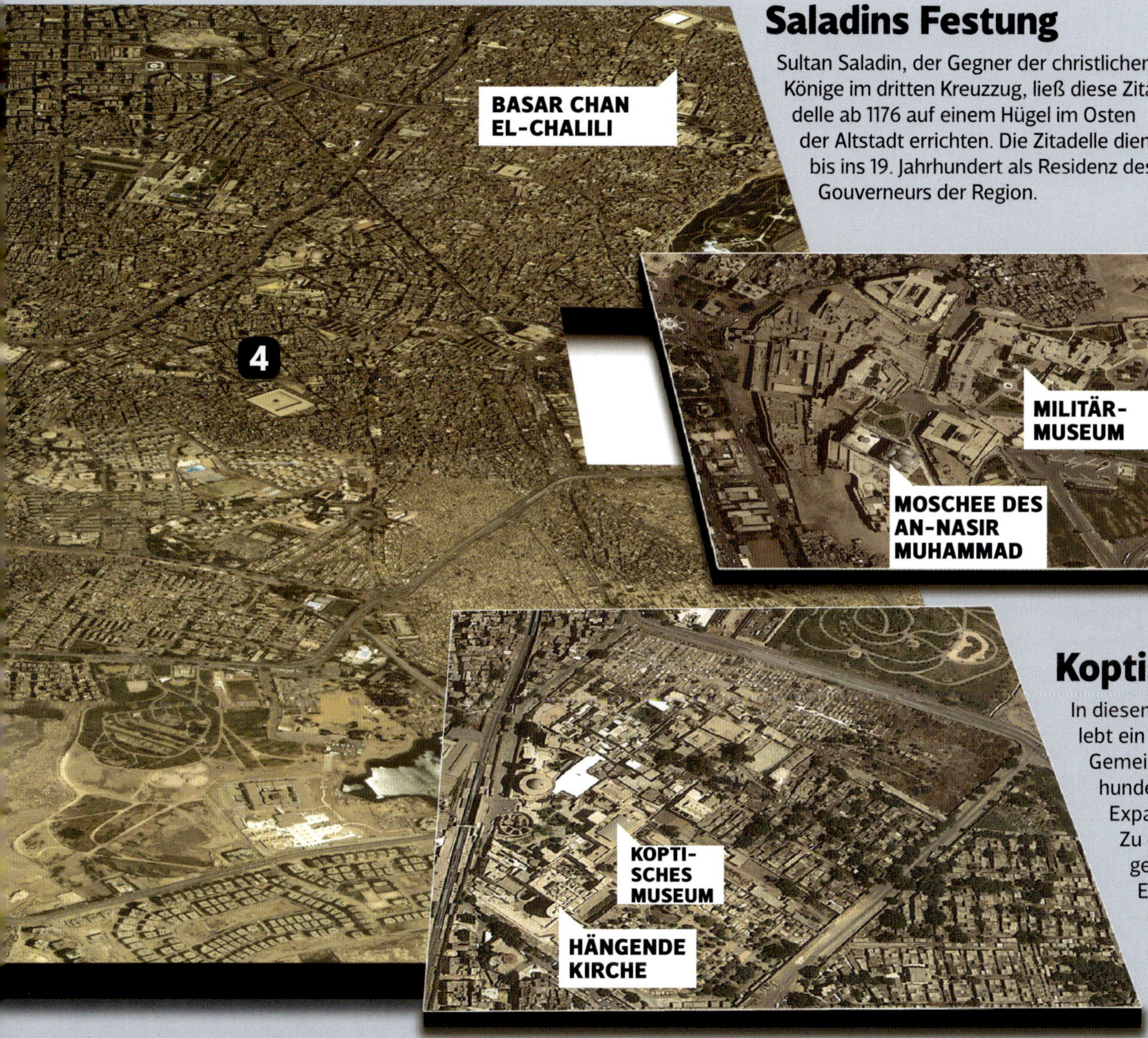

Saladins Festung

Sultan Saladin, der Gegner der christlichen Könige im dritten Kreuzzug, ließ diese Zitadelle ab 1176 auf einem Hügel im Osten der Altstadt errichten. Die Zitadelle diente bis ins 19. Jahrhundert als Residenz des Gouverneurs der Region.

BASAR CHAN EL-CHALILI

4

MILITÄR-MUSEUM

MOSCHEE DES AN-NASIR MUHAMMAD

Koptisches Viertel

In diesem Viertel der Altstadt lebt ein Großteil der christlichen Gemeinde, die sich im 4. Jahrhundert, vor der islamischen Expansion, dort gründete. Zu den koptischen Kirchen gehört auch die Marienkirche El Muallaqa, die wegen ihres erhöhten Standorts als „Hängende Kirche" bekannt ist

KOPTI-SCHES MUSEUM

HÄNGENDE KIRCHE

1

Cairo Tower
Der 187 m hohe Fernsehturm auf der Insel Gezira wurde 1961 nach mehr als 10 Jahren Bauzeit in Betrieb genommen. Der dekorative Betonturm hat auch eine Besucherplattform.

2

Ägyptisches Museum
Das Museum am Tahrir-Platz wurde 1900–1902 nach Plänen von Marcel Dourganon im neoklassizistischen Stil errichtet. Es besitzt die größte Sammlung mit Kunstwerken aus dem Alten Ägypten.

3

Tahrir-Platz
Der „Platz der Befreiung" ist der größte öffentliche Platz im modernen Zentrum Kairos. Durch die Massenproteste während des Arabischen Frühlings 2011 wurde er weltbekannt.

4

Ibn-Tulun-Moschee
Die im 9. Jahrhundert von Ahmad ibn Tulun, dem Statthalter der Abbasiden erbaute Moschee ist die älteste in ursprünglicher Form erhaltene Moschee der Stadt.

5000 Jahre Geschichte

Kairo, Stadt am Nil und größte Stadt Afrikas, kann – vom alten Memphis bis zum Tahrir-Platz – auf eine unglaublich reiche Geschichte verweisen.

Der Nil ist der längste Fluss der Erde. Es sammelt das Regenwasser der Wälder in Äquatornähe und der äthiopischen Hochebenen und transportiert es quer durch die Sahara, die größte und trockenste Wüste der Erde, bis zum Mittelmeer. Auf seinem Weg durch das nördliche Drittel des afrikanischen Kontinents schafft der Fluss einen breiten Streifen üppiger Vegetation in einer ansonsten unbewohnbaren Region. Vor langer Zeit ermöglichte der Nil die Entwicklung des Alten Ägypten, einer der außergewöhnlichsten Hochkulturen der Geschichte. Heute leben 98 Prozent der Einwohner Ägyptens, des bevölkerungsreichsten arabischen Staates, an den Ufern des Nils und speziell in der Hauptstadt Kairo, der größten Stadt Afrikas, der arabischen Welt und des Nahen Ostens.

Strategische Lage

Von Kairo sind es rund 300 km bis zur Mittelmeerküste und nur 15 km bis zu der Stelle, an der sich der Nil in zwei Arme teilt und das Delta übergeht. Durch diese exponierte Lage erhielt das Gebiet bereits vor über 5000 Jahren Bedeutung, als der erste Pharao seinen Hof in Memphis ansiedelte. In der dazugehörigen Nekropole südlich des modernen Kairo wurden die Pyramiden von Gise erbaut. Auch Heliopolis, heute ein Stadtteil der riesigen Hauptstadtregion, war eine bedeutende altägyptische Stadt.

Nach dem Sturz der Pharaonen und der anschließenden Herrschaft von Persern, Griechen, Römern und Byzantinern erreichte 641, nur neun Jahre nach dem Tod des Propheten Mohammed, die islamische Expansion auch die Gegend um die spätere Stadt Kairo. Dort existierten verschiedene Siedlungen am Ostufer des Nil – Al-Fustat, Al-Azhar und Al-Qatta'i. Mit der Gründung Kairos 969 wurden diese Orte absorbiert,

und Kairo entwickelte sich zur unangefochtenen Hauptstadt Ägyptens. Kern der Gründung war der Bereich, den man heute als Altstadt Kairos bezeichnet. Zu dieser von Minaretten überragten Altstadt gehören das koptische Viertel der christlichen Gemeinde, die vor der Islamisierung des Landes entstand, und die unter Saladin im glanzvollen 12. Jahrhundert erbaute Zitadelle. Im Suk Chan el-Chalili, dem im 14. Jahrhundert am Fuß der Zitadelle eingerichteten ältesten Basar der Stadt, herrscht heute wie damals geschäftiges Treiben. In der beeindruckenden „Stadt der Toten" leben Tausende arme Menschen zwischen den Gräbern eines riesigen alten Friedhofs. Es gibt dort sogar Läden, Werkstätten, Cafés und Märkte.

Modernisierung

In den 1860er- und 1870er Jahren, kurz vor Errichtung des britischen Protektorats, erfuhr die Altstadt mit der bis heute erhaltenen Ibn-Tulun-Moschee als ältestem Gebäude eine grundlegende Veränderung. Die Stadtverwaltung plante und errichtete im Norden ein neues Viertel. Die wohlhabenderen Schichten zogen daraufhin in diese neuen Wohngebiete um, die ausgezehrte Altstadt wurde zu einem Armenviertel.

Die Schaffung dieser modernen Stadt ermöglichte es Kairo, die massive Zuwanderung aus den ländlichen

Regionen des Niltals aufzunehmen. Zwischen 1880 und 1940 nahm die Stadtbevölkerung in nur 60 Jahren um 250 Prozent zu. Infolge dieses enormen Wachstums verschob sich das Zentrum der Metropole zum Tahrir-Platz (Platz der Befreiung) mit dem berühmten Ägyptischen Museum und dem Sitz der Arabischen Liga. In diesem Bereich fanden während des Arabischen Frühlings die meisten Bürgerproteste statt, die Präsident Hosni Mubarak 2011, nach fast 30 Jahren an der Macht, zum Rücktritt zwangen.

Fast 150 Jahre nach der großen Stadterweiterung versucht Kairo nun, der Tourismusindustrie Zügel anzulegen, die sie mit ihrem einmaligen Kulturerbe selbst aufgebaut hat. Die enormen Umweltprobleme in der Stadt mit extrem hoher Lärm- und Schmutzbelastung werden durch das trockene Klima, die drückende Hitze und häufige Sandstürme noch verstärkt. Hinzu kommt eine schlechte Verkehrsplanung mit einem weitgehend überlasteten öffentlichen Straßennetz.

↖Suk Chan el-Chalili
Der im 14. Jahrhundert gegründete Basar ist der älteste der Stadt.

↑Sultan-Hasan-Moschee
Die im 14. Jahrhundert errichtete Moschee ist eines der größten islamischen Gebetshäuser der Welt.

↖Die Stadt der Toten
Auf diesem Friedhof im Osten Kairos leben Tausende Menschen zwischen den Gräbern und Mausoleen der Mameluken.

←Der Nil
Feluken, traditionelle ägyptische Segelschiffe, auf dem Nil.

Cheops–Pyramide

Die zwischen 2551 und 2528 v. Chr. erbaute Große Pyramide ist die größte der Pyramiden in der Nekropole von Gise am Rande von Kairo.

Luftschächte
Im September 2002 fand ein Roboter heraus, dass die Luftschächte, manchmal als Kanäle für die aufsteigende Seele des Pharao gedeutet, zu bisher nicht bekannten Türen und Kammern führen.

Entlastungskammern
Diese fünf Kammern sollen den enormen Druck, den der Steinkörper der Pyramide auf die darunter liegende Königskammer ausübt, auffangen und verteilen.

Königskammer
In dieser 50 m² großen Grabkammer, die mehrfach geplündert wurde, steht heute nur noch ein Sarkophag aus rotem Granit. Der Leichnam von Pharao Cheops wurde nie gefunden.

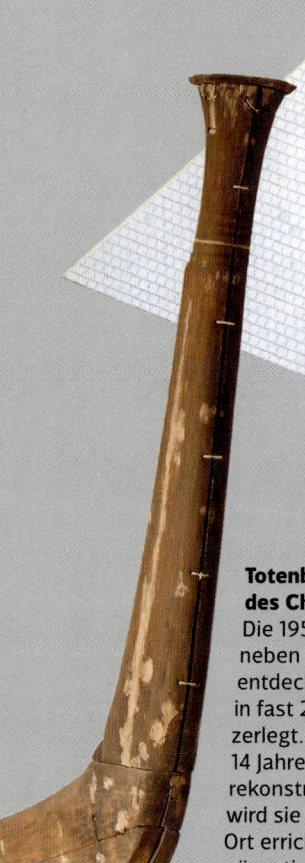

Totenbarke des Cheops
Die 1954 in einer Grube neben der Pyramide entdeckte Barke war in fast 2000 Einzelteile zerlegt. Man brauchte 14 Jahre, um sie zu rekonstruieren. Heute wird sie in einem vor Ort errichteten Museum präsentiert.

Königinnenkammer
Hier stand vermutlich eine Statue von Pharao Cheops; seine Gemahlin wurde in einer benachbarten Pyramide bestattet.

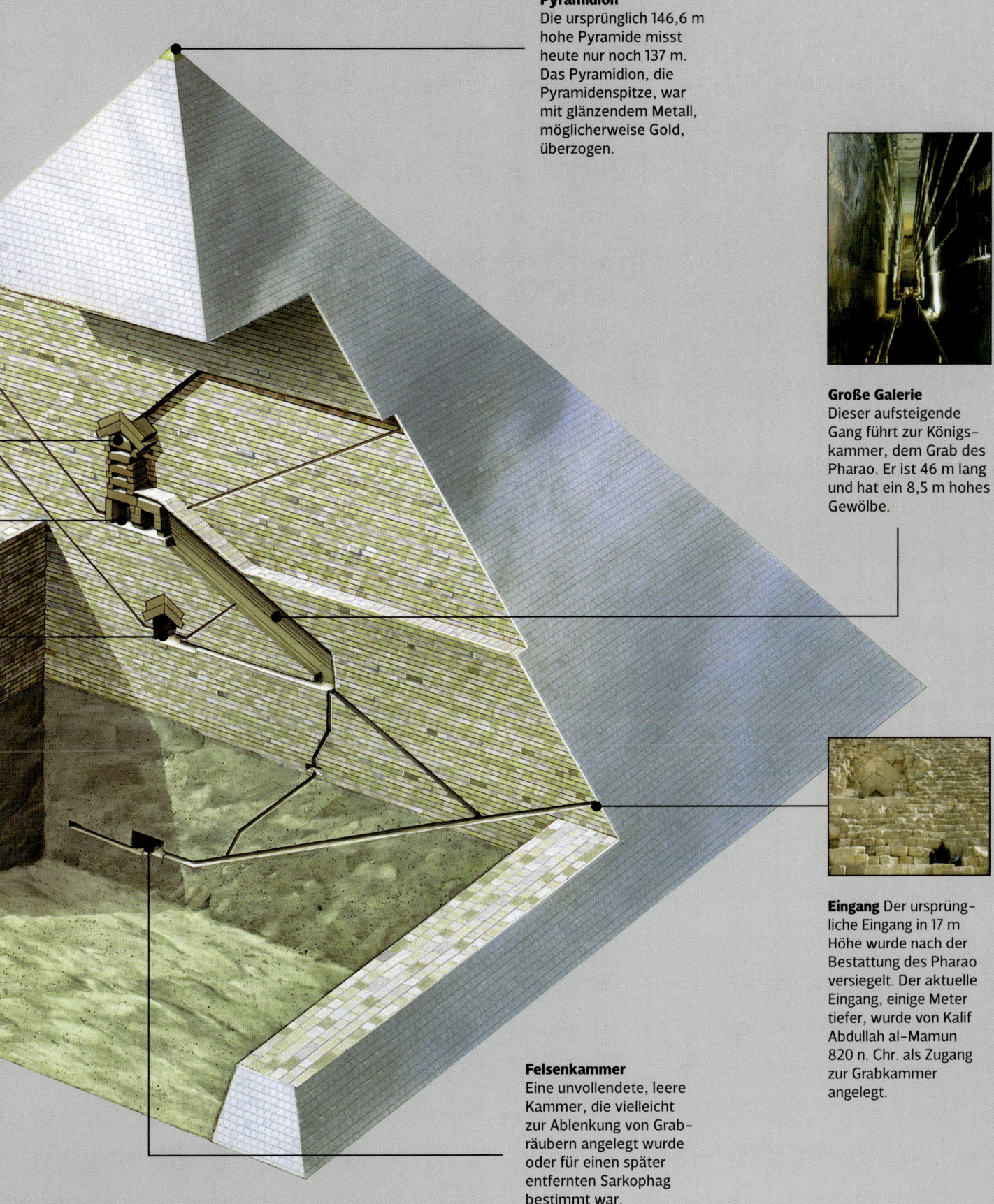

Pyramidion
Die ursprünglich 146,6 m hohe Pyramide misst heute nur noch 137 m. Das Pyramidion, die Pyramidenspitze, war mit glänzendem Metall, möglicherweise Gold, überzogen.

Große Galerie
Dieser aufsteigende Gang führt zur Königskammer, dem Grab des Pharao. Er ist 46 m lang und hat ein 8,5 m hohes Gewölbe.

Eingang Der ursprüngliche Eingang in 17 m Höhe wurde nach der Bestattung des Pharao versiegelt. Der aktuelle Eingang, einige Meter tiefer, wurde von Kalif Abdullah al-Mamun 820 n. Chr. als Zugang zur Grabkammer angelegt.

Felsenkammer
Eine unvollendete, leere Kammer, die vielleicht zur Ablenkung von Grabräubern angelegt wurde oder für einen später entfernten Sarkophag bestimmt war.

JOHANNESBURG

Königin des Südens

Die Metropolregion von Johannesburg ist eine Ansammlung von Bezirken und Vororten, aus denen Soweto aufgrund seiner Größe und Geschichte hervorsticht.

Provinz Gauteng

Johannesburg

Republik Südafrika

Soweto

Die South Western Townships, abgekürzt Soweto, wurden von der rassistischen Regierung Südafrikas 1948 für die schwarze Bevölkerung eingerichtet. Diese hatte zuvor in Vierteln gelebt, die nun den Weißen als Wohngebiete zugewiesen wurden. Soweto macht einen Großteil der Metropolregion Johannesburg aus. 1976 kam es hier zur größten Protestwelle in der Geschichte der Apartheid, der südafrikanischen Politik der Rassentrennung, als Polizisten 575 Studenten töteten. Heute ist dieser riesige Bezirk in verschiedene Unterbezirke unterteilt, die zum Teil der oberen Mittelklasse zuzurechnen sind und für Touristen interessante Ziele wie das Mandela House bieten.

1

Mandela House
In Orlando West in Soweto steht das Haus, in dem Nelson Mandela bis zu seiner Inhaftierung 1962 lebte. Es beherbergt heute ein diesem großen südafrikanischen Politiker gewidmetes Museum.

1

**KONGLO-
MERAT
SOWETO**

2

Soccer City
Im FNB-Stadion fanden das Eröffnungsspiel und das Finale der Fußball-WM 2010 statt. Das Stadion wurde 1987 errichtet und für die Fußballweltmeisterschaft umgebaut. Mit einer Kapazität von 94 700 Plätzen ist es die größte Arena Afrikas.

3

Apartheid-Museum
Nelson Mandela hat die Einrichtung des Museums vorgeschlagen. Am Eingang werden die Besucher nach Hautfarbe getrennt. Die Ausstellungen zeigen die ganze Grausamkeit des Apartheidsystems, unter dem das Land jahrzehntelang litt.

**GOLD
REEF CITY**

2

3

Erinnerung an den Rassismus
Von 1948 bis 1994 bestand in Südafrika das Apartheidsystem.

🌐 FAKTEN UND ZAHLEN ÜBER JOHANNESBURG

HAUPTSTADT DER PROVINZ GAUTENG
Johannesburg ist zwar die größte Stadt und das Wirtschaftszentrum Südafrikas, aber nicht die Hauptstadt. Hier hat die Provinzregierung von Gauteng ihren Sitz.

Breite 26° 12' 0" S
Länge 28° 2' 0" O
Höhe 1753 m über dem Meeresspiegel

Fläche
1645 km²
Einwohner
3 888 000
(7 Millionen in der Metropolregion)
Bevölkerungsdichte
2363 Einw./km²

Gründung 1886
Gründer Europäische Kolonisten

Goldrausch
In der Region lebten schon seit Millionen von Jahren Homi-niden und seit Zehntausenden von Jahren das Volk der San. Johannesburg selbst wurde erst 1886 während des Goldrauschs gegründet.

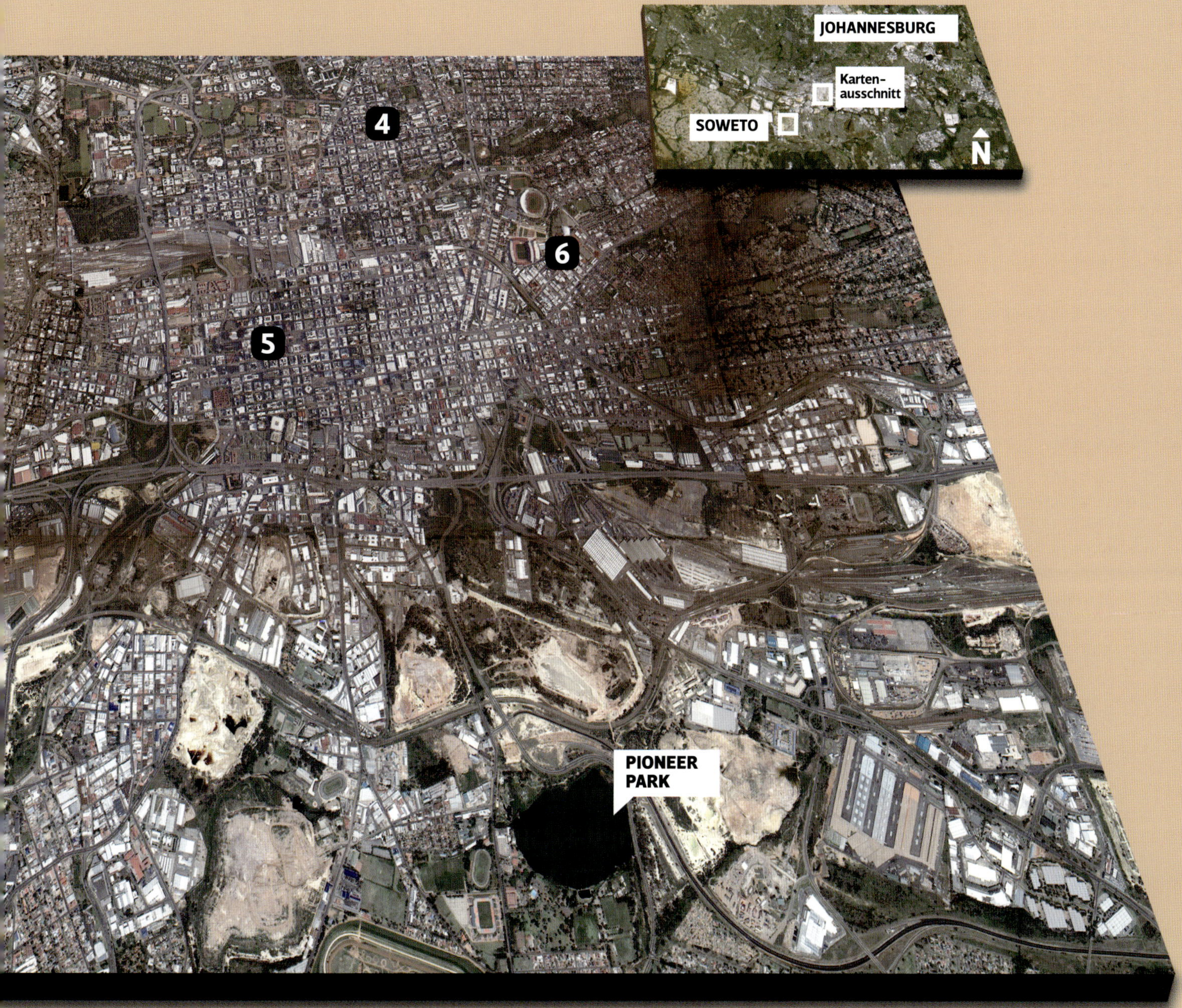

JOHANNESBURG

Karten-ausschnitt

SOWETO

N

PIONEER PARK

Hillbrow Tower
Der 1971 fertiggestellte Hillbrow Tower steht im Zentrum von Johannesburg. Mit seinen 269 m war er über 40 Jahre das höchste Bauwerk in Afrika.

Turbine Hall
Das zwischen 1927 und 1934 erbaute Elektrizitätskraftwerk ist heute ein Veranstaltungszentrum für Konferenzen und Kongresse im Herzen von Johannesburg.

Ellis Park
Im 1928 eröffneten Stadion absolviert die sehr erfolgreiche südafrikanische Rugby-Nationalmannschaft, Springboks genannt, ihre Heimspiele.

Geschichte in Schwarz und Weiß

Der Goldrausch am Ende des 19. Jahrhunderts und die erst 1994 vollständig abgeschaffte Apartheid prägten Johannesburg nachhaltig.

Die Stadt besticht nicht unbedingt durch die Schönheit ihrer Straßen, Gebäude und Monumente. Neben der außergewöhnlichen landschaft um Kapstadt, der Rivalin an der südafrikanischen Küste, wirkt sie blass. Und sie leidet noch immer unter den gesellschaftlichen Folgen der Apartheid, die um die weißen Wohnviertel herum riesige schwarze Vorstädte wie Soweto schuf. Trotz allem ist Johannesburg eine der dynamischsten Städte Afrikas. Sie hat eine zwar junge, dafür aber ereignisreiche Geschichte.

Jo'burg oder Jozi, wie die Südafrikaner sie nennen, ist eine der vielen Städte, die rund um den Globus im Zuge des Goldfiebers entstanden. Die Zulu nennen sie iGoli – Ort des Goldes. Viele dieser Orte wurden zu Geisterstädten, Johannesburg aber hat überlebt. Heute ist es das Finanzzentrum Südafrikas, die staatlichen Institutionen allerdings residieren in Pretoria (Exekutive), Kapstadt (Legislative) und Bloemfontein (Judikative).

Gold und Rassismus

Johannesburg liegt in 1700 m Höhe auf einem Hochplateau in der Mitte des Gebirgszugs Witwatersrand. Von hier stammen 40 Prozent des gesamten bisher auf der Erde geförderten Goldes. Die Stadt entstand 1886 nach der Entdeckung dieser außergewöhnlichen Lagerstätte und zählte 10 Jahre später bereits 100 000 Einwohner. Doch das Gold sorgte nicht nur für großen Wohlstand. Der Streit um die wertvollen Bodenschätze löste den Zweiten Burenkrieg aus, in dem die britische Armee die vorwiegend niederländischen Kolonisten (Buren) besiegte und die Stadt und die Region unter ihre Kontrolle brachte.

Wenige Jahre später begann der Aufbau eines rassistischen Systems zur Unterdrückung der Mehrheit der schwarzen Einheimischen durch die weiße Minderheit aus Briten und Buren. Die Verlockung der Minen, dazu die rasche Industrialisierung zogen eine gewaltige Zahl von Zuwanderern aus ländlichen Regionen an. Die Europäer sahen durch diese Entwicklung ihre politische und wirtschaftliche Vorherrschaft bedroht und schufen die sogenannten Townships zur Aufnahme der Schwarzen, die aus den künftig für Weiße reservierten Vierteln vertrieben wurden. Soweto – die Abkürzung von South Western Townships – und der Nachbarbezirk Meadowlands waren Produkte dieser Segregationspolitik.

Nach Jahrzehnten des Unrechts, in denen Soweto zu einem Symbol der Anti-Apartheid-Bewegung wurde, löste man dieses rassistische System zwischen 1990 und 1994 auf. Die Townships wurden nun genauso verwaltet wie jeder andere Bezirk der Stadt und der Metropolregion. Vor allem im Bezirk Newtown entwickelten sich viele kulturelle Aktivitäten mit einer revolutionären Musikszene, die jedes Jahr das Arts Alive Festival veranstaltet.

Die guten Seiten der Stadt lenken etwas von dieser dunklen Vergangenheit ab. Da sind die über 6 Millionen Bäume an Straßen und in Parks – einer pro Einwohner. Johannesburg bietet eine hervorragende Küche, speziell in der afroasiatischen Variante, einem Erbe der zahlreichen indischen Zuwanderer. Straßenverkäufer bieten gebratenes Fleisch und Maiskolben an. Die Märkte von Faraday sind auf traditionelle Medizin spezialisiert, die von Rosebank auf Kunsthandwerk. Auch die Begeisterung für Rugby und Fußball stärkte in der Phase der Befreiung das Selbstbewusstsein der Einheimischen.

📷

←← Apartheid-Museum
Porträt von Nelson Mandela, Anti-apartheid-Aktivist und erster schwarzer Präsident Südafrikas: Der Besuch des Museums ist obligatorisch, um die heutige Stadt zu verstehen.

← Geschäftsviertel
Die Wolkenkratzer sind ein Beweis der Wirtschaftskraft des südafrikanischen Finanzzentrums.

↓ Soweto
Alltagsszene aus dem historischen Bereich von Soweto, wo rund 3–4 Millionen Menschen leben.

Doch selbst mehr als 20 Jahre nach Abschaffung der Apartheid existieren noch große Ungleichheiten zwischen der weißen Bevölkerung in den nördlichen Distrikten und den schwarzen Vorstädten. Auch die traditionell im Central Business District – mit der höchsten Wolkenkratzerdichte Afrikas – angesiedelten wirtschaftlichen Aktivitäten haben sich stetig nach Norden verlagert. Dies ist eine Folge der gewaltigen Verkehrsprobleme und der hohen Kriminalitätsrate, verursacht durch die stark divergierenden Lebensstandards in dicht beieinanderliegenden Vierteln. So wird etwa der als „reichste Quadratmeile Afrikas" bekannte Wohn- und Geschäftsbezirk Sandton nur durch eine Autobahn von Alexandra getrennt, einer extrem armen Vorstadt.

Soccer City Stadium

Das 1987 erbaute Soccer City Stadium, auch als FNB Stadium bekannt, wurde für die WM 2010 in Südafrika zum größten Fußballstadion Afrikas umgebaut.

Beleuchtung
Das Stadion wird mit 540 Scheinwerfern beleuchtet, die auf dem Dach verteilt sind.

Bildschirme
Zwei 86 m² große Bildschirme mit modernster LED-Technik sind über den beiden Toren auf mittlerer Höhe der Tribüne angebracht.

Tribünendach
Die Überdachung besteht aus einer semitransparenten PFTE-Folie, die über ein Stahlgerüst gespannt wurde.

Zehn Streifen
Die in die Fassade integrierten zehn vertikalen grauen Streifen stehen für die anderen neun WM-Stadien und Berlin als Hauptstadt der WM 2006.

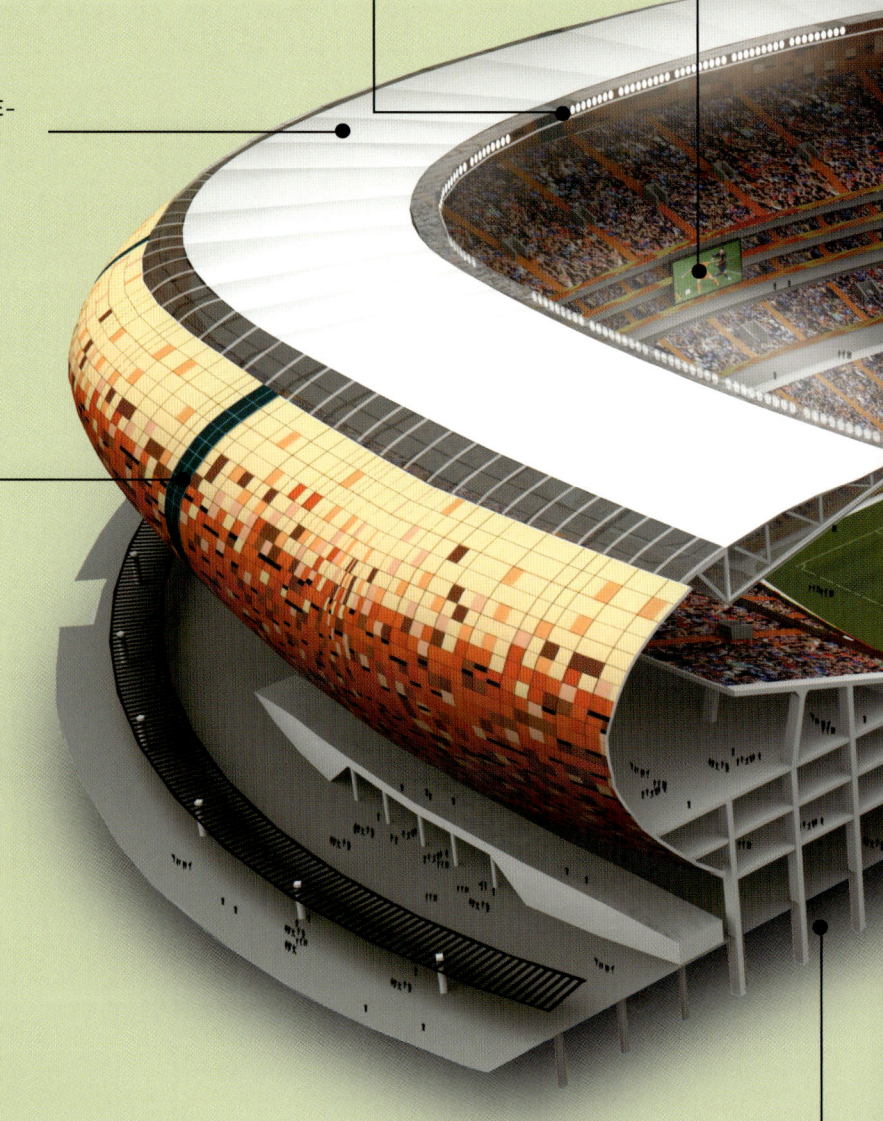

Nelson Mandela Das Stadion ging 1990 in die Geschichte ein, als Nelson Mandela dort seine erste öffentliche Rede nach seiner Freilassung aus jahrzehntelanger Haft hielt.

Parkplätze Das Stadion hat ein unterirdisches Parkhaus mit 4000 Plätzen, weitere 15 000 Parkplätze liegen im Bereich um die Arena.

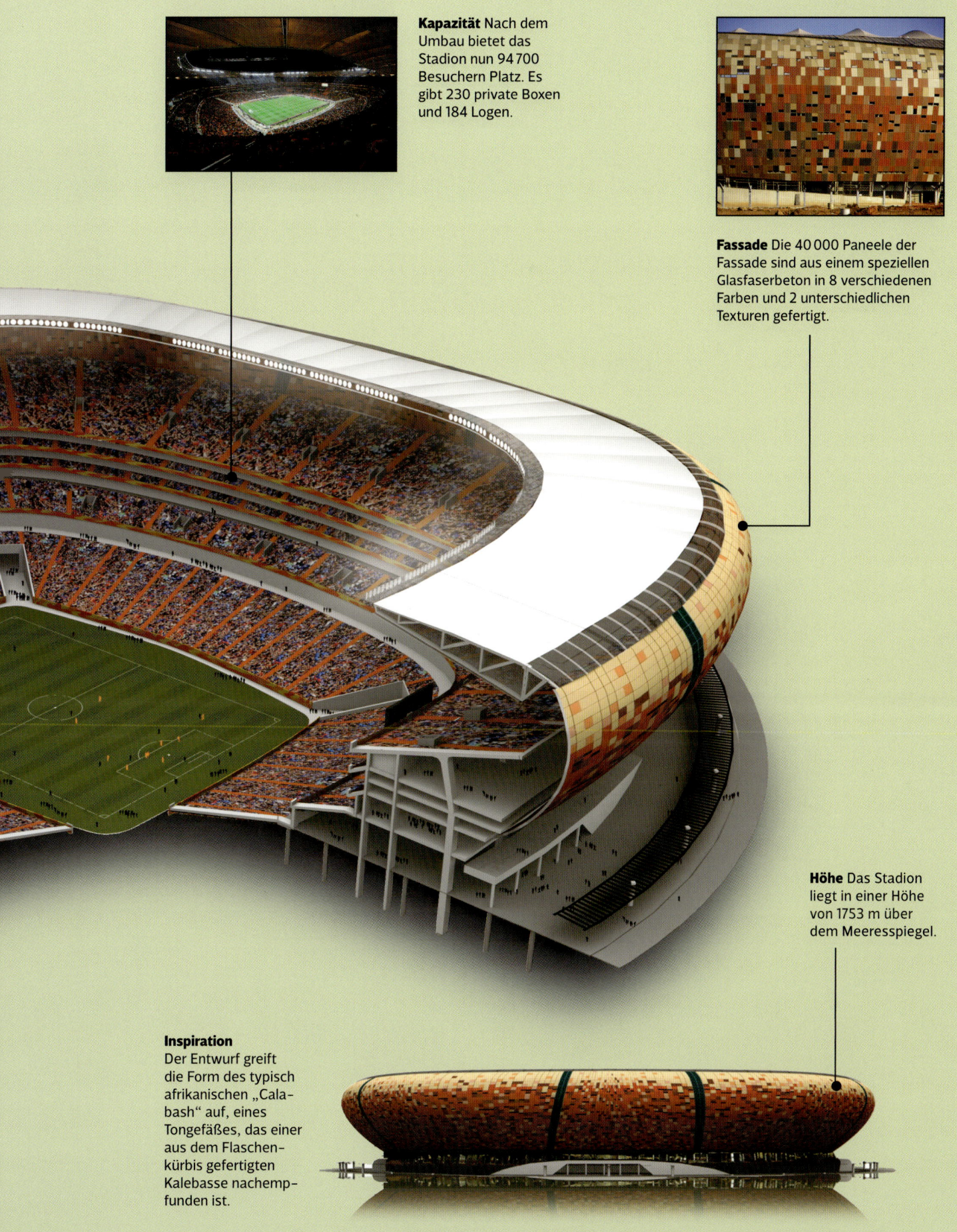

Kapazität Nach dem Umbau bietet das Stadion nun 94 700 Besuchern Platz. Es gibt 230 private Boxen und 184 Logen.

Fassade Die 40 000 Paneele der Fassade sind aus einem speziellen Glasfaserbeton in 8 verschiedenen Farben und 2 unterschiedlichen Texturen gefertigt.

Höhe Das Stadion liegt in einer Höhe von 1753 m über dem Meeresspiegel.

Inspiration Der Entwurf greift die Form des typisch afrikanischen „Cala-bash" auf, eines Tongefäßes, das einer aus dem Flaschen-kürbis gefertigten Kalebasse nachempf-funden ist.

MUMBAI

Koloniales Indien

Im Stadtbild von Mumbai fallen die
historischen viktorianischen Gebäude
mit lokalen Architektureinflüssen auf.

Indien

Bundesstaat Maharashtra

Die Insel
Die ursprünglich sieben Inseln sind
heute zu einer Insel verbunden, die
vom Festland durch schmale Kanäle
getrennt ist. Sie umschließt eine
große Bucht und einen natürlichen
Tiefwasserhafen.

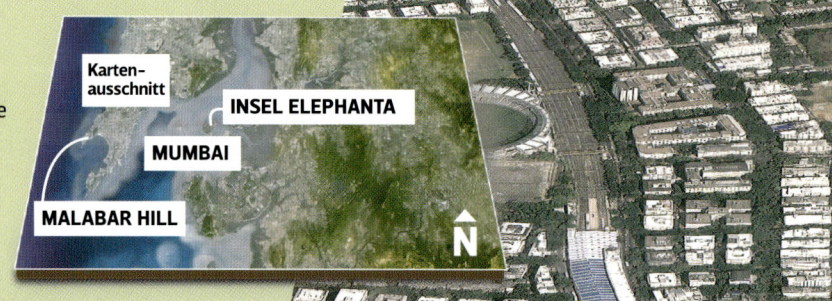

Karten-
ausschnitt

INSEL ELEPHANTA

MUMBAI

MALABAR HILL

N

Türme des Schweigens

Die Glaubensgemeinschaft der Parsen legt ihre Toten unter
freiem Himmel auf diesen runden Türmen auf dem Malabar
Hill im Westen Mumbais ab, damit Geier deren Fleisch
fressen können. In der auf Zarathustra zurückgehenden
parsischen Religion gelten Leichen als unrein und würden
die Erde verschmutzen. Nur die blanken Knochen
werden begraben.

**BOMBAY
HIGH COURT**

4

**UNIVERSITY
OF MUMBAI**

**TOWERS OF
SILENCE**

1

**Taj Mahal Palace
Hotel**
Das Luxushotel
in der Nähe des
Gateway of India ist
in einem Gebäude
im maurisch–euro-
päischen Stilmix
aus dem Jahre 1903
untergebracht.

2

Gateway of India
Der 1924 zu Ehren
von König Georg V.
im indogotischen Stil
erbaute Triumph-
bogen aus Basalt
begrüßt die per
Schiff in Mumbai
ankommenden
Besucher.

3

**Prince of Wales
Museum**
Das Chhatrapati
Shivaji Maharaj Vastu
Sangrahalaya, früher
als Prince of Wales
Museum bekannt, zeigt
eine große Sammlung
indischer Kunst aus
allen Epochen.

FAKTEN UND ZAHLEN ÜBER MUMBAI

HAUPTSTADT DES BUNDESSTAATS MAHARASHTRA
Mumbai (bis 1996 als Bombay bekannt) liegt im Westen Indiens am Arabischen Meer und

ist Hauptstadt des indischen Bundesstaats Maharashtra.

Breite 18° 57' 0" N
Länge 72° 49' 0" O
Höhe 11 m über dem Meeresspiegel

Fläche 603 km²
Einwohner 12 500 000
Bevölkerungsdichte 20 729 Einw./km²
Gründung 1626
Gründer Britische Kolonisten

Britische Handelskolonie
Die seit prähistorischer Zeit bewohnten sieben Inseln der Region Mumbai wurden im 16. Jahrhundert von

den Portugiesen besetzt und dann 1626 von den Briten erobert, die dort ihren ersten Handelshafen einrichteten.

Insel Elephanta

Auf der in der Bucht östlich der Stadt gelegenen Insel Elephanta gibt es einen aus natürlichen Höhlen geschaffenen Hindutempel mit beeindruckenden Reliefs und Skulpturen aus dem 9. bis 13. Jahrhundert.

4
Hutatma Chowk
Auf diesem Platz im Fort-Gelände, dem Standort der britischen Kolonialfestung, steht der 1869 errichtete monumentale Flora Fountain.

5
St. Thomas Cathedral
Die 1718 geweihte anglikanische Kirche – eine Mischung aus Neugotik und Neoklassizismus – ist das älteste Kolonialgebäude der Stadt. Der Turm wurde 1838 angefügt.

6
Victoria Terminus
Der zwischen 1878 und 1888 erbaute Chhatrapati Shivaji Terminus ist eines der repräsentativsten Gebäude Mumbais.

Zwei Kulturen vereint

Mumbai, voller Gegensätze und ein direktes Erbe des Britischen Empire, ist heute die kulturelle und wirtschaftliche Hauptstadt Indiens.

Die Stadt war das Juwel Britisch-Indiens und gleichzeitig 30 Jahre lang die Heimat Gandhis, des Vaters der Unabhängigkeit Indiens. Hier sitzen die reichsten Unternehmen des Landes, gleichzeitig lebt ein Drittel der Einwohner in elenden Hütten oder sprichwörtlich auf der Straße. Mumbai ist einerseits die europäischste Hauptstadt des Subkontinents, andererseits werden auf einem Hügel dort Bestattungsriten vollzogen, die Europäer schockieren. Das frühere Bombay ist zweifellos eine Stadt der Extreme.

Vom Meer bedeckt

Angesichts der Größe und der Einwohnerzahl (mit über 20 Millionen Menschen in der Metropolregion ist dies die zweitgrößte Stadt Indiens und die neuntgrößte der Welt) erscheint es verwunderlich, dass bis vor knapp 200 Jahren der Großteil des heutigen Stadtgebiets vom Meer bedeckt war. Als die Briten hier im 17. Jahrhundert zum ersten Mal anlegten, bestand die Region am Arabischen Meer aus sieben kleinen Inseln vor einer versumpften Küste. Die Kolonisten suchten nach einem tiefen Naturhafen, der als Umschlagplatz für den Handel zwischen dem Mutterland und Indien geeignet war. Diesen fanden sie genau hier. Sie verbanden die Inseln durch künstliche Landbrücken und legten dann in einem langwierigen Prozess die innere Lagune trocken.

Die hervorragenden Eigenschaften des Hafens – er wickelt aktuell 40 Prozent des indischen Außenhandels ab – ermöglichten der Stadt ein rasantes Wachstum von 10 000 Einwohnern 1661 auf 100 000 im Jahr 1764. Die Eröffnung des Suezkanals 1869 unterstrich Mumbais strategische Bedeutung. Eine lange Zeit des Wohlstands brach an, deren Zeugnisse wir heute in Form der beeindruckenden historischen Bauten aus jener Zeit bewundern können, wie dem Victoria Terminus, dem Prince of Wales Museum und der University of Mumbai.

Die Stadt Gandhis

Mumbai war zwar die offizielle Hauptstadt der britischen Kolonialmacht in Asien und ein Schmuckstück des Empire, doch hier entstanden Anfang des 20. Jahrhunderts auch die ersten Initiativen für die Unabhängigkeit Indiens. Nach der Rückkehr aus Südafrika ließ sich Mahatma Gandhi 1915 in Mumbai nieder. Dort lebte er die nächsten 30 Jahre. Im Park Gowalia Tank Maidan rief er am 8. August 1942 zum zivilen Ungehorsam und passiven Widerstand gegen die Kolonialmacht auf, was fünf Jahre später zur Unabhängigkeit führte.

Der Abzug der Briten fand am 28. Februar 1948 mit einer paradoxen Szene seinen Abschluss: Die letzten Truppen marschierten durch das Gateway of India, das die Briten ein Vierteljahrhundert zuvor als Zeichen der Begrüßung für Neuankömmlinge gebaut hatten. Doch die Stadt blieb durch die Kolonialzeit geprägt. Bis heute sieht man in den Straßen die typischen Londoner Doppeldeckerbusse. In der St. Thomas Cathedral, dem ältesten erhaltenen englischen Bauwerk in Mumbai, feiern bis heute Christen ihren Gottesdienst. Sie machen 4 Prozent des sehr kom-

1. Dhobi Ghat
Rund 200 Familien reinigen in dieser Wäscherei unter freiem Himmel die Wäsche von Kliniken, Hotels und Unternehmen.

2. Dabbawala
In Mumbai gibt es Tausende dieser Zusteller, die ihren Kunden das Essen an den Arbeitsplatz liefern.

3. Juhu Beach
Dies ist einer der beliebtesten und meistbesuchten Strände der Stadt mit vielen Bars und Restaurants.

4. Höhlen auf der Insel Elephanta
Der Höhlentempel auf der Insel bedeckt mit mehreren Hallen, Terrassen und verschiedenen Schreinen eine Fläche von 5600 m².

5. Bollywood
Filmplakate sind in Mumbai allgegenwärtig, schließlich werden hier über 800 Filme pro Jahr gedreht.

6. Prince of Wales Museum
Überall in Mumbai stößt man auf viktorianische Architektur: Dieses Museum ist eines der schönsten Beispiele.

plexen Religionsspektrums der Stadt aus, das in den vergangenen Jahrzehnten Ursprung zahlreicher Konflikte und Terroranschläge war. Neben Hindus (68 Prozent) und Muslimen (19 Prozent) gibt es bedeutende Minderheiten von Jainas, Buddhisten, Sikhs und Parsen. Die Parsen, Anhänger des Propheten Zarathustra, haben im Westen der Stadt auf dem Malabar Hill die Türme des Schweigens errichtet, wo sie ihre toten Angehörigen den Geiern zum Fraß überlassen, um deren Seelen vom unreinen Körper zu befreien.

Dieses außergewöhnliche Bemühen um Ewigkeit steht in scharfem Kontrast zu den unbeschwerten und meist oberflächlichen Bollywood-Filmen mit ihren populären Musikeinlagen. Die riesige Filmindustrie von Mumbai – der Geburtsstadt von Rudyard Kipling und Salman Rushdie – hat das kalifornische Vorbild zahlenmäßig längst hinter sich gelassen. Bollywood ist ein wichtiger Motor des ökonomischen und kulturellen Booms in der Region, der in den vergangenen Jahren durch die Entwicklung von Tata Motors, einem großen Unternehmen der Automobilindustrie, zusätzlichen Schub bekam. Der Kauf der symbolträchtigen Automarken Jaguar und Land Rover war auch eine gewisse Revanche gegenüber der alten Kolonialmacht.

Victoria Terminus

Der 1888 eröffnete Bahnhof ist eines der besten Beispiele für britische Kolo–nialarchitektur in Indien.

Kuppel
Sie hat 8 verzierte Rippen und wird von einer 4 m hohen Statue gekrönt, die den Fortschritt symbolisiert.

Synthese zweier Kulturen
Das Gebäude wurde von dem englischen Architekten Frederick William Stevens entworfen und von lokalen Handwerkern mitgestaltet. Der Chhatrapati Shivaji Terminus, wie er seit 1996 heißt, ist ein Beispiel für die Synthese zweier Kulturen.

Bauschmuck
Das Stabwerk der Fenster und die Friese sind mit kompliziert gear–beiteten Reliefs und Steinskulpturen verziert, die Tiere darstellen.

Innen
Der Innenbereich wird von einem Kreuzrippengewölbe überspannt. Er ist mit farbigen Fliesen, Eisengittern und bunten Fenstern geschmückt.

Ornamente Das Bauwerk ist aus Marmor, Sand- und Kalkstein im Stil der viktorianischen Neugotik gestaltet ergänzt durch Elemente traditioneller indischer Architektur.

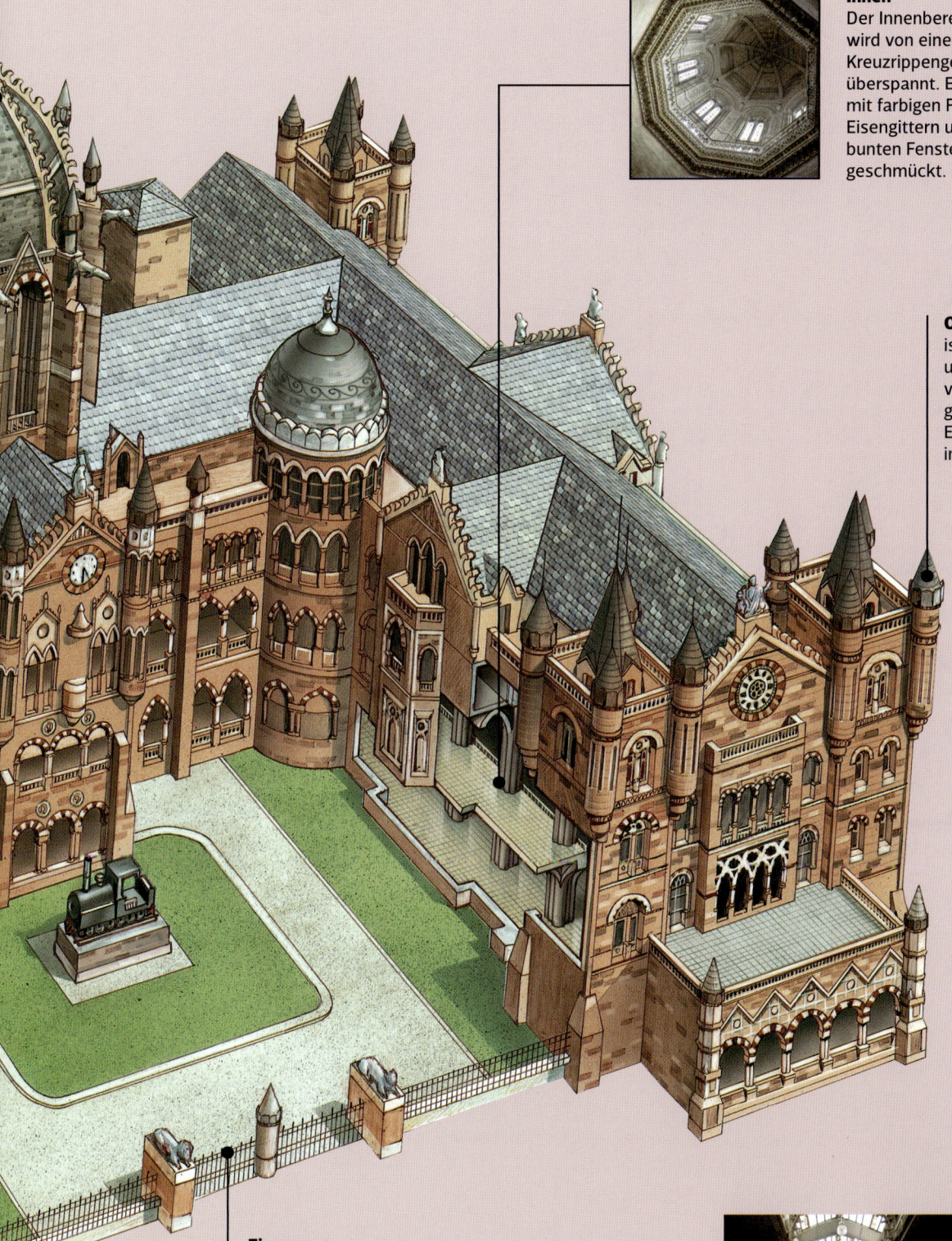

Eingang
Die Steinskulpturen eines Löwen und eines Tigers schmücken die Pfeiler neben dem Haupteingang. Der Löwe symbolisiert Großbritannien, der Tiger Indien.

Transit
Dieser Bahnhof fertigt mehr Passagiere ab als jeder andere in Indien. Rund 3 Millionen Menschen nutzen pro Tag diese Station, in der auch die Zentrale der Indian Railway Company untergebracht ist.

PEKING

Vom Kaiserreich zu Mao

Das historische Zentrum Pekings entwickelte sich um den Tiananmen-Platz, dem Zentrum der chinesischen Hauptstadt, und um die Verbotene Stadt.

China　　　　**Hauptstadtregion Peking**

Bezirk Dongcheng

Im attraktiven Viertel Dongcheng, mitten in der Altstadt, findet man geschäftige Straßen wie die Wangfujing und viele Touristenattraktionen wie die Verbotene Stadt und den Tiananmen-Platz. Östlich von Dongcheng liegt Guomao, der CBD (Central Business District), der zu Pekings neuem Finanzzentrum geworden ist.

PEKING　　**BEIHAI**

Kartenausschnitt

PAZIFIK

N̂

Die Verbotene Stadt

Die Verbotene Stadt wurde zwischen 1406 und 1420 auf Anordnung von Kaiser Yongle, dem dritten Kaiser der Ming-Dynastie, erbaut und diente 500 Jahre als Kaiserpalast. Heute ein Museum mit Objekten und Kunstwerken aus der Kaiserzeit, ist sie eine große touristische Attraktion.

Halle der Höchsten Harmonie

Brücken der Fünf Tugenden
Über den sogenannten Goldwasser-Fluss führen fünf Brücken zum Palast. Jede symbolisiert eine der Tugenden des Konfuzianismus.

Mittagstor
Vom Balkon des Tores überwachte der Kaiser seine Armee und die anderen Tore.

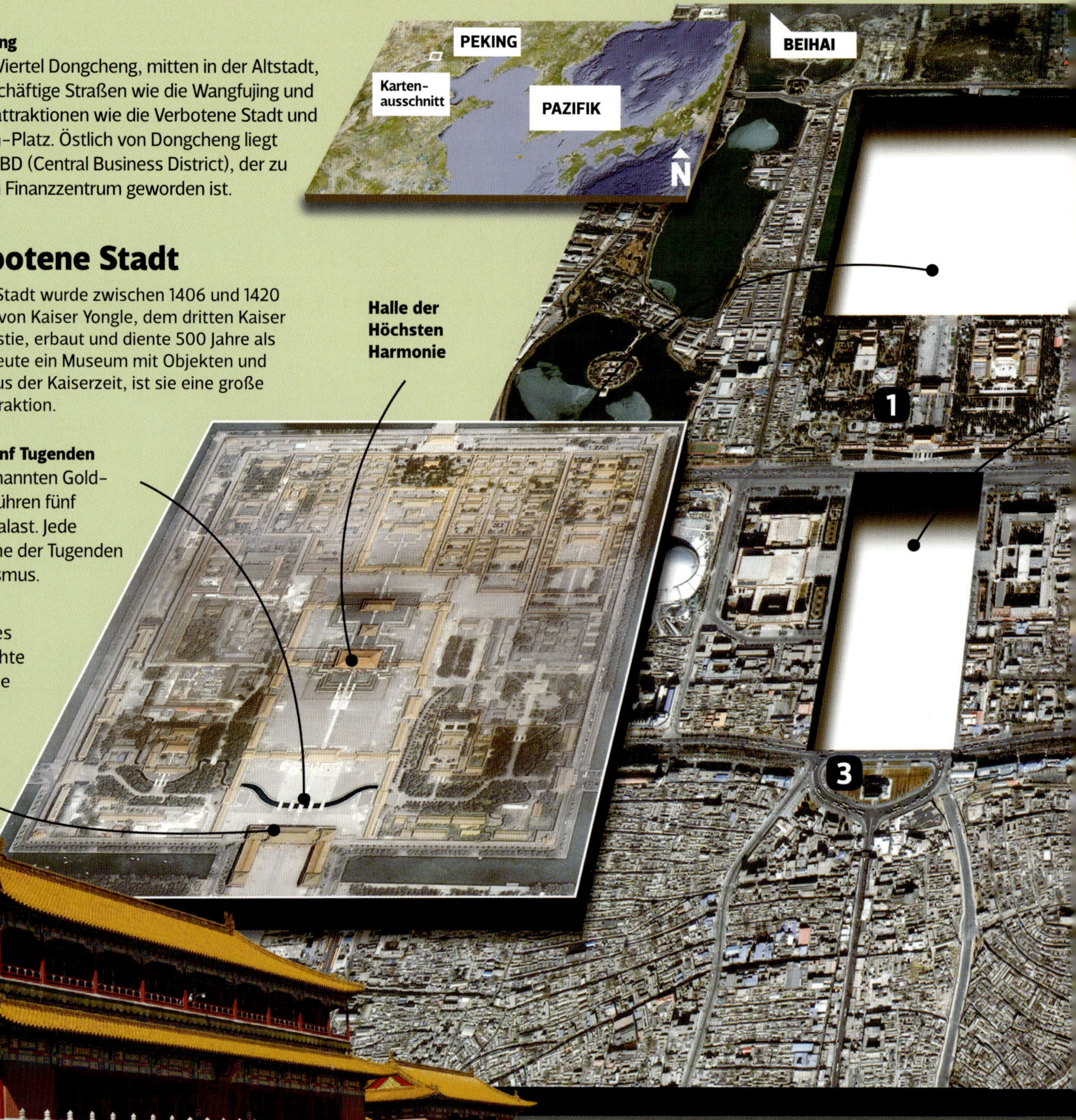

1

3

🌐 FAKTEN UND ZAHLEN ÜBER PEKING

**HAUPTSTADT
VON CHINA**
Peking ist die historische und aktuelle Hauptstadt von China, das gilt für die Zeiten des Kaiserreichs wie auch der Republik.

In mehreren Zwischenphasen übernahm Nanjing diese Funktion.

Breite 39° 54' 0" N
Länge 16° 23' 0" O
Höhe 52 m über dem Meeresspiegel

Fläche 1369 km²
(Metropolregion:
16 801 km²)
Einwohner 8 500 000
(Metropolregion:
21 Millionen)
Bevölkerungsdichte
6209 Einw./km²

(Metropolregion 1250
Einw./km²)
Gründung 1272
Gründer Kublai Khan

Ursprünge
Es gibt Hinweise, dass bereits vor mehr als

3000 Jahren urbane Siedlungen im Umkreis von Peking bestanden. 1215 eroberte Dschingis Khan das Gebiet und machte es zum Teil seines Mongolenreichs. Sein Enkel

Kublai Khan nannte die Stadt 1272 dann Khanbaliq („Stadt des Khan") und baute sie aus, um sie zur Hauptstadt des Chinesischen Reichs zu machen.

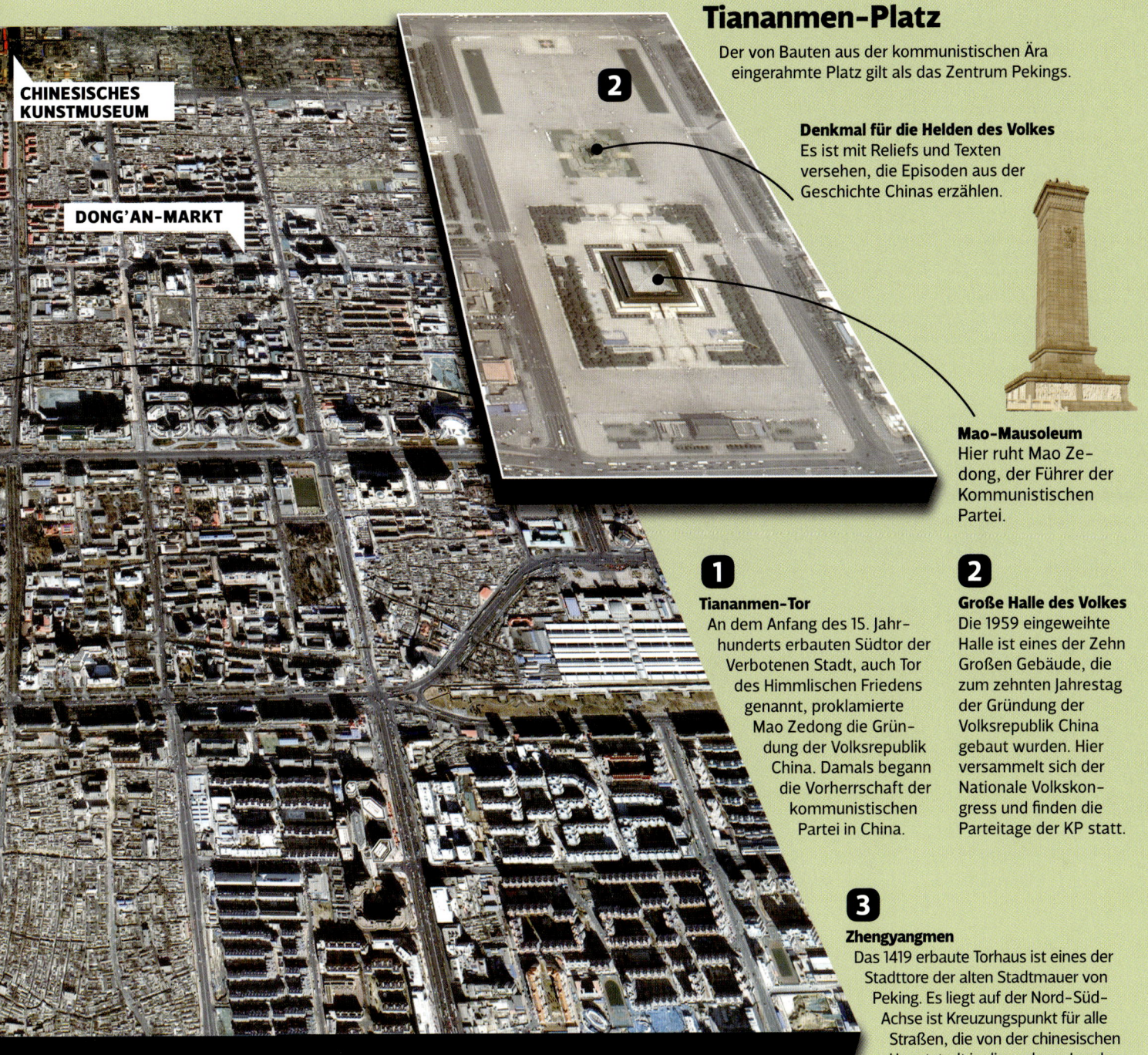

CHINESISCHES KUNSTMUSEUM

DONG'AN-MARKT

Tiananmen-Platz

Der von Bauten aus der kommunistischen Ära eingerahmte Platz gilt als das Zentrum Pekings.

Denkmal für die Helden des Volkes
Es ist mit Reliefs und Texten versehen, die Episoden aus der Geschichte Chinas erzählen.

Mao-Mausoleum
Hier ruht Mao Zedong, der Führer der Kommunistischen Partei.

1 Tiananmen-Tor
An dem Anfang des 15. Jahrhunderts erbauten Südtor der Verbotenen Stadt, auch Tor des Himmlischen Friedens genannt, proklamierte Mao Zedong die Gründung der Volksrepublik China. Damals begann die Vorherrschaft der kommunistischen Partei in China.

2 Große Halle des Volkes
Die 1959 eingeweihte Halle ist eines der Zehn Großen Gebäude, die zum zehnten Jahrestag der Gründung der Volksrepublik China gebaut wurden. Hier versammelt sich der Nationale Volkskongress und finden die Parteitage der KP statt.

3 Zhengyangmen
Das 1419 erbaute Torhaus ist eines der Stadttore der alten Stadtmauer von Peking. Es liegt auf der Nord-Süd-Achse ist Kreuzungspunkt für alle Straßen, die von der chinesischen Hauptstadt in die anderen Landesteile führen.

Zwischen Tempeln und Wolkenkratzern

Trotz der atemberaubenden Entwicklung der letzten Jahre kann man noch immer Zeugnisse aus Pekings Vergangenheit finden.

Peking, seit Anfang des 15. Jahrhunderts die Hauptstadt Chinas, blickt stolz auf ein urbanes und architektonisches Erbe, das über die Jahrhunderte trotz tiefgreifender politischer Veränderungen im Land erhalten blieb. In den letzten Jahren wurde das Stadtbild um Wolkenkratzer und breite Magistralen erweitert. Damit begann ein neues Kapitel in der Geschichte der Stadt.

Peking ist zweifellos eine der größten Metropolen der Menschheitsgeschichte. Die Stadt verdankt ihre Existenz Kublai Khan, der 1272 ihren Bau in jener Region befahl, die sein Großvater 60 Jahre zuvor erobert hatte. Hier sollte die Hauptstadt des Chinesischen Reichs entstehen, denn durch die Lage im Norden war der Kaiser in der Nähe seiner Heimat, der Mongolei. Gleichzeitig lag sie im Zentrum des Reichs, das sich von der Pazifikküste in Asien bis an die Ufer der Donau in Europa erstreckte. Ursprünglich trug die Stadt den Namen Khanbaliq („Stadt des Khan"). Der aktuelle Name Peking („Nördliche Hauptstadt") drückt die Dichotomie mit Nanjing („Südliche Hauptstadt") aus, das in einigen geschichtlichen Phasen als Hauptstadt diente.

Der Glanz der Ming-Dynastie

Unter der Ming-Dynastie im 15. Jahrhundert erlebte Peking dann seine erste große Blütezeit. Damals wurde die Verbotene Stadt erbaut, ein riesiger Komplex, der von 1420 bis 1912 den Kaisern als Palast diente. Im Bezirk Dongcheng im Herzen Pekings gelegen, gilt sie als größter Palast der Welt: Sie erstreckt sich über eine Fläche, die fast 100 Fußballfeldern entspricht. Hier stehen rund 1000 meist im traditionell chinesischen Stil aus Holz gefertigte Gebäude. Ihren Namen verdankt die

◎

← **Central Business District (CBD)**
Im Geschäftsviertel des Stadtbezirks Chaoyang im Süd-osten Pekings haben viele auslän-dische Unternehmen und Botschaften ihren Sitz.

↙**Himmelstempel**
Der 1420 erbaute Komplex diente dem Gebet und der Danksagung nach dem Einbringen der Ernte.

↓**Tiananmen-Platz**
Dieses Ehrenmal für die Arbeiter, Bauern und Soldaten steht gegenüber dem Mao-Mausoleum auf dem Tiananmen-Platz.

Verbotene Stadt dem Umstand, dass niemand sie ohne ausdrückliche Erlaubnis des Kaisers durch eines der vier Tore betreten durfte.

Auch wenn Pu Yi, der letzte Kaiser von China, bereits vor gut einem Jahrhundert entmachtet wurde, nimmt der Kaiserpalast, den man 1925 in ein Museum umgewandelt hat, noch immer einen wichtigen Platz – physisch wie spirituell – im Herzen Pekings ein. Selbst die kommunistische Revolution, die 1949 zur Gründung der Volksrepublik China führte, tastete diese Hinterlassenschaft des Feudalismus nicht an.

Modernisierung

Bei ihrem Ziel, ein ganz neues Geschäftsviertel aus dem Boden zu stampfen, das für die großen multinationalen Konzerne attraktiv sein sollte, propagierten die Führer der Kommunistischen Partei eine Stadtplanung mit breiten Straßen und Wolkenkratzern, die luxuriöse Büros und Wohnungen bieten. Der Wirtschaftsboom erlaubte es vielen Familien, vom Fahrrad – über Jahr-

zehnte das klassische private Transportmittel in China – aufs Auto umzusteigen.

Die Planer des neuen Peking haben ihre neuen Viertel als Weiterentwicklung traditioneller Architektur gepriesen und versichert, sie wären nach den Regeln des Feng-Shui konstruiert, der Harmonielehre, die alles in Einklang mit der kosmischen Ordnung arrangiert.

Trotz eines massiven Zustroms von Migranten aus ländlichen Regionen, die ihr Glück in der Stadt suchen, ist die Bevölkerung noch weitgehend homogen geblieben. Es sind überwiegend Han-Chinesen, die Mandarin sprechen. Die Einwohner Pekings halten sich traditionell für taktvoller, nüchterner und gastfreundlicher als ihre Landsleute in Schanghai oder Hongkong. Der wachsende Verkehr führt zu Belastungen durch die hohe Luftverschmutzung, doch in ihrer unternehmerischen und optimistischen Einstellung sehen die Pekinger eher die positiven Seiten des Fortschritts und ignorieren die Nachteile der neuen Lebensumstände.

→Neuer Sommerpalast
Der 1751–1764 erbaute Palastkomplex steht 12 km vom Stadtzentrum entfernt in einem Park und hat seit 1998 den Status als Weltkulturerbe.

1. Vom Kaiser zu Mao
Ein Porträt von Mao Zedong, dem Gründer der Volksrepublik, hängt über dem Eingang zur Verbotenen Stadt.

2. Pekingoper
Die berühmteste der rund 300 Varianten der Chinesischen Oper.

3. Hutong
Diese Viertel mit engen Gassen und niedrigen Häusern sind typisch für das traditionelle Peking.

4. Fahrräder
Die zunehmende Verbreitung des Autos bedroht dieses Transportmittel, doch noch immer sind Fahrräder in Peking sehr beliebt.

5. Nationales Zentrum für Darstellende Künste
Das 2007 eröffnete, riesige Opernhaus wurde aus Glas und Titan gebaut.

6. Räucherstäbchen
Es ist üblich, in Tempeln Räucherstäbchen zu entzünden.

Verbotene Stadt

Der zwischen 1406 und 1420 von Kaiser Yongle erbaute eindrucksvolle Palastkomplex war der Stolz der Ming–Dynastie und diente bis 1912 als Residenz des Kaisers.

Halle der Höchsten Harmonie
Hier hielt der Kaiser Hof, um wichtige Angelegenheiten zu besprechen. Das Gebäude steht auf einer Basis aus Marmor und war mit 37,5 m über einige Jahrhunderte das höchste Bauwerk in China.

Figuren
Die Dächer sind mit Porzellanfiguren geschmückt, die böse Geister vertreiben sollen.

Skulpturen
Die Tierskulpturen hatten symbolische Bedeutung. Die Bronzelöwen waren die Wächter des Palasts, die Drachen ein Sinnbild für Göttlichkeit und Rechtschaffenheit.

Drachenthron
Er wurde vom Kaiser nur zu besonderen Anlässen benutzt, wie an seinem Ge-burtstag, an Neujahr oder bei Ausbruch eines Kriegs.

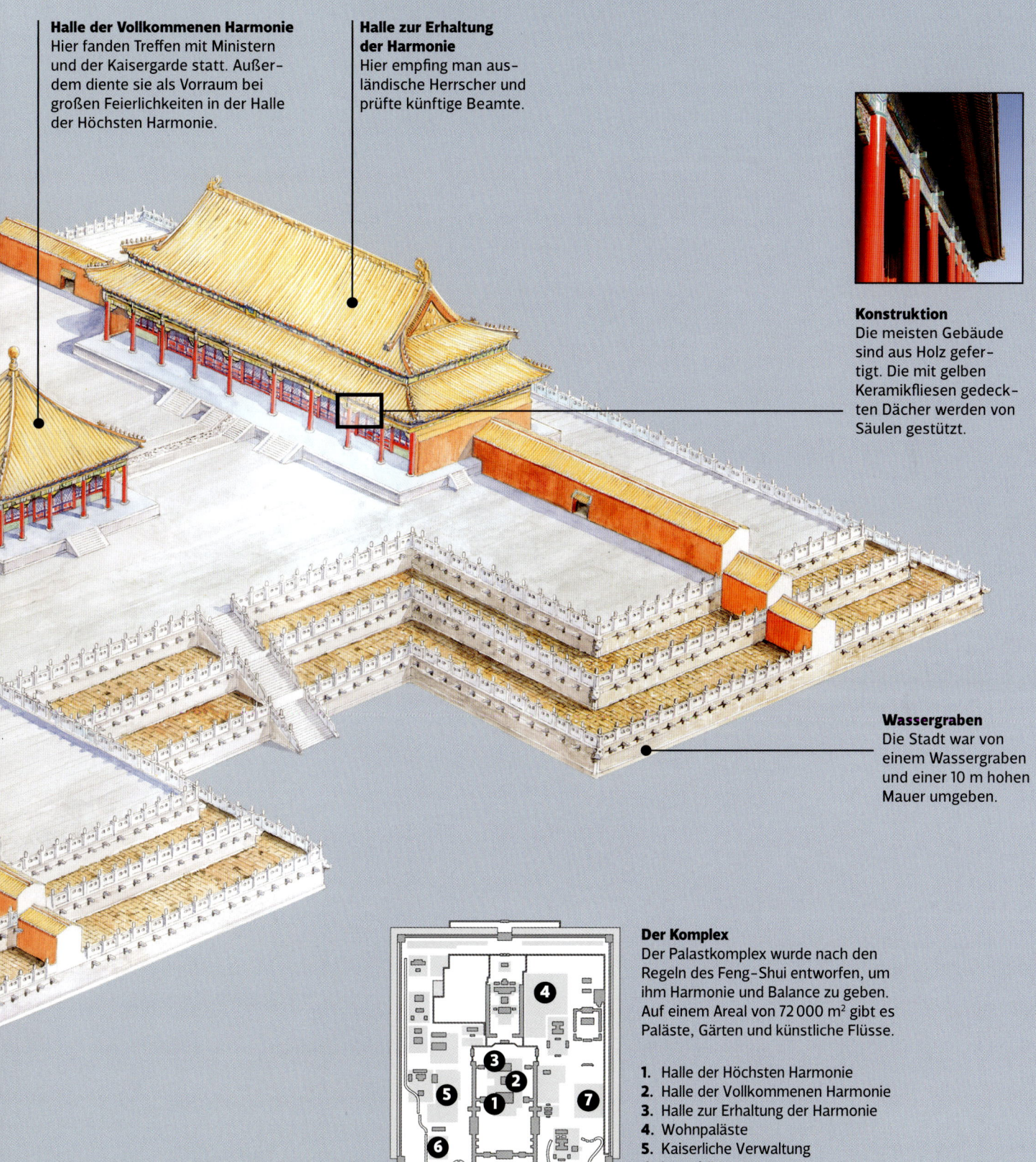

Halle der Vollkommenen Harmonie
Hier fanden Treffen mit Ministern und der Kaisergarde statt. Außerdem diente sie als Vorraum bei großen Feierlichkeiten in der Halle der Höchsten Harmonie.

Halle zur Erhaltung der Harmonie
Hier empfing man ausländische Herrscher und prüfte künftige Beamte.

Konstruktion
Die meisten Gebäude sind aus Holz gefertigt. Die mit gelben Keramikfliesen gedeckten Dächer werden von Säulen gestützt.

Wassergraben
Die Stadt war von einem Wassergraben und einer 10 m hohen Mauer umgeben.

Der Komplex
Der Palastkomplex wurde nach den Regeln des Feng-Shui entworfen, um ihm Harmonie und Balance zu geben. Auf einem Areal von 72 000 m² gibt es Paläste, Gärten und künstliche Flüsse.

1. Halle der Höchsten Harmonie
2. Halle der Vollkommenen Harmonie
3. Halle zur Erhaltung der Harmonie
4. Wohnpaläste
5. Kaiserliche Verwaltung
6. Lagerhäuser
7. Kronprinzenpalast
8. Südliches Tor

SEOUL

Der koreanische Riese

Das Stadtzentrum liegt an jener Stelle, an der im 14. Jahrhundert die ersten Herrscher der Joseon–Dynastie die ursprüngliche Siedlung errichteten.

Südkorea

Metropolregion Sudogwon

Gyeongbokgung–Palast

Dieser weitläufige Palastkomplex war die Hauptresidenz der Joseon–Dynastie, die Korea mehr als 600 Jahre, von 1395 bis 1910, regierte. Auf 0,5 km² verteilen sich verschiedene Gebäude wie die Haupthalle Geunjeongjeon, die für offizielle Empfänge und Audienzen genutzt wurde, die Paläste der Königin und der Königinmutter und der Lotusteich.

HYANGWONJEONG

GYEONGHOERU

GEUNJEONGJEON

DEOKSUGUNG-PALAST

Geunjeongjeon
In der Haupthalle des Gyeongbokgung–Palasts traten die Bediensteten vor dem Monarchen täglich zum Rapport an.

FAKTEN UND ZAHLEN ÜBER SEOUL

HAUPTSTADT VON KOREA
Seoul war mehr als sechs Jahrhunderte die Hauptstadt von Korea. Aktuell ist es die Hauptstadt der Republik Südkorea.

Breite 34˚ 37' 0" N
Länge 126˚ 58' 0" O
Höhe
87 m über dem Meeresspiegel
Fläche 605 km²
Einwohner
10 900 000

(24,5 Millionen in der Metropolregion)
Bevölkerungsdichte
18 016 Einw./km²
Gründung
18 v. Chr.
Gründer
Königreich Baekje

Historische Hauptstadt
Im Jahr 18 v. Chr. errichtete das neu gegründete Königreich Baekje seine Hauptstadt dort, wo heute Seoul liegt.

Fast 1400 Jahre später richtete der erste Herrscher der Joseon-Dynastie 1394 seinen Hof in Seoul ein, das er Gyeongseong nannte. Chinesen nutzen diesen Namen bis heute für

die Stadt des 14. Jahrhunderts.

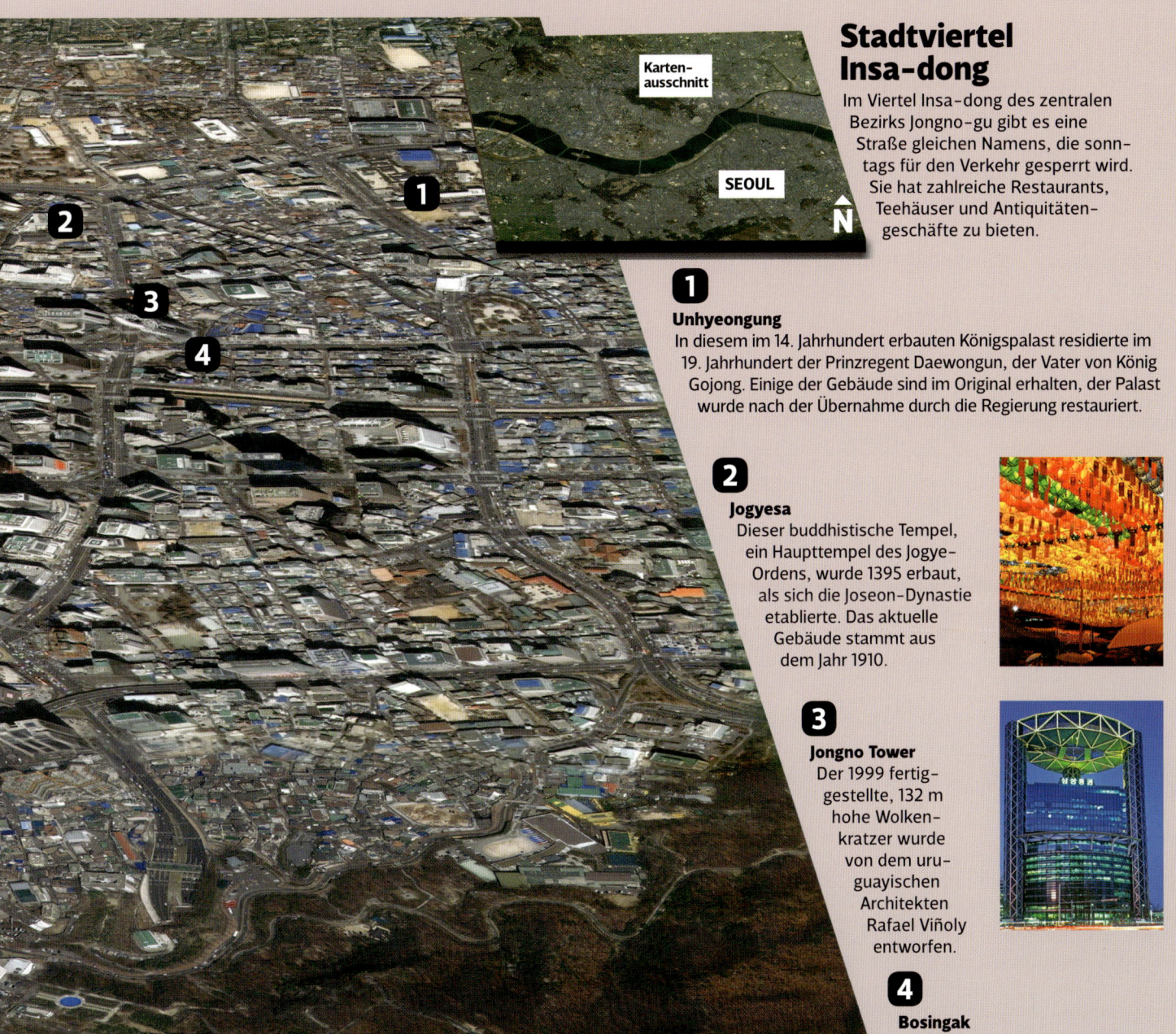

Karten-ausschnitt

SEOUL

N

Stadtviertel Insa-dong

Im Viertel Insa-dong des zentralen Bezirks Jongno-gu gibt es eine Straße gleichen Namens, die sonntags für den Verkehr gesperrt wird. Sie hat zahlreiche Restaurants, Teehäuser und Antiquitäten-geschäfte zu bieten.

1

Unhyeongung
In diesem im 14. Jahrhundert erbauten Königspalast residierte im 19. Jahrhundert der Prinzregent Daewongun, der Vater von König Gojong. Einige der Gebäude sind im Original erhalten, der Palast wurde nach der Übernahme durch die Regierung restauriert.

2

Jogyesa
Dieser buddhistische Tempel, ein Haupttempel des Jogye-Ordens, wurde 1395 erbaut, als sich die Joseon-Dynastie etablierte. Das aktuelle Gebäude stammt aus dem Jahr 1910.

3

Jongno Tower
Der 1999 fertig-gestellte, 132 m hohe Wolken-kratzer wurde von dem uru-guayischen Architekten Rafael Viñoly entworfen.

4

Bosingak
Die Glocke in diesem Pavillon, der 1395 entstand und 1895 neu errichtet wurde, verkündete die Zeiten der Öffnung und Schließung der Stadttore. Das Viertel heißt entsprechend Jongon, auf Altkoreanisch „Glockenstraße".

N SEOUL TOWER

Vergangenheit trifft Zukunft

Seoul bemüht sich um einen Weg zwischen den tief verwurzelten Sitten des koreanischen Volks und der Modernität seiner großen Technologiekonzerne.

Im Herzen bleibt man der behaglichen Sicherheit der Tradition treu, während der Kopf permanent der Zukunft zugewandt ist. In keiner anderen Stadt der Erde wird ein derart radikaler Kontrast zwischen Vergangenheit und Zukunft sichtbar. Mit der Transformation Südkoreas in den letzten Jahrzehnten zu einer wichtigen Wirtschaftsmacht hat sich seine Hauptstadt in eine der ganz großen Megacitys verwandelt. Das Festhalten dieser Nation an den Sitten und Gebräuchen ihrer Ahnen zwang aber Politiker und Unternehmer, bei ihrem mutigen Schritt die Vergangenheit zu respektieren.

Südkorea rangiert mit seinem Sozialprodukt in der Spitzengruppe der 15 leistungsstärksten Staaten weltweit. Seoul liegt von seiner Wirtschaftskraft auf Platz 6 der Städterangliste und was die Größe betrifft auf Rang 3 – nur Tokio und Mexiko-Stadt sind größer. In der südkoreanischen Hauptstadt haben große Elektronikkonzerne wie LG und Samsung, der Weltmarktführer für Smartphones, ihren Sitz. Dazu kommt die Hyundai-Gruppe, die sich nicht nur auf dem Automobilsektor, sondern auch in vielen anderen Wirtschaftsbereichen.

Der gewaltige Wirtschaftsboom wurde angestoßen durch die beträchtliche Unterstützung, die das Land nach dem blutigen Koreakrieg (1950–1953) von den USA und Japan erhielt. Dieser Krieg prägt bis heute die Mentalität der Koreaner, wie man bei einem Besuch der Gedenkstätte des Seodaemun-Gefängnisses und des War Memorials mit seinem Museum feststellen kann. Untermauert wurde die positive wirtschaftliche Entwicklung durch ein hervorragendes Bildungssystem – das manche als zu streng für die Kinder erachten – und die intensiven Bemühungen während der 1970er-Jahre, das Land in kürzester Zeit zur Industriegesellschaft zu machen. Dieser radikale Wandel führte zu einem massiven Zuzug aus ländlichen Regionen nach Seoul. Um das

historische Zentrum entstanden in der Folge sich rasch ausdehnende neue Wohnbezirke.

Die ethnisch relativ homogene Bevölkerung – nur wenige Ausländer sind momentan am Produktionssystem beteiligt – hat sich trotz ihres auf Arbeit und Leistung ausgerichteten Ethos eine Philosophie bewahrt, die sich während vieler Generationen ländlicher Existenz entwickelt hat. Die Einwohner Seouls halten an Denkweisen fest, die mancher aus dem Westen als chauvinistisch erachten könnte: Sie legen sehr großen Wert auf den eigenen Status und den ihrer Familie. Das Gesicht zu verlieren, aus welchem Grund auch immer, ist für Koreaner, die Fremden mit äußerstem Respekt und Hochachtung begegnen, das Schlimmste. Sie bemühen sich, in allen sozialen Beziehungen stets freundlich und höflich zu sein, selbst wenn sie gerade schlecht gelaunt oder von der Arbeit erschöpft sind, was häufig vorkommt.

Historische Paläste und Wolkenkratzer

Die Stadt ist seit 1394 die Hauptstadt Koreas, als die Könige der Joseon-Dynastie sie zum Regierungssitz machten. Seoul entwickelte sich am Nordufer des

←←**Leibgarde**
Der zeremonielle Wachwechsel der Königsgarde am Deoksugung-Palast findet dreimal täglich statt und ist eine der beliebtesten Touristenattraktionen.

←**Namdaemun-Markt**
Der Markt wurde 1964 im Stadtzentrum eingerichtet. Er ist einer der größten traditionellen Märkte des Landes.

↓**Changdeokgung-Palast**
In der südkoreanischen Hauptstadt stehen alte Paläste und moderne Wolkenkratzer dicht beieinander.

Hangang. Dieser schlängelt sich zwischen Hügeln hindurch, auf denen die meisten der historischen Paläste errichtet wurden. Einige Kilometer flussabwärts mündet der Hangang dann gegenüber der Küste Chinas, des großen und einflussreichen Nachbarn Koreas, ins Gelbe Meer. Im ursprünglichen Zentrum der Stadt, heute der Bezirk Jung-gu, findet man viele Touristenattraktionen, die Büros großer Unternehmen, die besten Hotels und traditionelle Märkte. Besonders erwähnenswert ist der Dongdaemun-Markt, auf dem man die vorzügliche koreanische Küche und traditionellen Ginsengtee probieren kann.

Zwischen Jung-gu (wörtlich: „Zentralbezirk") und dem Fluss befindet sich das beliebte Viertel Itaewon, das größte Einkaufs- und Vergnügungsviertel der Stadt. Durch einen schmalen Kanal getrennt, liegt ihm die Insel Yeouido gegenüber, auf dem die Nationalversammlung und wichtige Finanzinstitutionen ihren Sitz haben. Außerhalb der Innenstadt erstrecken sich überwiegend Wohnviertel. Nur 40 km weiter im Norden verläuft der 38. Breitengrad, die entmilitarisierte Zone, die Nord- und Südkorea trennt. Diese scharf bewachte Grenze teilt seit 1948 die Halbinsel Korea in zwei verfeindete Staaten.

Bulguksa–Tempel

Dieser beeindruckende buddhistische Tempel in Gyeongju, der alten Hauptstadt des Silla–Königreichs 370 km südöstlich von Seoul, hat seinen Ursprung im 7. und 8. Jahrhundert.

Seokgatap-Pagode
Die schlichten Formen der 8,2 m hohen Steinpagode symbolisieren Männlichkeit, Nachdenklichkeit und Einsamkeit. Sie ist auch als „Schattenlose Pagode" bekannt.

Geuknakjeon oder Halle des Paradieses
Mit dem Buddha aus vergoldeter Bronze, einem Nationalschatz, ist dies ein besonders beeindruckender Teil des Tempels.

Brücke der Lotusblume und Brücke der sieben Kostbarkeiten
Sie führen zum Tor des reinen Landes.

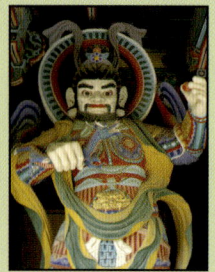

Haupteingang
Den Komplex betritt man über eine Treppe mit Balustraden, Brücken genannt. Sie führen zum Tor des purpurfarbenen Nebels (Jahamun) führen, das von farbenprächtigen Wächterfiguren flankiert wird.

Daeungjeon oder Halle der großen Erleuchtung
Das Hauptgebäude stammt aus dem Jahr 681 und ist Buddha Shakyamuni geweiht.

Museoljeon oder Halle ohne Worte
Sie symbolisiert die Lehren Buddhas, die sich nicht in Worte fassen lassen, und stellt das älteste Bauwerk der Tempelanlage dar.

Dabotap-Pagode
Die reich verzierte, 10,4 m hohe Steinpagode symbolisiert die Weiblichkeit und die Komplexität der Welt. Sie ist als Pagode der vielen Schätze bekannt.

TOKIO

Asiatische Macht

Tokio ist nicht nur Technologiehaupt-
stadt der Welt, sondern besitzt viele
Schätze der alten japanischen Kultur.

Japan

Honshu

Tokio

Ins Meer gebaut

Nur wenige wissen, dass 40 Prozent der Fläche Tokios
aus Land besteht, das dem Meer abgerungen wurde
und dessen Fundamente Blöcke aus gepresstem
Müll (Gomi) bilden. Um die Umweltbelastung
einer derart riesigen Metropole mit 36 Millionen
Einwohnern zu begrenzen, hat die Stadt
strenge Recyclingvorschriften erlassen.

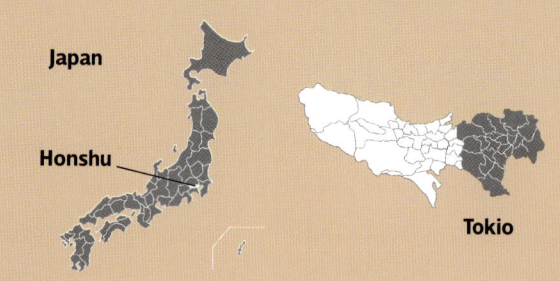

PAZIFIK

TOKIO

Karten-
ausschnitt

N̂

1

Der Kaiserpalast

Der erste Shogun der Toku-
gawa-Dynastie baute 1590 hier
seine Burg. Seine Nachfolger
verwandelten diese in einen
wunderschönen Palast.
Seit Mitte des 19. Jahr-
hunderts wohnt hier die
Familie des Tenno.

1

HIBIYA-
PARK

2

Tokyo International Forum

Der uruguayische Architekt Rafael Viñoly entwarf das 1996
fertiggestellte spektakuläre Gebäude des Kulturzentrums in
Tokio. Das Atrium in Form eines Bootes ist mit gebogenen
Glasplatten verkleidet. In den vier weißen, würfelförmigen
Bauten sind Vortragssäle untergebracht. Der größte Saal
bietet Platz für bis zu 5000 Besucher.

3

Tsukiji-Markt

Fisch ist eine der wichtigsten Zutaten der
japanischen Küche. Der Tsukiji-Markt ist der
größte Fischmarkt der Welt. Die Waren
werden hier täglich von 5 bis 10 Uhr per
Auktion verkauft. In der Umgebung
findet man zahlreiche Restaurants, die,
direkt an der Quelle sitzend, frisch
zubereitetes Sushi servieren.

NHK MUSEUM OF
BROADCASTING

⊕ FAKTEN UND ZAHLEN ÜBER TOKIO

HAUPTSTADT VON JAPAN
Tokio, im Osten der japanischen Hauptinsel Honshū gelegen, ist die Hauptstadt Japans. Sie besteht aus 23 Bezirken

und belegt ein Drittel der Gesamtfläche der Metropolregion.

Breite 35˚ 42' 0" N
Länge 139˚ 42' 0" O
Höhe 6 m über dem Meeresspiegel

Fläche 2187 km², Metropolregion 13 556 km²
Einwohner 13 160 000 (36 Millionen in der Metropolregion)

Bevölkerungsdichte 6017 Einw./km²
Gründung 1457

Eine Burg, Ursprung der Stadt
Im Jahr 1457 erbaute Ōta Dōkan die Burg

Edo (japanisch, Flussmündung), um die sich die Stadt entwickelte, die 1603 zur Hauptstadt Japans wurde. 1868 verlegte der Kaiser seine Residenz von

Kyoto hierher und benannte Edo in Tokio ("Östliche Hauptstadt") um.

Stadtteil Ginza

Die alte Silbermünzstätte (japanisch: ginza), der das Viertel seinen Namen verdankt, wurde 1872 bei einem Brand zerstört. Der britische Architekt Thomas Waters wurde mit dem Wiederaufbau des Viertels beauftragt, doch nur wenige seiner Bauten sind erhalten. Heute ist dies eines der Hauptgeschäfts- und Vergnügungsviertel Tokios mit Theatern, Geschäften, Restaurants und Nachtklubs.

Mitsukoshi-Kaufhaus
Dieses klassische Einkaufszentrum im Ginza-Viertel pflegt eine betont distinguierte Atmosphäre – die Kunden kommen in feiner Kleidung zum Einkaufen. Die Kimono-Abteilung ist bestens sortiert.

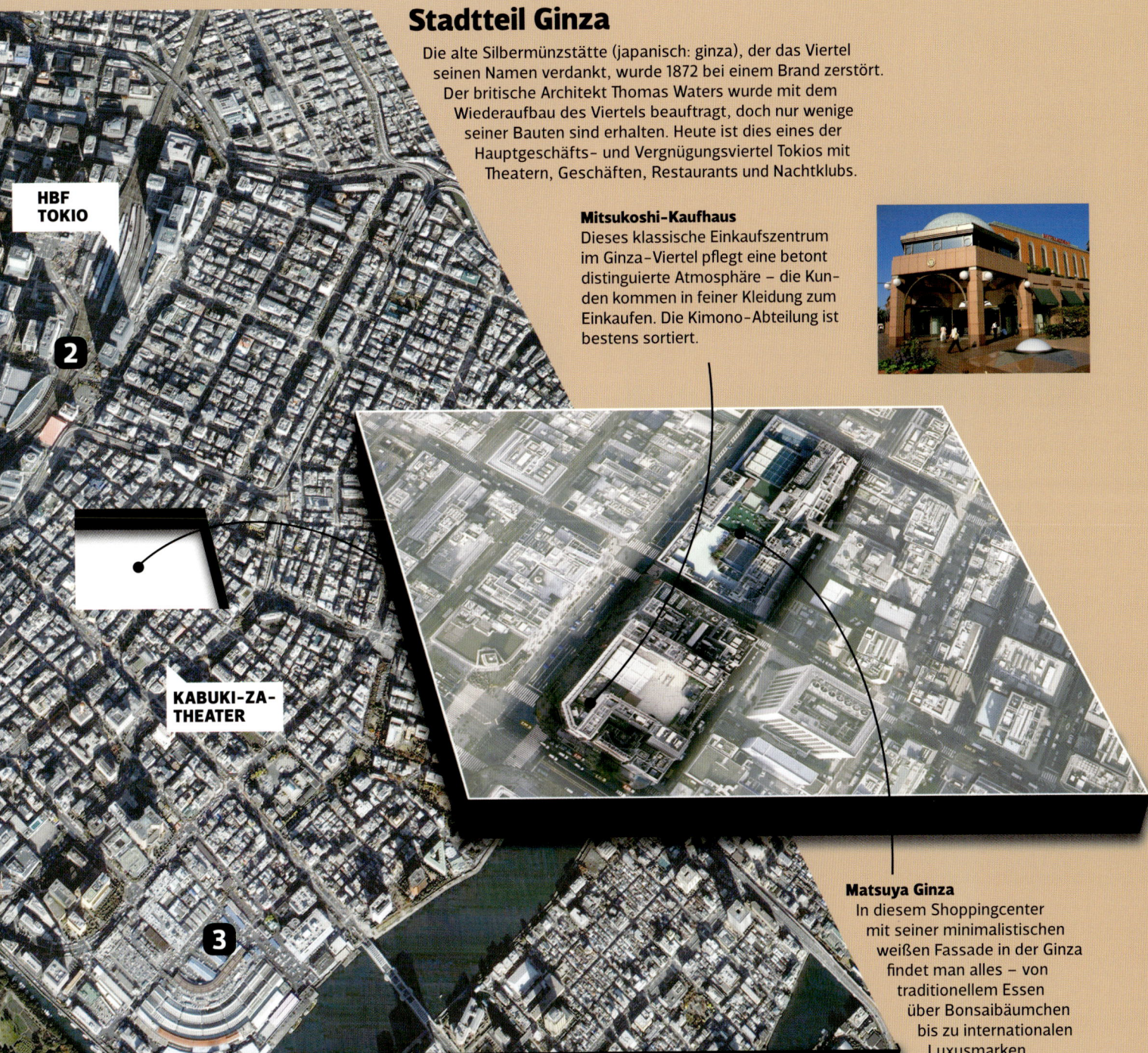

HBF TOKIO

2

KABUKI-ZA-THEATER

3

Matsuya Ginza
In diesem Shoppingcenter mit seiner minimalistischen weißen Fassade in der Ginza findet man alles – von traditionellem Essen über Bonsaibäumchen bis zu internationalen Luxusmarken.

Das japanische Wunder

Die größte Stadt der Welt, ein leistungsstarkes Wirtschaftszentrum, ist auf dem gefährlichen Pazifischen Feuerring erbaut.

Auch wenn man es nicht unbedingt erwarten würde, so gibt es doch einige Gemeinsamkeiten zwischen Tokio und Kanada. An entgegengesetzten Seiten des Pazifiks gelegen, erfreuen sich beide eines hohen Lebensstandards und hoher Entwicklungsindizes. Doch das ist nicht alles. Tokio, die bevölkerungsreichste Metropolregion der Welt, hat 36 Millionen Einwohner, und exakt genau so viele hat Kanada insgesamt, das zweitgrößte Land der Erde, dessen Fläche 740-mal größer ist als die der japanischen Hauptstadt. Und damit nicht genug: Kanada, ein Land mit bedeutendem Bergbau, Industrie und Landwirtschaft, liegt auf Rang 13 bezogen auf das Sozialprodukt. Genau diesen Platz würde auch Tokio einnehmen, wäre es ein unabhängiges Land.

Diese wenigen Fakten genügen, um die ökonomische Größe der japanischen Hauptstadt zu demonstrieren, die dank ihrer Dynamik und Modernität zu einem echten Labor für Stadtentwicklungs-, Umwelt- und Verkehrspolitik geworden ist. Und sie ist ein Schmelztiegel für interessante und für diese Stadt typische gesellschaftliche Phänomene. In den geschäftigen Straßen kann man unterschiedlichste Gruppen beobachten, wie die jugendlichen Anhänger der Decora- und Oshare-Kei-Trends mit ihrer speziellen Mode oder Fans des Cosplay, die sich wie ihre Manga-Vorbilder geben und kleiden. Die Einheimischen unterscheiden aber genau zwischen dem westlichen Lebensstil und den geheiligten japanischen Traditionen an Feiertagen.

Historische Hauptstadt

Tokio wurde nach dem Bau der Edo-Burg 1457 an einer Bucht im Südosten der Insel Honshu gegründet und ist seit 1603 die Hauptstadt von Japan. Doch der Kaiser unterhielt bis Mitte des 19. Jahrhunderts seine Residenz in Kyoto, erst dann wurde der Kaiserpalast nach Tokio in das zentral gelegene Viertel Chiyoda verlegt.

Die Lage der Stadt auf dem Pazifischen Feuerring hat zu ihrer bewegten Geschichte beigetragen. 1657 starben 100 000 Einwohner, als ein Feuer in der Stadt wütete und viele Holzhäuser vernichtete. 1707 kam es zum Ausbruch des 3776 m hohen Fuji, der sich rund 100 km westlich der Stadt erhebt. 1855 und 1923 führten Erdbeben zu einer Massenpanik und schweren Zerstörungen im Bereich der japanischen Hauptstadt. Im Zweiten Weltkrieg richteten dann 1942 und 1945 die Bomben der alliierten Luftstreitkräfte große Schäden an. Vor diesem Hintergrund ist es verständlich, dass Tokio eine Stadt im permanenten Wandel ist, und ihr Zentrum, das vom Tsunami 2011 weitgehend verschont blieb, kaum ältere, traditionelle Architektur vorweisen kann. Eine Ausnahme machen da Plätze und Tempel, für deren Erhalt immer genügend Mittel zur Verfügung stehen.

Die Einwohner Tokios wissen durch Unterweisung und Training genau, wie sie sich bei einem Erdbeben verhalten müssen. Den offensichtlichen Gefahren der geologisch aktiven Formationen in der Region steht die bekannte Disziplin der Japaner gegenüber, die unter solch schwierigen Bedingungen höchst hilfreich ist. An enge Verhältnisse gewöhnt, stellen die Einwohner Tokios stets die Gemeinschaft vor das Eigeninteresse.

終点で引続いてのご乗車は出来ません
ゆりかもめ

📷

←Monorail
Die Stadt verfügt über ein Netz aus mehr als 70 Metro- und Eisenbahnlinien. Die Monorail, eine Hängebahn, verbindet seit 1964 den Flughafen mit dem Bezirk Minato.

↓Meiji-Schrein
Dieser dem Kaiser Meiji geweihte Shinto-Schrein wurde 1920 vollendet. Er liegt in einem großen Wald, der zur Erholung und Erbauung dient.

↓↓Tsukiji-Markt
Im größten Fischmarkt der Welt bieten 1700 Händler Fische und Meeresfrüchte an.

Nur selten artikuliert man eine persönliche, den allgemeinen Ansichten widersprechende Meinung – es sei denn, etwas Sake sorgt für eine gewisse Lockerheit. Der traditionelle japanische Reisschnaps bringt die Einheimischen sogar dazu, sich bei einem entspannten Abend in einem der Nachtklubs im Roppongi-Bezirk als Karaokesänger zu betätigen.

Große asiatische Metropole

Die bereits erwähnte Disziplin war ein entscheidender Faktor dafür, dass Tokio zum Ausgangspunkt des sogenannten japanischen Wunders zwischen 1950 und 1980 wurde. Das im Zweiten Weltkrieg zerstörte Land stieg damals zur zweitgrößten Wirtschaftsmacht der Welt auf. Die durch den Wohlstand bedingte Zuwanderung machte Tokio – Stammsitz bedeutender Unternehmen aus der Automobil-, Optik- und Elektronikbranche wie Sony, Toshiba, Hitachi, Honda, Nissan, Mitsubishi, Canon, Nikon, Ricoh und TDK – zur bevölkerungsreichsten Stadt der Welt. Ende der 1980er-Jahre platzte dann die Finanz- und Immobilienblase, und für das Land brach eine Phase der Stagnation an. Diese Krise, von den Japanern als „verlorenes Jahrzehnt" bezeichnet, konnte unter Mühen zur Jahrtausendwende überwunden werden.

Senso-ji-Tempel

Der auf das Jahr 645 n. Chr. zurückgehende buddhistische Tempel ist Kannon, der Göttin des Mitgefühls, gewidmet. Während der Edo-Epoche erlebte er seine Blütezeit.

Okoro Vor dem Hauptgebäude steht ein großes Gefäß für Räucherstäbchen. Man sagt, der Rauch stärke die Schwachen und heile die Kranken.

Pagode Die fünfstöckige, 64 m hohe Pagode wurde 942 erbaut und 1648 im gleichen Stil wie das Schatztor und der Haupttempel neu errichtet.

Hozomon In dem 942 erbauten Torhaus mit einem großen, roten Lampion werden buddhistische Kultgegenstände verwahrt. Es wurde nach der Zerstörung im Zweiten Weltkrieg wieder aufgebaut.

Kannon Hondo Das aktuelle Gebäude der Haupthalle ist eine Rekonstruktion (von 1958) des Tempels, der im 17. Jahrhundert während er Edo-Epoche entstand. Es gibt einen äußeren (gejin) und einen inneren Schrein (naijin).

Kannon Bodhisattva Mittelpunkt des inneren Schreins ist eine Statue der Kannon Bodhisattva, die im 7. Jahrhundert von drei Fischern gefunden wurde. Diese Statue bleibt verborgen, nur eine Nachbildung wird jeweils am 13. Dezember öffentlich gezeigt.

Kaminarimon Das aus der Edo-Zeit stammende Donnertor bildet den äußeren Zugang zum Areal. Dahinter führt eine 250 m lange Passage mit Läden und Essständen, die Nakamise-dori, zum Hozomon, dem Haupttor der Tempelanlage.

Verzeichnis der Fotografien

Seite 8–9   **San Francisco.** Ein typisches Motiv der Stadt mit einer Straßenbahn in der Hyde Street und der Insel Alcatraz im Hintergrund.

Seite 16–17   **New York.** Alltagsszene am Times Square in Manhattan.

Seite 26–27   **Toronto.** Die Eislaufbahn am Nathan Phillips Square, im Hintergrund das alte Rathaus.

Seite 34–35   **Mexiko-Stadt.** Der Zócalo, das Zentrum der Stadt, mit der Kathedrale.

Seite 42–43   **Buenos Aires.** Blick auf die legendäre Plaza de Mayo mit der Pyramide, die an die Mairevolution von 1810 erinnert.

Seite 50–51   **Rio de Janeiro.** Das von Oscar Niemeyer entworfene Museu de Arte Contemporânea de Niterói bietet einen guten Ausblick auf die Stadt und die Guanabara-Bucht.

Seite 58–59   **London.** Blick von Whitehall Big Ben.

Seite 68–69   **Barcelona.** Blick auf die Terrassen der neoklassizistischen Plaça Reial in der Altstadt.

Seite 76–77   **Paris.** Panoramablick auf die Stadt vom Dach der Kathedrale Notre-Dame.

Seite 86–87   **Rom.** Die Via dei Coronari, eine der malerischsten Straßen der italienischen Hauptstadt.

Seite 94–95   **Venedig.** Venezianische Paläste am Canal Grande.

Seite 102–103   **Wien.** Eingang zur Hofburg, dem Amtssitz des Bundespräsidenten. Hier befindet sich auch das Sisi-Museum.

Seite 110–111   **Stockholm.** Typische Straßenszene in der Gamla Stan, der Altstadt.

Seite 118–119   **Amsterdam.** Blick auf die Brouwersgracht mit den omnipräsenten Fahrrädern.

Seite 126–127   **Brüssel.** Die Grand-Place wird von architektonisch eindrucksvollen Gebäuden eingerahmt.

Seite 134–135   **Berlin.** Blick auf die Stadt aus der von Norman Foster entworfenen Kuppel des Reichstagsgebäudes.

Seite 142–143   **Prag.** Die astronomische Uhr und die Teynkirche in der Altstadt (Staré Město).

Seite 150–151   **Athen.** Der Stadtteil Plaka gehört zu den schönsten Vierteln der griechischen Hauptstadt.

Seite 158–159   **Moskau.** Der Rote Platz mit der Basilius-Kathedrale im Hintergrund.

Seite 166–167   **Istanbul.** Eine typische Szene in einem Café im Großen Basar.

Seite 174–175   **Jerusalem.** Al-Wad, eine Gasse im Muslimischen Viertel der Altstadt.

Seite 182–183   **Dubai.** Blick von einem Pool auf einem Hoteldach auf das Finanzviertel.

Seite 190–191   **Sydney.** Blick von der Harbour Bridge auf die Sydney Cove und das Opernhaus.

Seite 198–199   **Auckland.** Die Skyline der Stadt von einem der Jachthäfen aus gesehen.

Seite 206–207   **Kairo.** Typische Geschäfte im Basar Chan el-Chalili.

Seite 214–215   **Johannesburg.** Das eindrucksvolle Soccer City Stadium mit der Stadt im Hintergrund.

Seite 222–223   **Mumbai.** Der Victoria Terminus, ein Paradestück der Kolonialarchitektur in der indischen Metropole.

Seite 230–231   **Peking.** Fahrradfahrer passieren den Eingang zur Verbotenen Stadt.

Seite 240–241   **Seoul.** Das Sungnyemun, eines der Stadttore aus dem 14. Jahrhundert, wird heute von modernen Gebäuden eingerahmt.

Seite 248–249   **Tokio.** Wolkenkratzer und Neonlichter im Bezirk Shinjuku, dem Geschäfts- und Verwaltungszentrum der Stadt.

Bildnachweise AGE Fotostock: 8-9, 21 (r), 26-27, 31 (o), 31 (u), 34-35, 39 (o), 39 (3), 42-43, 46, 47 (u), 50-51, 54-55, 55 (m), 55 (u), 64, 65 (3, 6), 68-69, 73 (m), 80-81 (u), 80-81 (o), 81 (o/m), 81 (o/r), 82, 82-83, 86-87, 90-91, 91 (alle), 99 (4), 102-103, 110-111, 114-115, 115 (2, 4, 5, 6), 122, 123 (3, 5, 6), 126-127, 138 (u), 139 (o), 139 (m), 139 (u), 142-143, 146-147, 147 (u), 150-151, 154 (u), 155 (u), 158-159, 162-163, 163 (u), 166-167, 170-171, 171 (m), 174-175, 178-179, 179 (o), 179 (m), 179 (r), 182-183, 186, 187 (o), 187 (u), 190-191, 195 (2, 3, 5, 6), 198-199, 202-203, 203 (m), 211 (m), 214-215, 222-223, 227 (2, 5), 234-235 (o), 234-235 (u), 235 (r), 236, 237 (2, 5), 240-241, 245 (o), 248-249, 252-253, 253 (m), 253 (u); **Getty Images:** 47 (o), 62-63 (u), 76-77, 83 (r), 123 (4), 130, 211 (u), 218, 219 (u), 226-227; **Thinkstock:** 12-13, 13 (m), 47 (m), 65 (5), 98-99, 99 (2, 3), 107 (u), 115 (3), 147 (m), 154 (o), 237 (3); **Cordon Press/Cubo Images:** 16-17, 23 (u), 73 (o), 134-135, 203 (u), 227 (6), 230-231, 237 (l), 237 (4), 244; **Cordon Press/Corbis:** 6-7, 13 (u), 20-21 (o), 20-21 (u), 22, 23 (o), 23 (2), 23 (3), 30, 38-39, 39 (4), 39 (5), 39 (u), 58-59, 62-63 (o), 63 (r), 65 (1, 2, 4), 72, 73 (u), 94-95, 106-107, 107 (o), 107 (m), 118-119, 123 (l), 131 (o), 131 (u), 138 (o), 155 (o), 163 (m), 171 (u), 194-195, 195 (4), 206-207, 210, 211 (o), 219 (o), 227 (3, 4), 237 (6), 245 (u)